Bullerbü ist überall ●

W0085154

Isabel Köller ist Journalistin und selbst Mutter von sechs Kindern. Sie lebt mit Mann, Kindern und Hund in Essen. Unter ihrem früheren Namen Hörmann erschienen von ihr »Quo vadis, Superweib – eine Mutter packt aus«, »Ein Traum von einem Kind – aus dem Leben einer ratlosen Mutter« und »Wie liebe ich einen chaotischen Mann? Strategien für eine aufgeräumte Partnerschaft« ●

Isabel Köller

Bullerbü ist überall

**Das Geheimnis
von Kinderglück und stressfreiem
Familienleben**

Campus Verlag
Frankfurt / New York

Zitate aus den Werken Astrid Lindgrens mit freundlicher Genehmigung des Verlags Friedrich Oetinger GmbH.

Bibliografische Information der Deutschen Nationalbibliothek.
Die Deutsche Nationalbibliothek verzeichnet diese Publikation in der Deutschen Nationalbibliografie; detaillierte bibliografische Daten sind im Internet unter http://dnb.d-nb.de abrufbar.
ISBN 978-3-593-38425-2

Umschlaggestaltung: R.M.E, Roland Eschlbeck und Ruth Botzenhardt
Umschlagmotiv: © Mauritius Bildagentur
Satz: Campus Verlag GmbH, Frankfurt am Main
Druck und Bindung: Druck Partner Rübelmannn GmbH, Hemsbach
Gedruckt auf säurefreiem und chlorfrei gebleichtem Papier.
Printed in Germany

Besuchen Sie uns im Internet: www.campus.de

Inhalt

Einleitung:
Auf der Suche nach Bullerbü

Wenn unser Kind geboren wird, überrennen uns die Glücksgefühle. Wir halten unser neugeborenes Baby zärtlich im Arm, bewundern es und schwören uns beim Anblick dieses kleinen Wichtes, dass wir nur das Beste für ihn wollen. Unser Kind soll es einmal gut haben. Wir wünschen ihm eine heile und glückliche Welt – eine Welt, wie in Astrid Lindgrens *Die Kinder aus Bullerbü*.

Die Kindheit als Wiege des Lebensglücks

Über die Frage, was denn nun das Beste für unser Kind sein mag, kommen wir schneller ins Grübeln, als wir es je für möglich hielten. Nur in diesem einzigartigen Augenblick der Geburt sind unsere Wünsche für unser Kind noch ohne jede Erwartung. Zu diesem Zeitpunkt beschränken wir uns meist darauf, unserem Kind zu wünschen, dass es einmal glücklich werden soll. Erst später im Laufe seiner Entwicklung packen wir noch ein paar Anliegen und Hoffnungen obendrauf. Ja, und irgendwann kommt der Tag, da ärgern wir uns, denn unser Kind will nicht so, wie wir es gerne hätten. Wir möchten ihm nur helfen, den rechten Weg zum Erfolg zu finden. Doch unser Kind bockt. Das begreifen wir nicht, weil wir es doch wirklich gut mit ihm meinen. Wir glauben über genügend Lebenserfahrung zu verfügen, um zu wissen, was für unser

Kind gut und nicht so gut ist. Wir möchten vermeiden, dass unser Kind Fehler macht, die es später bereuen könnte. Unsere Ambitionen sind zu seinem Besten – das ist jedenfalls unsere feste Überzeugung. Doch dieses Buch wird zeigen, dass nichts weiter von der Wahrheit entfernt ist, als eben dieser elterliche Glauben.

Ich denke, fast alle Eltern wollen tief in ihrem Herzen, dass ihr Kind sein Leben später einmal genießen kann. Ein erfülltes Leben, Glück und Zufriedenheit – das sind unsere größten Wünsche für unsere Kinder. Kann man so etwas denn anerziehen? Ja, das ist möglich, auch wenn Sie es kaum glauben mögen. »Jeder ist seines Glückes Schmied!« Dieses wunderbare und wahre Sprichwort gilt für Eltern und Kinder gleichermaßen. Egal, wo Sie gerade in Ihrem Leben stehen, egal, welche Entwicklungsphase Ihr Kind gerade durchmacht, Sie werden in diesem Buch Ideen und Anregungen für Ihre ganz persönliche Situation finden. Denn anders als die meisten Pädagogen vertrete ich die Meinung, dass im Rahmen einer Erziehung alles veränderbar und erneuerbar ist – man muss es nur wollen. Nicht wieder gutzumachende Fehler gibt es nicht.

Unser Hauptziel sollte es dabei sein, unsere Kinder so zu erziehen, dass sie in ihrem Leben einen Sinn sehen. Ohne Lebenssinn gibt es kein Lebensglück. Das Problem dabei ist, dass die meisten Eltern heute gar nicht wissen, wie sie ihren Kindern bei dieser Suche helfen können, weil sie dieses Geheimnis des Lebens für sich selbst noch gar nicht gelüftet haben.

Ich erinnere mich noch sehr genau an einen Hinweis unserer Kindergärtnerin, den sie eher beiläufig einmal auf einem Elternabend gab:

»Nur *die* Kinder werden zukünftig eine Chance haben, die gelernt haben, in rastlosen Zeiten anzuhalten, um wieder Kraft für ihre Seele zu schöpfen. Das werden die Kinder sein, die in ihrer Kindheit gelernt haben, sich von innen treiben zu lassen, statt von außen getrieben zu werden. Das werden die Kinder sein, die umsorgt und behütet vor der Welt da draußen in Ruhe zu glücklichen und erfolgreichen Erwachsenen heranreifen dürfen. Die besten Voraussetzungen, um in dem zukünftigen, unvorhersehbaren globalen Dasein überleben zu können, werden sein: Intelligenz, Bedachtsamkeit, Durchsetzungskraft, Einfallsreichtum und die Fähigkeit, glücklich zu sein. Wenn ein Kind im Laufe seiner Kindheit mit diesen Komponenten ausgerüstet wird, dann wird es mit Freude die Welt da draußen erobern. Sie als Eltern und wir als Erzieher tragen die Verantwortung, unseren Kindern im Rahmen einer glücklichen und geborgenen Kindheit beizubringen, wie ihnen das Leben zukünftig spielerisch und zugleich erfolgreich gelingen kann.«

Der Sinn der Kindheit lässt sich folglich als das Entstehen und Festhalten von zukünftigem Lebensglück definieren. Kinderglück ist also nicht nur die Basis des Lebens und die Basis für eine lebenslange seelische Stabilität, sondern auch der Garant für den Lebenserfolg.

In einer Zeit, in der die Medien voll sind von dem pädagogischen und bildungspolitischen Bestreben, Kinder fit für eine globale Leistungsgesellschaft zu machen, in der Schlagworte wie PISA, Turboabitur oder Bildungsmisere den Eltern weismachen wollen, dass einzig und allein eine exzellente Bildung zu einer gelungenen Lebensgestaltung führt, bietet dieser Denkansatz nicht nur eine angenehm andere Lösung. Er fasst auch noch die entscheidenden Komponenten, die das Leben in seiner ganzen Größe ausmachen, zusammen. Nicht die Schulbildung, sondern Glück und Erfolg, persönliches Wachstum und gelebtes Sein, waren wohl schon immer und werden auch zukünftig die ausschlaggebenden Faktoren im Leben unserer Kinder sein.

Die Kindheit ist also die Wiege des Glückes. Was müssen wir Eltern nun unseren Kindern in dieser so wichtigen Zeit mitgeben, damit sie glücklich werden? Was haben erfolgreiche Menschen als Kinder gelernt, um ihren Lebensweg so aufstrebend zu beschreiten? Was genau ist Kinderglück eigentlich?

Ich habe versucht, in diesem Buch die Zutaten zusammenzutragen, welche aus einem glücklichen Kind einen Erwachsenen werden lassen, der sein eigenes Profil hat, der starke innere Überzeugungen hat, der in der Welt etwas bewegen will und der sein Leben mit Lust und Freude lebt.

Eine Bilderbuchkindheit – Die Kinder aus Bullerbü

Wer von uns Eltern erinnert sich nicht an seine eigene Kindheit und die Gefühle, die in uns aufstiegen, als wir zum ersten Mal die Bücher Astrid Lindgrens lasen? Wir haben *Die Kinder aus Bullerbü, Ferien auf Saltkrokan* oder *Michel aus Lönneberga* gelesen, die eine oder andere Verfilmung gesehen und diese Bücher wiederum unseren eigenen Kindern vorgelesen. Unsere Erinnerungen daran verblassten zwar mit der Zeit, doch das, was uns wohl zeitlebens im Gedächtnis geblieben ist, ist eine unendlich glückliche Bilderbuchkindheit in Südschweden: saubere Natur, rote Holzhäuser, blaue Seen, endlos grüne Wälder und viele blonde Kinder in bunten Baumwollkleidchen, die spielen, lachen und den ganzen Sommer barfuß laufen. Aufrecht erhalten werden unsere Vorstellungen auch Jahr für Jahr durch ein uns allen bekanntes schwedisches Möbelhaus, das uns pünktlich zur warmen Jahreszeit mit seinem Katalog genau an jene Bilder der Unbeschwertheit des Seins erinnert. Dann wiederum im Winter, wenn die pure Kinderidylle im grauen Alltag zwischen Noten, Zeugnissen und Terminhast unterzugehen droht, flattert das Weihnachtsprospekt jenes Möbelhauses herein, das uns ins Gedächtnis ruft, dass es noch weiße Weihnacht mit Rentieren, geschmücktem Tannenbaum, dampfendem Festtagsschmaus, Kerzenschein und so etwas wie Glück gibt. Unmerklich steigt in uns dann die scheinbar tiefsitzende Sehnsucht der Menschen nach Ruhe und heiler Welt auf, welche Astrid Lindgren so zwanglos in dem Buch *Die Kinder aus Bullerbü* beschrieb und damit uns Eltern eine mögliche Antwort an die Hand gab, wie Kinderglück aussehen könnte.

Bullerbü ist ein Dorf in Schweden, winzig klein und doch weltbekannt. Dieser Ort, dessen reales Vorbild Svedstorp heißt, ist für sehr viele Menschen ein Symbol für Frieden, Liebe und Freiheit. Denn Bullerbü scheint ein einzigartiges Idyll auf dieser Welt zu sein, wo *die* Werte hochgehalten werden, die uns bereits verloren scheinen.

Sechs Kinder wohnen in Bullerbü: Lasse, Bosse und Lisa auf dem Mittelhof, Britta und Inga auf dem Nordhof und Ole auf dem Südhof. Seine kleine Schwester Kerstin wohnt auch dort. Sie zählt jedoch noch nicht, da sie noch nicht spielen kann – das finden zumindest die Kinder. Und spielen, das tun die Bullerbü-Kinder eigentlich immer. Lisa ist ein Mädchen, »das hort man übrigens auch am Namen«, und erzählt uns die Geschichten der Kinder aus Bullerbü.

Das Leben der drei Familien, zu denen sie gehören, ist bestimmt von Gerechtigkeit, Gleichheit und Kontinuität. Bullerbü ist ein Dorf, in dem die Welt in Ordnung zu sein scheint, und so können sich die Kinder auf ihr Leben konzentrieren. Leben bedeutet in Bullerbü zunächst einmal spielen, aber daneben auch ganz selbstverständlich, den Erwachsenen zur Hand zu gehen. Das Leben in Bullerbü kennt keine nennenswerten Probleme, »und wenn Lasse bei der Einschulung noch nicht still sitzen kann, dann wird er nicht zum Therapeuten geschickt, sondern die Lehrerin sagt: ›Lasse geh spielen. Komm nächstes Jahr wieder.‹« Niemand regt sich darüber auf, wie Elisabeth von Thadden in der *Zeit* anmerkte.

Astrid Lindgren gelang es, in ihrem Werk eine Welt zu malen, die uns beim Lesen zur Ruhe kommen lässt, die sogar uns Erwachsenen zu träumen erlaubt und die so starke Gefühle in uns weckt, dass wir uns beim nächsten Sommerurlaub am liebsten auf ihre Spuren in Schweden begeben würden. Doch was ist es, das Menschen in aller Welt bei der Lektüre derart in den Bann zieht? Ist es die stete Suche nach einem tieferen Sinn im Leben? Oder ist es die Sehnsucht nach einer heilen Welt, wie auch immer sie in unseren Augen aussehen mag?

Die Kinder von Bullerbü fangen mit den Erwachsenen Krebse oder sie streifen alleine durch die Natur mit ihren tiefblauen Seen und Wiesen, auf denen Glockenblumen blühen. Sie pflücken Kirschen von den Bäumen oder spielen »Nicht-den-Boden-berühren«, sie schlafen im knisternden Heu und kuscheln sich in der Kutsche in eine Wolldecke, während am kalten Winterhimmel die Sterne funkeln. So erzählt Astrid Lindgren über sich selbst:

>»Ich war wohl selbst ein Bullerbü-Kind, das kann man nicht anders sagen. Natürlich nicht ganz und gar, wie es in den Büchern steht – Schriftsteller lügen natürlich auch ein bisschen, sonst würde es ja nicht gehen – , aber (...) wir waren eine Gruppe von Kindern, die haben gespielt und gespielt. (...)
>
>Eins kann ich sagen, es hat wahnsinnigen Spaß gemacht auf dem Hof zu wohnen. Es gab so viele Tiere und viele nette Menschen, mit denen man reden konnte. So viele Mägde und Knechte und Häusler. Und dann gab es so viele Plätze, wo man spielen konnte, in der Scheune und im Stall und im Schafstall und im Tischlerschuppen und in dem Sägespänehaufen bei der Sägemühle. Im Sägespänehaufen haben wir viele Gänge und Höhlen gebaut, das war ein richtiges unterirdisches System. Vieles in Bullerbü entspricht also der Wirklichkeit. Ich bin auf Pferden geritten und auf Dächer und Bäume geklettert, wir sind geklettert, dass es ein Wunder ist, dass wir nicht dabei umgekommen sind, denn wir haben ein lebensgefährliches Leben geführt, ohne uns dessen bewusst zu sein. Im großen Ganzen gesehen wie die Kinder in den Bullerbü-Büchern.«

Was macht Kindheitsglück aus?

Bullerbü, Michels Katthult, Maditas Birkenlund oder Pippis Villa Kunterbunt sind Orte, die so viel Lebendigkeit ausstrahlen, dass sie auch unsere Kinder in den Bann ziehen. Die unberührte Natur, die malerischen Dörfer, die Einfachheit des Lebens zeigen eine für die Kinderseele überschaubare Welt. Astrid Lindgren nimmt uns in ihren Büchern mit auf eine Reise in ihre Kindheit und zeigt uns die Plätze, an denen nicht nur ihre weltberühmten Kinderbuchfiguren spielen, lachen und die Natur entdecken, sondern wo auch sie selbst als kleines Mädchen gelebt hat. Doch Kindheitsglück liegt nicht in der Schönheit der Natur verborgen. Vielmehr sind es die Eltern, die – so sehr sie in Lindgrens Büchern auch im Hintergrund stehen – das Glücksfundament legen. Doch wie gelingt ihnen das?

Eltern, die sich lieben

Bullerbü ist der Inbegriff des Kinderglücks, welches wir uns für unsere Kinder wünschen. Ja, fast beneiden wir Astrid Lindgren, wenn sie über ihre Eltern schreibt:

»Kind von Samuel August und Hanna zu sein, war schön. Warum war es so schön? Darüber habe ich nachgedacht. Und ich glaube, ich weiß den Grund. Zweierlei machte unsere Kindheit zu dem, was sie gewesen ist: Geborgenheit und Freiheit. Wir fühlten uns geborgen bei diesen Eltern, die einander zugetan waren und stets Zeit für uns hatten, wenn wir sie brauchten, uns aber im Übrigen frei und unbeschwert auf dem wunderbaren Spielplatz, den wir in dem Näs unserer Kindheit besaßen, herumtollen ließen.

Dass wir zur Arbeit angehalten wurden, war die natürlichste Sache von der Welt. Schon mit sechs Jahren mussten wir beim Rübenverziehen und Rupfen der Brennnesseln für die Hühner helfen.«

Beim Lesen solcher Sätze wird uns warm ums Herz. Es scheint sie also doch zu geben, die Liebe zwischen zwei erwachsenen Menschen, die ein Leben lang hält und die optimale Geborgenheit für Kinder schafft. Bei der heutigen Scheidungsquote können wir das kaum glauben. Astrid Lindgrens Mutter Hanna war neun Jahre alt, als Samuel August sie zum ersten Mal sah: »Ihn ergriff eine heftige Liebe zu ihr und diese Liebe währte ein Leben lang.« Davon profitierten die vier Kinder. Bei sich innig liebenden Eltern fühlt man sich als Kind gut aufgehoben, das leuchtet uns allen ein. Sie bilden das Fundament, auf dem die Familie aufgebaut ist. Astrid Lindgrens Eltern müssen wohl vorbildliche Eltern gewesen sein. Ihren Vater beschreibt Astrid Lindgren als kinderlieb, ihre Mutter als diejenige, die die Kinder erzog.

»Hannas Art der Kindererziehung war recht unbekümmert. Dass man zu gehorchen hatte, war selbstverständlich, aber sie stellte nie unnötige und unerfüllbare Forderungen. Kam man zu spät zu den Mahlzeiten, musste man sich selber etwas aus der Speisekammer holen, ohne Vorhaltungen. Sie schalt uns nicht wegen zerrissener Kleidung oder beschmutzter Sachen und sie zeterte nie.«

War die eigene Kindheit schön, sorgt der Blick zurück natürlich dafür, die Erinnerungen mit Sentimentalität und einem ordentlichen Schuss Nostalgie zu vermischen. Doch das ändert nichts an der Tatsache: Wer eine glückliche Kindheit erfahren durfte, profitiert zeitlebens von dem Vertrauen, das die Eltern in den ersten Lebensjahren legten. Wer es schafft, dieses Urvertrauen in seinem Kind anzusiedeln, der hat ihm etwas sehr Wertvolles geschenkt, worauf es sein ganzes Leben lang zurückgreifen kann: Das Vertrauen in sich selbst.

Eltern, die selbstständige Entwicklung zulassen

Viele Kinder in Astrid Lindgrens Büchern wachsen so idyllisch auf. Egal, ob in der Krachmacherstraße oder auf Saltkrokan, überall gibt es selbstständige und freie Kinder auf der einen und verständnisvolle Idealeltern auf der anderen Seite. »Das Beste an den Bullerbü-Büchern ist, dass die Eltern da so lieb sind«, schrieb ein Kind einmal in einem Brief an Astrid Lindgren. Doch wenn man genau hinschaut, zeichnet die Eltern von Bullerbü wohl am allermeisten aus, dass sie so wenig Einfluss auf das Leben der Kinder nehmen. Eltern-sein in Bullerbü bedeutet, so gut wie gar nicht in Erscheinung zu treten und eine Nebenrolle einzunehmen. Die Hauptrollen in diesem schwedischen Dorfleben sind mit den Kindern besetzt. Doch nicht nur aus Astrid Lindgrens Büchern kennen wir die glücklichen Kinder. Auch in unserer eigenen Kindheit gab es diejenigen, denen alles scheinbar mühelos zu gelingen schien. Jahre später stoßen wir dann beim Abiturtreffen wieder auf sie, und es erstaunt uns nicht zu hören, dass jenes Glückkind von damals auf der Sonnenseite des Lebens steht und bereits mit seinem eigenen Unternehmen erfolgreich Produkte in alle Welt exportiert. Oder denken wir an die Kinder, die immer den Hauptgewinn auf der Kirmes zogen, die jeden Schatz auf dem Kindergeburtstag fanden und das großartige Talent besaßen, mit einer unglaublichen Leichtigkeit und Fröhlichkeit aufzutreten. Damals wie heute beobachte ich, dass diese Kinder, ähnlich wie Astrid Lindgren, wiederum von Eltern stammen, die ebenfalls mit einer bewundernswerten Gelassenheit durchs Leben schritten. Ihr Blickwinkel zum Alltag war oftmals ein anderer. »Immer mehr haben müssen« spielte in ihrem Leben keine Rolle, stattdessen warben sie für eine sinngebende Lebensführung. Schulstress kannten die Glückskinder von damals nicht, entweder weil sie völlig problemlos an sehr gute Noten kamen oder weil ihre durch und durch schlechten Noten von ihren Eltern und auch von anderen nie mit der Wertigkeit ihrer Person in Verbindung gebracht wurden. In den Augen ihrer Eltern waren die Glückskinder von damals, so wie sie waren, vollkommen in Ordnung.

Eines dieser Glückskinder aus meiner eigenen Schulzeit will ich hier erwähnen. Mit Ach und Krach bestand die junge Dame das Abitur. Während wir `Beispiel` *uns daraufhin ins Studium stürzten, ging sie als Au-pair-Mädchen nach Frankreich. Sie wollte sich erst einmal orientieren und Sprachen lernen. Eile hatte sie nicht. Für viele Jahre verschwand sie dann aus unser aller Leben. An unserem zehnjährigen Abiturtreffen meldete sie sich auf beeindruckende Weise zurück. Ihre Orientierungszeit hatte sich gelohnt. Sie war nach einem Wirtschaftsstudium in Paris in Rekordzeit in das Topmanagement einer französischen Bank aufgestiegen. Sie, die als Kind so gerne Unmengen an Streichen aussheckte und für jeden Spaß zu haben war, trug Verantwortung für schwindelerregende Millionenbeträge und war noch keine 30 Jahre alt. Burnout oder Stress? Fehlanzeige. Ihre Gelassenheit, ihr fröhliches Naturell und diese Lebensleichtigkeit hatte sie sich bewahrt. Die Lebensbasis, die ihre Eltern ihr geschaffen hatten, hatte Früchte getragen.*

Wir Eltern träumen natürlich von folgsamen Kindern, erstklassigen Schülern, von Nachwuchs, der uns reine Freude bereitet. Eben wie es die Kinder aus Bullerbü sind. Wir sehnen uns nach einem friedlichen Familienleben ohne Stress. Kein Jammern, Nörgeln, Rumbrüllen, Schlagen oder Schimpfen. Wir wollen uns keine Sorgen machen müssen, uns von unseren Sprösslingen nicht provozieren lassen, und wir wollen auch nicht ständig die Geduld verlieren. Wir wünschen uns Frieden, Harmonie, Zufriedenheit und innerer Ruhe. Eben Zustände, wie sie in Bullerbü vorherrschen. Wir möchten ein verantwortungsbewusstes Kind haben, das mit Freude seinen Verpflichtungen nachgeht. Eben wie es die kleine Lisa aus Bullerbü ist, die, ebenso wie Annika oder Mia-Maria, zu den konventionellen Mädchenfiguren in den Lindgren-Büchern gehört.

Doch heimlich, tief in unserem Inneren, wünschen wir uns auch ein Kind wie Pippi, das sich mit lautem Trara an die Spitze einer Freiheitsbewegung der Kinder stellt und zu einer fröhlichen Revolte gegen die Autoritäten der Erwachsenenwelt aufruft. Bereits in unseren eigenen Kindertagen zog uns diese Figur magisch an. Wir bewundern Pippi, die eigenständig denkt und handelt und so viel Neugierde und Lebenslust ausstrahlt. Schon sind sie da, die Zweifel, die zwiespältigen Gefühle, das Schwanken zwischen den verschiedenen Ansprüchen, die es mit der Kindererziehung zu kanalisieren gilt. Als Astrid Lindgren im Alter von 40 Jahren in die Figur der Lisa aus Bullerbü schlüpfte und vom Leben in dem kleinen schwedischen Dorf erzählte, wurde sie offenbar von einem starken, alles dominierenden Gefühl getragen: Das Leben ist schön und macht Spaß! Diese Botschaft zieht sich durch das ganze Buch, fast wie eine Beschwörung, doch an das Gute im Menschen zu glauben. Kleine Streitereien und andere Unannehmlichkeiten, die es natürlich auch in Bullerbü ab und an gibt, lösen sich bei Astrid Lindgren zuversichtlich in Nichts auf.

Das Bullerbü-Rezept für eine heile Welt

Die Kinder aus Bullerbü entstand im Jahr 1947, direkt nach dem Zweiten Weltkrieg. Nach den Gräueln und unglaublichen Schrecken des Krieges bot dieses Buch das Gegenteil, ein wohltuend heiles Weltbild. Astrid Lindgren beschwor in dieser schwierigen Zeit, in der das ganze Ausmaß menschlicher Zerstörungskraft ans Tageslicht kam, in ihrem Buch den Glauben und die Hoffnung an die Existenz einer heilen Welt. Sie rührte an die tiefe Sehnsucht der Menschen nach einem Leben, in dem das Gute überwiegt.

Für den Teig: die Sehnsucht nach Glück

Es wird heute viel über den Werteverfall gesprochen, doch zeigt etwa ein Blick auf den Bücher- und Zeitschriftenmarkt, dass das 21. Jahrhundert eine Trendwende eingeläutet hat. Wir Menschen haben nach einer Phase des Macht- und Profitstrebens den höchsten Lebensstandard erreicht. Wir sind in unseren Breiten wohl so reich wie nie zuvor, aber auch häufig ausgebrannt und unglücklich. Ideelle Werte, geistige und seelische Aspekte scheinen wieder an Aufmerksamkeit zu gewinnen. Die Sehnsucht der Menschen nach Ausgeglichenheit, nach Liebe und nach Lebenssinn ist heute so groß wie nie zuvor.

Doch gerade weil wir in einer Zeit leben, in der alles zu haben und erreichbar ist, scheinen wir von diesem Angebot so erschlagen zu sein, dass wir gar nicht mehr wissen, was wir wirklich wollen – weder für uns noch für unsere Kinder. Das macht uns Eltern unsicher und wir probieren das eine oder andere aus. Doch richtig mutig sind nur die wenigsten, denn zu tief steckt die Angst, wir könnten bei unseren Kindern zu viel falsch machen und damit ihr Leben negativ beeinflussen. Einerseits spüren wir, dass unsere oftmals unentschlossene Haltung im Umgang mit unseren Kindern uns und die Familie nicht an das ersehnte Ziel von Glück und Zufriedenheit bringt. Andererseits lehnen wir aber auch einen erneuten Lobgesang auf Härte und Disziplin konsequent ab. Das kann nicht der richtige Weg sein. Brave Kinder verändern nichts. Was bringt es, ein nettes Kind zu haben, das nur funktioniert, das gegenüber Nachbarn, Lehrern und zukünftigen Arbeitgebern einen guten Eindruck hinterlässt, das aber beim ersten starken Lebenssturm umfällt?

Wir Eltern von heute wollen Kinder, die verändern und aktiv Einfluss nehmen. Wir wollen Kinder mit starken inneren Überzeugungen, Kinder, die mutig sind und ihre Meinung vertreten.

Für die Füllung: von Selbstwertgefühl bis Eigenverantwortlichkeit

Ein Bullerbü-Kind ist ein Kind mit hohem Selbstvertrauen und Selbstwertgefühl. Es hat gelernt, seine Bedürfnisse und die der anderen zu achten. Es ist frei von Angst, frei von Schuldgefühlen und lässt sich nicht in Stresssituationen drängen. Es steht Unbekanntem aufgeschlossen gegenüber, und es gelingt ihm, aus Niederlagen zu lernen. Es vermag Entscheidungen aktiv zu treffen, da es selbstbestimmt lebt. Es ist konfliktfähig und besitzt eine Disziplin, die tief aus seinem Inneren kommt. Ein Bullerbü-Kind weiß, warum es lebt, welchen Sinn das Leben hat und welche Ziele es für sich verfolgt. Dennoch lebt ein solches Kind im Hier und Jetzt und kann das Leben in seiner Ganzheit genießen. Es hat gelernt, seine Fähigkeiten voll auszuschöpfen. Einem Bullerbü-Kind ist klar, dass Leben nicht Schicksal bedeutet, sondern dass es selbst für sein Glück verantwortlich ist.

So, wie wir unsere Kinder heute erziehen, werden sie die zukünftige Gesellschaft, in der wir alle leben werden, beeinflussen. Mit jedem Kind, das heute geboren wird, haben wir Eltern die große Chance, auf das Morgen nachdrücklich einzuwirken. Oftmals sind wir uns dieser Macht, die wir in den Händen halten, gar nicht bewusst. Eine Gesellschaft, die innovativ ihre Zukunft plant, weiß, wie wertvoll es ist, Zeit und Engagement in die Kindererziehung zu stecken. Sind die Kinder von einst zu Erwachsenen geworden, dann sind sie in der Lage, das Gemeinwohl aktiv zu gestalten und zu einem Gewinn für alle beizutragen.

Die Bullerbü-Formel:
Schenkt den Kindern Liebe

Astrid Lindgrens Engagement für Kinder lässt sich in einem einzigen Satz zusammenfassen:

»Schenkt den Kindern Liebe, mehr Liebe und noch mehr Liebe, dann kommen die Manieren von alleine.«

Liebe ist die Sprache des Lebens. Astrid Lindgren hätte gesagt, Liebe ist die Sprache der Erziehung. Kinder suchen nach der Wahrheit, nach der Güte und nach der Schönheit im Leben, und alle drei sind gegründet auf der bedingungslosen Liebe.

Eine Erziehung in Liebe erzeugt ein Kind, das mit sich selbst im Reinen ist, weil es geachtet wird. Dieses Kind wird den Eltern das zurückgeben, was es von ihnen selbst gelernt hat: Achtung und Respekt vor einer Person. Ein Elternhaus, das gelernt hat, mit den Bedürfnissen von Kindern und Eltern ausgewogen umzugehen, kann sich eines ruhigen und bereichernden Lebens erfreuen. Es ist die bedingungslose Liebe der Eltern, die einem Kind so viel Vertrauen in dieses Leben schenkt, dass es geschützt und gleichzeitig gewappnet ist gegen die Unwägbarkeiten, die das tägliche Leben einfach mit sich bringt.

Als Astrid Lindgren den Friedenspreis des deutschen Buchhandels verliehen bekam, sagte sie in ihrer Dankesrede:

»(...) in keinem Kind schlummert ein Samenkorn, aus dem zwangsläufig Gutes oder Böses sprießt. Ob ein Kind zu einem warmherzigen, offenen und vertrauensvollen Menschen mit Sinn für das Gemeinwohl heranwächst oder aber zu einem gefühlskalten, destruktiven, egoistischen Menschen, das entscheiden die, denen das Kind in dieser Welt anvertraut ist, je nachdem, ob sie ihm zeigen, was Liebe ist, oder aber dies nicht tun. (...) Ein Kind, das von seinen Eltern liebevoll behandelt wird und das seine Eltern liebt, gewinnt dadurch ein liebevolles Verhältnis zu seiner Umwelt und bewahrt diese Grundeinstellung ein Leben lang.«

Was die bedingungslose Liebe behindert

Sind wir Eltern nicht fest davon überzeugt, wir würden unsere Kinder lieben? Natürlich, doch selten ist diese Liebe wirklich bedingungslos. Zu viele Stolpersteine haben sich in unser Unterbewusstsein eingeschlichen und bestimmen unser Handeln gegenüber unseren Kindern.

Die elterliche Erwartungshaltung

Ein Kind um seiner selbst Willen zu lieben, ohne im Hinterkopf bereits die nächsten Schritte in seinem Leben zu kalkulieren, ist heute nicht einfach. Viele Eltern nehmen, oftmals ohne es zu bemerken, eine berechnende Haltung gegenüber der Erziehung ein. Aus dem Wunschkind soll »etwas« werden. Was auch immer »etwas« sein mag, insgeheim wünschen sich alle Eltern, dass das Kind zu einem fleißigen Schüler heranreift, ein gutes Abitur ablegt und dann vielleicht studiert. Viele wünschen sich gar, dass ihr Kind mehr im Leben erreicht, als sie selbst erreicht haben. Verkündet das Kind, aus dem »etwas« werden sollte, uns dann, dass es fortan in der Toskana leben werde, um dort Tongefäße auf einer Töpferscheibe herzustellen, sind wir enttäuscht. Unsere Erwartungen und

Hoffnungen wurden nicht erfüllt. Wir schauen nach links und rechts, auf die Müllers und Meyers, die Betriebswirte, Ärzte und Rechtsanwälte hervorgebracht haben, und schämen uns in Anbetracht der Berufswahl unseres Kindes. Wir glauben versagt zu haben. Zu Weihnachten kommt unser Kind nach Hause. Wir bemerken sogar die Ruhe und die Zufriedenheit, mit der es sein Leben gestaltet, vielleicht beneiden wir es auch um die gewählte Freiheit, aber das zugeben, nein, das können wir nur sehr schwer. Kehrt unser Kind umgekehrt Weihnachten nach Hause zurück und verkündet uns, dass es nun seine Zelte in der Toskana abbrechen wird, um fortan in Singapur eine Ausbildung zum Qigong-Meister zu machen, brechen wir innerlich fast zusammen, weil es immer noch nichts »Anständiges« für sich gefunden hat. Ein Mensch auf der Suche nach seinem ureigenen Glück, das ist uns einfach fremd.

Wir Eltern unterliegen starken äußeren Einflüssen und Wertvorstellungen. Dem kann sich wohl niemand von uns entziehen. Nur wenigen Eltern gelingt es, den Wunsch zu unterdrücken, ihr Kind von klein auf zu einem guten Geldverdiener erziehen zu wollen. Dieses Ziel haben wir, wenn wir von Erziehung sprechen, meist immer vor Augen. Beruf, Geld, materielle Sicherheit – um dies zu erreichen, braucht man gute Schulnoten, einen guten Schulabschluss, eine gute Berufsausbildung, ein Studium. Ein paar Zutaten, und dann werden die Dinge schon ihren Lauf nehmen.

Diese Erwartungshaltungen gilt es zu bekämpfen. Denn sie sorgen nur dafür, dass Ihr Kind sich selbst fremd wird. Fehlt ihm jedoch seine Authentizität, kann es sein persönliches Glück nicht leben.

Der ewige Vergleich

Hinter dieser Einstellung zum Leben steckt unser Glaube, dass die erreichte Leistung und die Identität eines Menschen eine Einheit bilden. Wenn wir einmal genauer hinschauen, dann haben wir in unserer Kultur alles in einen Wettbewerb verwandelt. Fast alles funktioniert auf der Basis des Vergleichs. Das fängt bereits bei den Kleinen an. Eltern vergleichen gerne untereinander: »Mein Kind ist schon trocken, mein Kind kann schon laufen, mein Kind kann schon lesen, mein Kind kann schon Englisch«. So prüfen sie ihr Kind fast intuitiv, um sich zu vergewissern, dass mit ihm auch wirklich alles in Ordnung ist. Weiter zieht sich dieses Abwägen über die Vorsorgeuntersuchungen beim Kinderarzt, wo das Kind genau katalogisiert und überprüft wird, und endet in dem uns wohl bekannten Prüfungs- und Bewertungssystem der Schule. »Du bist besser, ich bin schlechter« oder umgekehrt – so lautet das Motto. Jedes Kind vergleicht sich mit jedem. Schließlich machen Erwachsene es ihnen vor: »Der besitzt ein größeres Haus als wir, die können sich schönere Urlaubsreisen leisten, die fahren ein schickeres Auto.« Kinder lernen schnell, dass ihr Wert, ihre Persönlichkeit, gar ihr Selbstwertgefühl von dem abhängen, was sie an Leistung und Besitz vorweisen können. Die Liebe der anderen Menschen zu ihnen äußert sich in Abhängigkeiten. Die Oma, die sich mit Stolz zu erzählen wünscht, was der Enkel alles kann und leistet, die Mutter, die gerne vorweisen möchte, dass ihre Erziehungsbemühungen gelingen, der Vater, der beim Fußball auf das Tor des Sohnes hofft und ihm zujubeln will. Unsere Kinder lernen rasend schnell und passen sich unseren Wünschen an, denn jedes Kind will seinen Eltern von Natur aus gefallen. Sie begreifen zügig folgende Formel: Wer etwas kann, der wird auch geliebt und bekommt viel Zuwendung. Wer wiederum versagt, dem wird auch die Zuwendung entzogen. Die Eltern sind enttäuscht und ziehen sich von ihrem Kind zurück. Meist sind dies Prozesse, die nicht bewusst ablaufen. Wir Eltern machen sie uns nur viel zu selten klar.

Auch ich als Mutter möchte mich da keineswegs ausnehmen.

Ich hatte ruhige Babys und richtige Schreikinder. Schnell ist man verführt, das ruhige, pflegleichte Baby als liebes Baby zu loben und das Schreibaby als unruhiges, anstrengendes Menschenkind zu tadeln. Auch wenn unser Verstand uns immer wieder ermahnt, dies nicht zu tun, fällt es uns sehr schwer, uns aus diesem Verhaltensmuster zu befreien.

Immer schnellere Entwicklung

Doch wir vergleichen nicht nur. Unsere Generation treibt es sogar so weit, dass wir die Kinder antreiben, sich möglichst schnell zu entwickeln. Schnell laufen, schnell sauber werden, schnell lesen können – das sind wichtige Meilensteine. Während die alten Hochkulturen noch lehrten, dass die Kraft in der Ruhe liege, vermitteln wir unseren Kindern: Wer seine Kindheit im Lauftempo hinter sich lässt, ist besonders fit für den globalen Wettbewerb, denn der hat gelernt, Schritt zu halten.

Kinder, die sich langsam entwickeln, gelten schnell als lahm und uninteressant. Sie werden als Kinder wahrgenommen, die nicht richtig gefördert und »auf die Spur gebracht« werden. Wir glauben, dass sie im späteren Konkurrenzkampf nicht mithalten können.

Beispiel

Als Mutter einer fröhlichen Kinderschar kann ich ein wunderbares Beispiel dafür bringen, dass der Gedanke, ein sich schnell entwickelndes Kind wäre ein »tolles« Kind, mit großer Vorsicht zu genießen ist. Unser Sohn Simon galt in meinen Augen lange als Sorgenkind. Er schrie als Baby viel, er war unruhig und anstrengend. Auch seine Entwicklung entsprach nicht der Norm, sondern war in jeder Hinsicht langsam. Am auffälligsten erwies sich aber seine Sprache. Im Alter von vier Jahren brachte er noch kein einziges Wort hervor. Nichts. Er war stumm. Unsere bis dahin sehr geduldige

Kinderärztin wurde nun auch unruhig und empfahl mir einen älteren, sehr erfahrenen Ohrenarzt. Er untersuchte Simon, fand aber nichts. Doch er beobachtete ihn lange und bat mich schließlich, noch ein wenig Geduld aufzubringen. Eine Sprachtherapie sei für dieses Kind das falsche Signal in die falsche Richtung, da wäre er sich sicher. »Der geht seinen eigenen Weg«, so seine Worte, die mir bis heute in den Ohren nachhallen. Fast zur gleichen Zeit zog mein damaliger Lebensgefährte und heutiger Ehemann zu uns. Von Anfang an verband die beiden eine innige Liebe. Simon ist etwas ganz Besonderes, sagte Michael zu mir. Ich bekam ein richtig schlechtes Gewissen. Über Jahre hatte ich dieses Kind nur durch meine Möglichkeitsbrille gesehen und ihn mit meinen anderen Kindern verglichen. Ich hatte ihn sogar als schwierig empfunden.

Heute ist Simon acht Jahre alt und er ist etwas Besonderes. Er spricht inzwischen wie ein Gelehrter. Als er sich dazu entschied zu sprechen, stimmte von Anfang an alles: Grammatik, Satzbau und Vokabular. Die Gespräche, die er führt, zeugen von einer Tiefe und einem Erkenntnisschatz, einer Weisheit und Reife, die seine Geschwister nicht erreichen. Seine Gedanken haben eine ganz eigene Qualität und weisen auf eine enorme Weitsicht und Lebenskraft hin. Er geht immer noch seinen ureigenen Weg. Er ist nicht langsam, sondern lebt viel intensiver. Er nimmt sich Zeit, die Dinge zu beobachten und in ihrer ganzen Bandbreite zu erfassen. Heute habe ich die Geduld und auch die Einsicht, dass nur dieser Weg ihn zu seinem Ziel führen wird.

Was die bedingungslose Liebe ausmacht

Es ist schwer, sich aus den Klauen von Erwartungshaltung, Vergleichsmaschinerie und Wettbewerb zu befreien. Doch es gibt Faktoren, an denen wir Eltern uns orientieren können, um diese Mechanismen zu bekämpfen.

Wohltuende Ruhe

Pestalozzi lehrte uns: »Der Mensch bildet sich nur von Angesicht zu Angesicht, von Herz zu Herz menschlich.« Daher muss die wichtigste Fähigkeit eines jeden Pädagogen sein, jedes Kind als Individuum wahrzunehmen, es zu lieben und auf seine Bedürfnisse einzugehen. Nach Pestalozzi ist dies alles nur möglich, wenn eine Grundstimmung der Ruhe existiert. Daraus entsteht beim Kind ein Zustand des »inneren Beruhigtseins«,

- einerseits durch die Befriedigung seiner Bedürfnisse (nicht zu verwechseln mit der Erfüllung seiner Wünsche) und
- andererseits durch die Ausstrahlung liebender Gelassenheit durch die Erzieher.

Pestalozzi, wie auch viele andere großartige Pädagogen und Erziehungswissenschaftler, wurde nicht müde, den Segen dieser inneren Ruhe für die Entwicklung eines jeden Kindes zu betonen. So schrieb er in seinem letzten großen Werk *Schwanengesang* (1826):

»Das Wesen der Menschlichkeit entfaltet sich nur in der Ruhe. Ohne sie verliert die Liebe alle Kraft ihrer Wahrheit und ihres Segens. Die Unruhe ist in ihrem Wesen das Kind sinnlicher Leiden oder sinnlicher Gelüste; sie ist entweder das Kind der bösen Not oder der noch böseren Selbstsucht; in allen Fällen aber ist sie die Mutter der Lieblosigkeit, des Unglaubens und aller Folgen, die ihrer Natur nach aus Lieblosigkeit und Unglauben entspringen.«

Das gute Vorbild

In dieser Atmosphäre des Beruhigtseins und der Annahme durch die Mitmenschen wächst nach Pestalozzis Überzeugung in der Seele des Kindes eine »sittliche Gemütsstimmung«. Heute bezeichnen wir dies als Empathie. Das Kind ist bereit, mit anderen zu teilen, anderen zu helfen und etwas ihnen zuliebe zu tun. Dadurch entfalten sich seine »Herzenskräfte«. Das Kind lernt, sich in einen anderen Menschen hineinzuversetzen und dessen Gefühle zu begreifen und zu empfinden. Dies lässt sich nach Pestalozzis Erkenntnis niemals durch Druck, Nötigung oder Zwang erreichen, sondern nur durch das Vorleben dieser Eigenschaften durch den Erzieher selbst. »Liebe in einem Kind« lässt sich nur durch die »Liebe zum Kind« wecken. Vertrauen wiederum entsteht nur dadurch, dass der Erzieher dem Kind vertraut.

Ehrfurcht vor dem Leben, religiöser Glaube oder Spiritualität, Wohlwollen gegenüber allen Lebewesen, dies alles wird sich in unserem Kind nur verwurzeln, wenn es diese Haltungen im Erwachsenen, also in uns, spürt. Darum wird die Lebenshaltung der Eltern für die ethische Entwicklung eines Kindes zum Schicksal. Was in der Seele von Eltern und Lehrern lebt, bringt Vergleichbares in der Seele des Kindes zum schwingen.

Das Spiel im Flow

Hinter unserem Wettbewerbs- und Vergleichsdenken steht der Glaube, dass wir in einer Welt leben, in der viele Dinge knapp und nicht für uns alle zugänglich sind. Deswegen laufen wir mit den anderen Menschen täglich um die Wette, um ihnen das wegzuschnappen, was diese sonst an unserer Stelle erlangen könnten. Wir glauben, der Sieg warte nur auf einige wenige von uns. Das treibt uns an, und wir wiederum treiben unsere Kinder an.

Längst hat die Wissenschaft bewiesen, dass der Mensch gerade auf diese Weise weder zu Höchstleistungen noch wirklich zum Ziel gelangt. Denn im Wettkampf ist nur ein Teil unserer Aufmerksamkeit tatsächlich auf die gestellte Aufgabe gerichtet. Ein anderer Teil konzentriert sich auf die Verteidigung des eigenen »Ichs«. Dabei handelt es sich um einen Urmechanismus, der dem Menschen innewohnt. Dieser Mechanismus war zu Zeiten des Überlebens in freier Wildbahn unerlässlich. Gefahr bedeutet Angst. Angst bewirkt die Ausschüttung von Adrenalin, das den Körper in Kampfbereitschaft versetzt. Je größer die Angst, desto mehr Kraft muss für die Verteidigung aufgewendet werden. Wenn wir an Gefahren der Größenordnung von wütenden Mammuts denken, ist dieser Mechanismus des Körpers auch wirklich sinnvoll.

Heute führt er allerdings zu einer Spaltung der Aufmerksamkeit und trennt uns von den Höchstleistungen, zu denen einige Menschen tatsächlich fähig sind. Sportler berichten immer wieder im Angesicht eines grandios gewonnenen Wettkampfs, dass es in dessen Verlauf einen Moment des totalen Vergessens gab. Sie spürten nur noch ihre 100-prozentige Aufmerksamkeit, Entschlossenheit und ihre geballte Energie, die wie ein Antriebsmotor wirkte. In diesem Augenblick existierten weder Konkurrenten noch Zuschauer, nur noch sie selbst. Die Wissenschaft nennt diesen Zustand »Flow«. An späterer Stelle werde ich darauf eingehen, wie dieser Zustand entsteht.

Doch Flow erreichen wir nur, wenn wir uns absolut sicher und aufgehoben fühlen. Jegliches Gefühl, uns profilieren zu müssen, ist dann verschwunden. Wir sind eins mit uns selbst. Auch die Wettbewerbssituation tritt zurück, stattdessen befinden wir uns wieder im Spiel. Eben wie in Bullerbü. Dort lieben die Kinder ihr Leben, weil sie die Sicherheit spüren, von ihren Eltern bedingungslos geliebt zu werden. Sie werden nicht beurteilt, geprüft, verglichen oder benotet. Jedes von ihnen fühlt: So wie ich bin, bin ich in Ordnung.

Positive Bestärkung

Wenn wir Eltern bei unseren Kindern optimale Lernzustände erreichen wollen, dann müssen wir zuallererst positive Verstärkungen aussprechen. Kritik, Bestrafung oder Ermahnung führen nicht zu einem Gefühl der Sicherheit und des Angenommenseins. Es sind einzig und allein die positive Einstellung zu unserem Kind und die positive Ausstrahlung, das Lob und die Anerkennung, welche dem Kind zu einer Annahme seiner selbst verhelfen und ihm das Gefühl der Geborgenheit schenken.

In Liebe wachsen zu können bedeutet, dass Eltern Gärtner sind und ihr Pflänzchen liebevoll beim Aufwachsen hegen und pflegen. Es bedeutet, Abschied zu nehmen von der Vorstellung, ein Kind formen zu wollen, wie ein Töpfermeister auf der Töpferscheibe einem Gefäß die gewünschten Konturen verleiht.

Wir Eltern sollten unser Kind ins Leben schicken, um es die Liebe und die Zuversicht entdecken zu lassen. So wird es Vertrauen und Kraft entwickeln, um den Lebenswiderständen und -härten eine Stärke, nämlich seine eigene Lebenskraft, entgegensetzen zu können. Wir müssen unserem Kind also einen Dünger mit den richtigen Inhaltsstoffen geben, damit es kräftig wachsen, vor allen Dingen aber Wurzelwerk ausbilden kann. Das bedeutet, wir müssen es annehmen, so wie es ist, ihm Liebe und Anerkennung schenken, aus dem es dann Vertrauen und Sicherheit zu uns und sich selbst schöpfen kann. Wir müssen an seiner Seite sein, um ihm in allen aufkommenden Lebensfragen Rede und Antwort stehen zu können, damit es zu seinem ureigenen Halt, seiner Stabilität und Bodenhaftung im Leben finden kann. Wurzeln sind die Verbindung zum Leben, aus ihnen kommt die nötige Nahrung. Je mehr Wurzeln ein Baum hat, umso mehr Lebenskraft kann er tanken und umso kräftiger wird er: eine Kettenreaktion.

Erst jetzt kann ein fester Stamm entstehen und unser Kind kann sich Raum erobern mit einer großen und prächtigen Baumkrone. Geben wir ihm nun noch Anregung und Anleitung, so wird es den Mut haben zu wachsen, das Leben zu wagen und die Freiheit zu genießen.

Neugierde

Wir Eltern müssen bei unseren Kindern in jeder Hinsicht für das Wurzelwerk sorgen. Einen wichtigen Beitrag dazu können wir leisten, indem wir die großen Fragen dieser Welt, denen unsere Kinder schon von klein auf intuitiv nachgehen, nicht ignorieren. Kinder werden als Philosophen geboren und zu Realisten erzogen. Meist sind wir Erwachsenen es, die die Kinder belächeln und durch unseren vermeintlich sachlichen Weltblick in die reale, äußere Welt holen wollen. Mit dieser Einstellung zum Leben stoppen wir die wichtigen, weit über das Erwachsenendenken hinausgehenden Bilder, die Kinder noch in sich tragen. So verkümmert die Neugierde und der kleine Mensch lernt nur noch, was gerade nötig ist, vor allem: was wir Erwachsenen für unsere Kinder als sinnvoll erachten. Natürliche, intuitive und schöpferische Begegnungen mit dem Leben werden damit abgeschrieben. Es entsteht ein vollkommen selektiver Blick auf die materielle Welt. Die immense Größe und Vielfalt des Daseins verschwinden vor unserem geistigen Auge und vor dem unserer Kinder. Wir denken, was andere denken, und wiederholen, was andere gesagt haben. Die Norm wird zur Regel. Warum, das wissen wir oft gar nicht. Denn was alle machen, das kann doch nicht gänzlich falsch sein. Also orientiere ich mich an der Masse, ehe ich bei meinem Kind zu viele Fehler mache. Doch die Masse ist trügerisch und das Kind hat mit seiner unschuldigen Neugierde die weitaus besseren und reineren Instinkte auf seiner Seite.

Der freie Lauf der Gefühle

Wir wissen alle, dass gerade unsere Gefühle eine ungeheuer große Rolle in unserem Leben spielen. Negative Gefühle »ziehen uns runter«, sie bewirken, dass wir uns unglücklich und unausgeglichen fühlen. Sie reduzieren unsere Leistungsfähigkeit und mindern unsere Belastbarkeit. Umgekehrt beflügeln uns positive Erlebnisse, wir empfinden Freude. Wir alle kennen dieses Gefühl, wenn uns die Glücksgefühle überströmen. Wir strotzen vor Kraft, fühlen uns gesund, sind gut gelaunt und packen wichtige Dinge mit Tatkraft an. Wir kennen also den Zusammenhang zwischen positiven Gefühlen und der davon abhängigen Leistung. Dennoch ignorieren wir diese Tatsache im Alltag gerne und trennen beides recht strikt voneinander. Denn meist haben wir selbst nie richtig gelernt, unsere Gefühle zu steuern und zu unserem Vorteil einzusetzen. Vielleicht ist uns dieses Wissen im Laufe unseres Lebens auch abhanden gekommen, wir haben in letzter Zeit viel zu selten ein solches Glücksgefühl erlebt. Doch ohne den aktiven Einsatz dieser Gefühle werden wir und auch unsere Kinder nicht zu einem erfüllten Leben kommen.

Stellen wir in seiner Wichtigkeit das Wissen über das Gefühl, produzieren wir einen gut funktionierenden Menschen, nämlich ein angepasstes Kind. Heute hat jeder effektiv zu sein und zu funktionieren. Disziplin bedeutet, an die Stelle des Lustprinzips das Leistungsprinzip zu setzen. Disziplin heißt auch Zwang, Unterordnung, verordneter Verzicht und die Einschränkung des eigenen Willens. Doch anstatt bei einem Kind Verlust- und Abstiegsängste zu provozieren, sollten wir als Eltern im Gegenteil Vertrauen wachsen lassen und Herausforderung als Leidenschaft begreiflich machen. Eigensinn ist erwünscht! Gerade den »Dickschädel« unserer Kinder sollten wir stärken, damit sie auf gesellschaftliche Erwartungen reflektiert antworten können, ohne sich selbst zu verlieren, sich dabei zu verbiegen oder infrage stellen zu müssen. Dies werden unsere Kinder aber nur können, wenn sie gelernt haben, auf ihre Gefühle zu achten und ihrer inneren Stimme zu folgen.

Pestalozzi formulierte es folgendermaßen:

»Alles, was es, das Kind, lieb macht, das will es. Alles, was ihm Ehre bringt, das will es, alles, was große Erwartungen in ihm rege macht, das will es. Alles, was in ihm Kräfte erzeugt, was es aussprechen macht, ich kann es, das will es.«

Der Weg zum Herzen

Wenn Sie sich für die bedingungslose Liebe gegenüber ihrem Kind entscheiden, bewegen Sie sich zum Herzen hin. Sie entscheiden sich dafür, sich durch das Zusammensein mit Ihren Kindern in Ihrem eigenen Leben so berühren zu lassen, als würden Sie die Dinge noch einmal neu durchleben. Sie werden Ihre eigenen Sinne noch einmal neu entfalten lernen, vielleicht Verkümmertes aus der eigenen Kindheit wieder nach oben holen oder gänzlich Neues erfahren. Vielleicht werden Sie Dinge wahrnehmen, die Sie so noch nie gesehen oder längst vergessen haben. Machen Sie sich auf den Weg zum Herzen und ...

1. begeben Sie sich auf eine Reise, im gegenseitigen Vertrauen, dass es nie zu spät ist, die Dinge zum Guten zu wenden.
2. entwickeln Sie ein neues Verständnis für die Erziehung des eigenen Kindes. Dabei zählen nicht die gelernten Mechanismen, sondern der Umgang mit lebendigen Entwicklungsvorgängen.
3. lassen Sie sich auf das Wagnis ein, mit Ihrem Kind das Feuer der Leidenschaft für dieses Leben zu entfachen.
4. nehmen Sie den Grundsatz an, dass Sie mit Ihrem Kind fortan in Erfüllung gegenseitiger Bedürfnisse stehen, die sowohl Sie als Eltern als auch Ihre Kinder bereichern werden.

Lösen Sie sich gründlich von der Denkweise, dass es für Ihr Kind und seine Entwicklung besser wäre, dass es systematisch nach Ihren Vorstellungen lebt, dass es sich in Ihr Leben einpasst und sich nach Ihren Ideen ausrichtet. Eine Familie sollte nicht eine Organisation mit festen Grundsätzen sein, denen sich die Kinder zu unterwerfen haben (Sanktionen für Fehlverhalten inbegriffen). Befreien Sie sich von dem Irrglauben zu wissen, was gut oder was schlecht für Ihr Kind ist. Denn sonst tritt an die Stelle der individuellen kindlichen Entfaltung die Konditionierung, da Sie den Weg festlegen, den Ihr Kind in Ihren Augen gehen soll. Dann bestimmen Sie, was es lernen und worauf es sein Augenmerk richten soll. Kinder lernen schnell. Schon bald opfert das Kind seine für die Erfüllung Ihrer Wünsche. Es findet eine Programmierung nach den gängigen Normen des Elternhauses statt. Einmal »umgepolt«, wird Ihr Kind nur schwer wieder zu sich selbst und seinem eigenen Leben zurückfinden.

Vorgeplante Wege werden nie zum oben erwähnten Flow führen, denn dieser entsteht nur aus der absoluten Harmonie und Zufriedenheit heraus. Deren Grundlage ist die Annahme und Liebe des Kindes um seiner selbst willen. Wenn uns als Eltern dieser so wichtige Schritt gelingt, haben wir den Grundriss zum Lebenserfolg unseres Kindes gezeichnet. Wir müssen uns auch klar machen, dass vorgeplante Wege erhebliche Gefahren bergen. Ein Kind, das nicht selber sehen darf, sondern einen Blick auf dieses Leben vorgegeben bekommt, nimmt die sich ständig verändernde Welt nur eingeschränkt wahr und ist damit nicht wirklich vorbereitet. Was Ihnen gestern noch richtig und wichtig erschien, kann morgen bereits veraltet sein. Niemand kann die Zukunft voraussagen. Wissen Sie wirklich, welche Kenntnisse Ihr Kind in 20 Jahren, wenn es das Elternhaus verlässt, tatsächlich benötigen wird? Nein – und das ist auch nicht nötig. Wenn Sie die Grundlagen richtig legen, wird Ihr Kind seinen Weg von ganz alleine finden.

Was die bedingungslose Liebe erhält

Natürlich können Sie auch aktiv daran arbeiten, dass die bedingungslose Liebe zwischen Ihnen und Ihrem Kind gedeiht. Decken Sie zuerst Ihre Erwartungshaltung auf. Machen Sie sich dann daran, dem Positiven Ihr ganzes Augenmerk zu verleihen. Konzentrieren Sie sich schließlich darauf, die guten Dinge, die Sie entdeckt haben, zu verstärken.

Entlarven Sie Ihre Erwartungshaltung

Nehmen Sie sich eine Stunde Zeit, wenn Ihr Kind einmal nicht anwesend ist, und legen Sie Papier und Stift bereit. Entspannen Sie bei schöner Musik und versuchen Sie, alle Gedanken, die Sie ansonsten beschäftigen, beiseite zu schieben.

Schreiben Sie nun alles auf, was Ihnen zu Ihrem Kind einfällt, völlig spontan und ohne lange zu überlegen. Bewerten und korrigieren Sie nicht, sondern lassen Sie Ihre Gedanken einfach auf das Papier fließen. Vielleicht erinnern Sie sich an Ihre Schwangerschaft, die Geburt, die letzte Schulnote, den letzten Urlaub oder auch den letzten Streit. Was finden Sie toll an Ihrem Kind, was weniger, was nervt Sie, was beeindruckt Sie? Schreiben Sie! Allmählich wird ein Bild von Ihrem Kind entstehen, je mehr Sie zu Papier bringen. Wenn sie fertig gesammelt haben, sortieren Sie Ihre Gedanken. Erstellen Sie dazu eine Liste:

- *Positives*:
  Hier steht alles, was Ihnen an Ihrem Kind gefällt.

- *Negatives*:
  Hier gehört alles hin, was Ihnen an Ihrem Kind nicht gefällt.

● *Streichen:*
Da bedingungslose Liebe bedeutet, sein Kind um seiner selbst willen zu lieben, sollen Sie nun alles streichen, was auf Ihre Erwartungshaltung hindeutet.

Im positiven Bereich sollten also nur noch Dinge stehen, die Ihr Kind wirklich ausmachen, zum Beispiel:

1. seine Charaktereigenschaften,
2. seine soziale Kompetenz,
3. sein Naturell, seine Stärken,
4. dass es fröhlich ist, so wunderbar lachen kann,
5. dass es Blumen liebt, stundenlang den Nachthimmel betrachten kann, tolle Geschichten erfinden kann,
6. dass es diskutieren kann, seine Interessen vortragen kann, Geduld hat, so viel Liebe verströmen kann und der Oma von nebenan die Taschen nach dem Einkaufen in die Wohnung schleppt,
7. welche Musik es liebt, welche Farben es mag,
8. welcher Freund ihm wichtig ist und warum,
9. welche Tiere es mag,
10. welche Worte es liebt, wo seine Leidenschaften liegen, warum es dieses oder jenes Hobby hat,
11. wovon es träumt, was seine Seele berührt,
12. welches Essen es am liebsten mag,
13. was es später einmal werden möchte und so weiter.

Im negativen Bereich werden Sie, wenn Sie alle Streichungen vorgenommen haben, kaum einen Eintrag mehr finden. Denn dass Ihr Kind sein Zimmer zu selten aufräumt, den Müll nie nach unten bringt, ständig sein Glas umschüttet, zu wenig für die Schule lernt – das entspringt alles Ihren Erwartungshaltungen. Hier steht allenfalls noch, dass es ein Morgen- oder ein Bademuffel ist, nicht teilt, egoistisch ist, stichelt, andere ärgert oder häufig Dinge zerstört.

Nun prüfen Sie, ob eine der beiden Listen überwiegt. Wenn Sie mehr Positives in Ihrem Kind sehen, sind Sie auf dem richtigen Weg. Erfreuen Sie sich dieses Weges! Überwiegt bei Ihnen doch die Negativliste? Keine Panik, es ist Ihr Blickwinkel zu Ihrem Kind, der nicht im Lot ist.

Schaffen Sie sich einen neuen Blickwinkel

Fertigen Sie erneut eine Liste an, auf der nur Positives steht. Nehmen Sie sich Zeit und überlegen Sie. Jedes Kind hat positive Eigenschaften! Fahnden Sie danach und schreiben Sie diese auf. Bewahren Sie diesen Zettel in der nächsten Zeit gut auf. Wird es dann stressig, und nehmen Streit und Zank zu, ziehen Sie sich zurück und nehmen Sie eine kleine Auszeit. Vergegenwärtigen Sie sich mithilfe Ihrer Liste, dass Ihr Kind gute Eigenschaften besitzt und es Ihre Aufgabe ist, diese zu verstärken. Die Situation wird sich entspannen, bevor sie eskaliert.

»Das Geheimnis auch der großen und umwälzenden Aktionen besteht darin, den kleinen Schritt herauszufinden, der zugleich auch ein strategischer Schritt ist, indem er weitere Schritte einer besseren Wirklichkeit nach sich zieht.«, sagte einst Gustav Heinemann. Mit anderen Worten: Hier ist Ihr erster Schritt. Sie haben beschlossen, mit Situationen konstruktiver umzugehen. Ihr neues Verhalten, Ihr neuer positiver Blickwinkel wird auch bei Ihrem Kind neue Reaktionen hervorrufen.

Verstärken Sie positiv, was Sie erreichen wollen

Dies wird Ihre neue Grundregel im Zusammenleben mit Ihrem Kind sein. Bedingungslose Liebe und Annahme eines Kindes und ständiges Rumnörgeln, Kritisieren und Meckern passen nicht zusammen. Loben Sie die Eigenschaften und Fertigkeiten, die Sie an Ihrem Kind mögen. Denken Sie jeden Tag daran. Suchen Sie den Augenkontakt Ihres Kindes, wenn Sie es loben.

Die Wiederholung ist ein mächtiges Instrument, das wir Eltern häufig unterschätzen. Wiederholen wir oft genug die positiven Eigenschaften unserer Kinder und sprechen sie laut aus, dann sind wir auf dem richtigen Weg. Denn die Kinder beginnen zu leben, was wir ihnen immer wieder gesagt haben, zum Beispiel:

- »Du bist wunderbar.«
- »Du bist sehr aufmerksam.«

Wenn unser Kind mithört, können und sollten wir ihn auch in der Gegenwart anderer laut und deutlich loben oder positiv über ihn sprechen. Solche positiven Affirmationen dringen bei ihm bis ins Unterbewusstsein. Sie signalisieren ihm Lebenssicherheit. Es weiß, dass es von seinen Eltern angenommen und geliebt wird. Wir verstärken so die positiven Eigenschaften unseres Kindes.

Im Verlauf dieses Buches werde ich Ihnen zeigen, wie Sie allein mit der Veränderung Ihres eigenen Verhaltens ein positives Selbstbild bei Ihrem Kind entwickeln können. Der positive Blick auf das Kind und das Lob sind die ersten Schritte in diese Richtung.

Verwenden Sie schöne Kosenamen

Kosenamen prägen nachhaltig. Wenn sie oft genug wiederholt werden, haben sie eine enorme Wirkung. Verwenden Sie deshalb nur positive Kosenamen wie »Sternchen«, »Glückspilz«, »Goldschatz«, »Prinzessin«. *Ihr Kind assoziiert mit diesen Worten Bilder.* Diese manifestieren sich wiederum in seinem Gehirn. Bezeichnungen wie »Pummelchen«, »Trampel«, »Dussel«, »Heulsuse« sollten Sie niemals verwenden. Wenn es sich um ein einmaliges Versehen handelt, dann ist das kein Problem. Doch wenn Sie solch einen Namen öfter verwenden, werden Sie die jeweilige Eigenschaft Ihres Kindes nur verstärken. Auch in freundlichem Ton sind diese Kosenamen tabu, denn dann neigt das Kind dazu, den Namen noch stärker zu leben, als wenn es unfreundlich angesprochen werden würde. Wenn Sie Ihr Kind also mit liebevoller Mutterstimme als »Schweinchen« bezeichnen und dies bei jedem Essen wiederholen, dann werden Sie sich zukünftig ein richtiges Schweinchen heranzüchten.

Die Kraft der Worte wird von uns Eltern oft völlig unterschätzt. Aber das Unterbewusstsein unseres Kindes hört mit, verinnerlicht es und setzt schließlich um, was wir Eltern sagen. Das geht ganz unmerklich vonstatten, bis zu jenem Tag, an dem wir uns dann wundern, warum unser Pummelchen noch mehr isst, unser Schweinchen noch mehr ferkelt und unsere Heulsuse noch mehr heult.

Was die bedingungslose Liebe zerstört

Die Liebe unseres Kindes ist ein großes Geschenk. Im Gegensatz zu unserer Liebe zu ihm sind daran keinerlei Bedingungen geknüpft. Unser Kind liebt uns vom ersten Moment an ohne Wenn und Aber. Doch diese Liebe müssen wir pflegen. Hier möchte ich die größten Gefahren für diese Liebe benennen und zeigen, was Sie dagegen tun können.

Kritik

Die allgemeine Formel lautet: Beschwerde ja, Kritik nein. Wo aber liegt der Unterschied? Eine Beschwerde ist

● konkret,
● für das Kind fassbar und
● verständlich.

Sie hat nichts mit der Wertigkeit seiner Person zu tun. Bei einer Beschwerde ist dem Kind klar, dass die Liebe seiner Eltern zu ihm nicht in Gefahr ist. So bringt zum Beispiel die Aufforderung, dass nun das Kinderzimmer aufzuräumen ist, niemanden aus dem Takt. Problematisch wird es bei folgendem Satz: »Wieder hast Du alles liegen und stehen lassen! Nie räumst Du auf! Immer muss ich dann alles machen! Du lebst auf Kosten meiner Kraft! Du bist ein echtes Ferkel!« Nun ist es passiert! Aus einer berechtigten Beschwerde der Eltern an das Kind ist Kritik geworden. Was folgt, ist die übliche Reaktion: Das Kind bockt. Warum tut es das? Der Grund liegt in der Kritik. Während die Beschwerde noch konkret war und sich auf das Hier und Jetzt, nämlich das Zimmer, bezog, handelt es sich bei der Kritik um die pauschale Verurteilung der Person des Kindes. Oft ist Kritik allgemein und unbestimmt. Weder analysiert sie konstruktiv das Problem, noch zeigt sie Lösungsansätze. Kritik verletzt nur. Sie demütigt das Kind und ist der Startschuss zum Streit, der dann unweigerlich folgt. Streit wiederum mündet meist in zermürbende Verteidigungstaktiken.

Verteidigung

Ihr Kind fühlt sich von Ihnen angegriffen und verletzt. Es spürt die Gefahr, die nun droht, und wechselt über zu Abwehr und Verteidigung: »Das ist mein Zimmer. Damit darf ich machen, was ich will. Hier bestimme ich und nicht du.« Solche Sätze kennen wir alle. Verteidigung ist der natürliche Reflex auf einen Angriff, und sie ist das Beziehungsgift Nummer eins zwischen Eltern und ihren Kindern.

Was nun folgt ist klar: Sie holen zu einem weiteren Gegenschlag aus, und das Gefecht nimmt seinen Lauf. Es ist zur Eskalation und damit zum handfesten Streit gekommen. Nun lassen wir uns zu eben den Worten hinreißen, die wir später zutiefst bereuen. Denn statt vernünftiger Argumente folgt jetzt nur noch eine Serie von Anklagen und Vorwürfen. Danach sind alle unglücklich, Eltern und Kinder, und nur schwer finden sie aus diesem negativen Sog wieder raus. Doch dafür müssen Sie sich unbedingt einsetzen. Denn sonst folgt auf den Streit die Verachtung.

Verachtung

Jetzt geht es nur noch darum, zu demütigen und zu verletzen. Nun kommt auf das Tapet, was wir unseren Kindern immer schon einmal sagen wollten, was uns nervt und stört. Häufig mischen sich an dieser Stelle Zynismus, Spott und Sarkasmus in unsere Sprache. Wir hinterlassen ein zutiefst verletztes und verunsichertes Kind. Wenn wir richtig Pech haben, ist in diesem Kind nun der Grundstein für zwei Gefühle gelegt, nämlich Verbitterung und Hass. Wir haben keine Probleme gelöst, aber dafür eine ganze Menge neue – und noch dazu schwerwiegendere – geschaffen. Denn nun wird Ihr Kind erst einmal den Rückzug antreten und sich einigeln. Wenn Sie jetzt zu irgendeinem Ziel kommen wollen, wie etwa einem aufgeräumten Zimmer, werden Sie Ihre elterliche Macht einsetzen müssen.

Die Ausübung von Macht

Mit der »Machtkarte« werden Sie allerdings ein inzwischen sehr fragliches Ergebnis erzielen. Denn gegenseitige Achtung und Respekt sind nun verloren gegangen. Wenn Sie das nächste Mal Ihr Kind um einen Gefallen bitten werden, wird es ablehnen. Warum sollte es Ihnen auch entgegenkommen?

Was zu tun ist

Mein Englischlehrer hängte eines Morgens wortlos ein Schild in unserer Klasse auf. Darauf stand: »Vor Betätigung des Mundwerkes Gehirn einschalten.« Damals empfanden wir Schüler dieses Schild als Provokation. Aber es beinhaltet Wahres. Der Mensch neigt dazu, sich vom Augenblick hinreißen zu lassen. Wir sagen dann viel zu schnell und viel zu unüberlegt Dinge, die wir im Nachhinein bereuen. Hätte ich doch bloß meine Klappe gehalten – wie oft haben wir das schon gedacht? Unser aller Familienleben verbessert sich schlagartig, wenn wir die Macht des Reizes erkennen und dann aktiv versuchen einen *Stopp* einzulegen. So lässt sich Abstand zu einer spontanen Reaktion auf die jeweilige Situation gewinnen.

Kinder, die im Sinne des Zen-Buddhismus erzogen werden, besitzen meist eine Klangschale. Diese wird von jedem Familienmitglied, aber insbesondere von den Kindern, betätigt, wenn sie das Gefühl haben, dass die Familiensituation entgleist. Die Wirkung zeigt sich prompt. Der Schlag auf die Klangschale hat erstens einen langen, sehr beruhigenden Nachhall, der angespannte Elternnerven entkrampft. Zweitens macht das Signal alle darauf aufmerksam, dass es bei diesem Streit um Werte wie »Gewinnen« und »Verlieren«, um Ausübung von Macht und um Demütigung zu gehen

Beispiel

scheint. *Der Klang der Glocke soll den Geist beruhigen beziehungsweise die »Gedankenflut«, welche einen zu überrollen droht, eindämmen. In den Blickpunkt aller Familienmitglieder rücken stattdessen die wichtigen Ziele wie Glück, Zufriedenheit und Harmonie. Ist der Situation erst einmal die Emotion genommen, kann sachlich miteinander gesprochen werden.*

Diesen Brauch kann ich sehr empfehlen. Natürlich können Sie in Ihrer Familie auch ein anderes Signal vereinbaren, das alle auf eine »Gefahrensituation« aufmerksam macht. Wichtig ist das Resultat: Eine Familienauszeit, um einen klaren Kopf mit geordneten Gedanken zu bekommen, die unter folgendem Motto steht: »Innehalten, gelassen werden, nachdenken, entscheiden.«

Die Bullerbü-Familie: Ort der Geborgenheit

Astrid Lindgren sagte einmal an uns Eltern gewandt:

»Es müsste also ihre Sache sein, um das kleine Wurm herum eine Welt aus Geborgenheit, Wärme und Liebe zu schaffen. Aber tun sie das? Allzu selten, scheint mir. Wahrscheinlich haben sie keine Zeit! Sie sind zu sehr damit beschäftigt, das kleine Wurm zu erziehen. Sie erziehen es hartnäckig von morgens bis abends, es ist ihnen verzweifelt wichtig, dass es schon von Anfang an wie ein Erwachsener auftreten soll. Denn dieses ›Kind sein‹, das ist offenbar eine sehr hässliche Charaktereigenschaft, die mit allen Mitteln bekämpft werden muss.«

Geborgenheit, Wärme und Freundlichkeit, das macht eine wahrhaftige Familie aus, so befand es Astrid Lindgren. Jeder von uns spürt intuitiv, dass sie Recht hat. Die Familie ist unser aller Zufluchtsort in dieser Welt, insbesondere für unsere Kinder. So wie eine Pflanze am besten unter bestimmten Bedingungen gedeiht, entwickeln sich Kinder optimal, wenn das emotionale Klima in der Familie ausgewogen ist. Allen Familienmitgliedern verleiht eine friedliche und liebevolle Atmosphäre die Möglichkeit, sich gut zu entfalten und sich wohl und heilsam aufgehoben zu fühlen.

Astrid Lindgren ließ in *Die Kinder aus Bullerbü* die Protagonisten in einer Idylle aufwachsen, die selbst auf den Leser als Gefühl der Geborgenheit überspringt. In vielen Befragungen von Kindern und Jugendlichen zeigt sich, dass Geborgenheit in der Familie besonders für die kleinen Kinder oberste Priorität hat. Aber selbst 17-Jährige gaben an, dass dieses Gefühl für sie neben den Freunden einen hohen Stellenwert hat. Mit ihren Büchern gab Astrid Lindgren genau dieser Empfindung Nahrung. Warum ist diese Geborgenheit für ein Kind so wichtig?

Geborgenheit führt zu Sicherheit

Geborgenheit führt zu Sicherheit. Je stärker dieses Gefühl der Sicherheit ist, umso besser verläuft die Entwicklung des Kindes und umso energischer und tatkräftiger bestreitet es jeden Lernvorgang, da Körper und Seele sich in einem Zustand der völligen Entspannung befinden. Dies ist die optimale Situation für das Lernen. Sobald wie auch immer geartete Furcht oder Angst in das Leben des Kindes einzieht, gerät seine Entwicklung ins Stocken. Mit der Angst des Kindes nimmt auch sein Wunsch nach Schutz zu. Bleiben Schutz und Geborgenheit aber aus, wird ein Kind alles daran setzen, genau dies zu bekommen – ein Überlebensinstinkt. Seine Energien sind nun fehlgeleitet. Statt in optimales Lernen, in geistiges und körperliches Wachstum und in seine Entwicklung zu investieren, steckt das Kind seine Kraft in ein Ringen um Anerkennung. Es befindet sich nun in einem Wettkampf: Es kämpft um Lob und Liebe. Sein Leben ist aus dem Gleichgewicht geraten, der Zustand der Entspanntheit und Ausgeglichenheit ist aufgehoben. Stattdessen entsteht der Wunsch nach Belohnung und damit nach der Bestätigung der eigenen Person, und es wächst die Angst vor Bestrafung.

Die Kinder aus Bullerbü haben ihre Orte der Geborgenheit:

• *ihre Familien,* die ihr absolutes Vertrauen besitzen, da sie ihnen jede Sicherheit bieten, und

- *ihre Plätze in der Natur,* wo sie spielen und die Zeit vergessen und wo sie in einem vollkommenen seelischen Gleichgewicht lernen und Erfahrungen sammeln. Folgender Ausschnitt unterstreicht die Bedeutung der Natur:

»Inga und ich haben noch eine andere Frühlingsstelle. Die ist in einem tiefen Graben. Wir haben zwei kleine Holzkisten, auf denen wir sitzen. Um uns her rauscht das Wasser, aber wir werden nicht nass, jedenfalls nicht sehr. Rund um den Graben wächst Faulbaum, überall Faulbaum. Wir haben es wie in einem Saal aus grünem Laub. Wir sitzen ziemlich oft in dem Graben. Wenn der Faulbaum blüht und die Sonne scheint und das Wasser rauscht um uns herum, dann ist es ein wahrhaft schöner Frühlingsplatz, finde ich. Aber Britta versteht das nicht.

An einem Frühlingstag, als wir da saßen, Inga und ich, kam Britta und steckte ihre Nase durch die Büsche. Sie sah uns im Graben und sagte: ›Was tut ihr?‹

Inga und ich sahen uns an und dachten nach.

›Wir wissen selbst nicht, was wir tun‹, sagte ich.

Wir wussten es wirklich nicht. Da ging Britta weg und sagte, wenn man selbst nicht wisse, was man tue, dann sei das nichts weiter, und man könne ebenso gut etwas anderes tun. Aber Inga und ich blieben sitzen, obwohl wir nicht wussten, was wir taten.«

Die Kinder aus Bullerbü begegnen der Welt mit offenen Armen, sie entspannen und können die Seele baumeln lassen. Sie haben gelernt, dass sie ihrem Lebensbereich ganz und gar vertrauen können.

Unseren Kindern ist es letztendlich egal, ob wir bei der Müllabfuhr, als Verkäufer, als Journalist, als IT-Experte, Richter, Arzt oder Putzfrau arbeiten – dessen müssen wir uns bewusst sein. Es interessiert sie auch nicht, ob Sie gerade viel zu tun haben, Überstunden machen oder Prüfungen absolvieren müssen. Selbst wenn Sie ein Star oder ein Multimillionär sind, Ihre Kinder wird das kalt lassen. Erwarten Sie auch keine »angemessene Anerkennung« für die Härte Ihrer Arbeit oder den finanziellen Einsatz, den Sie für die Familie erbringen. Wir Eltern sind oft der Ansicht, dass wir dies verdient hätten. Doch Kinder berufen sich noch auf die wahren Werte des Lebens. Wir Eltern müssen:

- Zeit haben für unsere Kinder,
- ihnen zuhören,
- sie bedingungslos lieben und
- genau dann da sein, wenn sie uns brauchen.

Das verleiht ihnen die Sicherheit, die sie für die optimale Entwicklung brauchen. So erhalten sie Ruhe und Kraft – alles andere ist nur von untergeordneter Bedeutung.

Viele Eltern sagen:»Meine Familie kommt an allererster Stelle.« Doch überlegen Sie einmal genau, ob dies auch wirklich stimmt. Haben Sie wirklich immer Zeit für Ihr Kind, wenn es Sie braucht? Nehmen Sie überhaupt wahr, wann Ihr Kind Sie braucht?

Ich möchte keine Schuldgefühle verbreiten. Auch mich plagt oft das schlechte Gewissen. Denn meine Kinder sprechen ihre Bedürfnisse laut aus und erinnern mich daran, dass Elternschaft bisweilen Unmögliches von mir verlangt – etwa dann, wenn ich einmal wieder verspätet von einem Kundentermin zurückkomme und statt im Zug bereits im Theaterstück meiner Tochter sitzen sollte. In diesen Momenten stelle ich mir die Fragen: Wie sah meine Planung aus? Gab es wirklich keine Alternativen? Habe ich tatsächlich alle Möglichkeiten abgewogen? Das sind die Fragen, die wir uns täglich stellen sollten.

Fragen Sie Ihr Kind zwischendurch immer wieder einmal:»Habe ich genügend Zeit für dich? Wo sollte ich mich deiner Meinung nach stärker engagieren?« Dann kann es uns gelingen, mit unseren Kindern eine auf Gegenseitigkeit beruhende, einfühlsame und respektvolle Beziehung zu führen, die ihnen für die kurze Spanne, die sie bei uns leben, Sicherheit bietet. So unangenehm es sein mag:

Stellen Sie sich einmal eine Sterbebett-Situation vor: Keiner wird es bereuen, nicht mehr Überstunden in seinem Leben geleistet zu haben. Doch die meisten werden die Zeit betrauern, die sie ihren Kindern vorenthalten haben. Was unsere Kinder wirklich brauchen, ist unsere Nestwärme. Wir sollten deshalb täglich auf unsere Prioritäten achten, um dies nie aus den Augen zu verlieren.

Sicherheit führt zu Vertrauen

Kinder, die sich nicht behütet und beschützt fühlen, betrachten die Welt – im schlimmsten Fall auch ihre Eltern – als »Feind«. Sie richten sich auf ein Leben ein, in denen Verteidigungswälle ihnen die nötige Sicherheit bieten, die sie im Elternhaus nicht bekommen. Hinter diesem Wall verschanzen sie sich. »Schutzwall« bedeutet meist, dass die Kinder sich verschiedene Verhaltensmechanismen aneignen, die ihnen ein Gefühl von Sicherheit geben. Die Wissenschaft weiß inzwischen, dass fehlende Geborgenheit bei Kindern einen Verlust an Sinneseindrücken zur Folge hat. Denn ihr Gehirn ist nicht auf Aufnahme, sondern auf Abwehr programmiert. Wie hoch dieser Verlust wirklich liegt, ist unklar, doch Annahmen gehen von 30 Prozent aus.

Liebevolle Beziehungen entfalten sich also nur, wenn wir uns geborgen und beschützt fühlen. Das gilt auch für uns Erwachsene. Fühlen wir uns sicher, dann spielen wir mit den Möglichkeiten und der Vielfalt des Daseins. Wir vertrauen dem Leben und den Menschen, die uns umgeben. Wir öffnen uns voll und ganz der Welt und können mit Freude alles aufnehmen, was unsere Sinne an uns herantragen.

Vertraut unser Kind uns und der Welt und spürt es, dass es in einer sicheren, schützenden Umgebung aufwächst, wird es so viel

Vertrauen entwickeln, dass es selbstständig mit der Erkundung der Welt beginnt. Zunächst benötigt es noch die Sicherheit der Eltern im Rücken, zu denen es immer zurückkehren kann, später werden seine Erkundungen sich ausweiten, und es wird sich immer weiter von Ihnen entfernen. Das Kind hat gelernt, dieser Welt zu vertrauen und ihr mit Freude zu begegnen. Diese Sicht der Welt prägt sich ein – ein Leben lang. Wir Eltern legen also, insbesondere im ersten Lebensjahr des Kindes, seinen Blickwinkel zu dieser Welt, positiv wie negativ.

Jean Liedloffs »Continuum«: Im Einklang mit den Bedürfnissen des Babys

Dazu veröffentlichte 1977 Jean Liedloff ein umstrittenes Buch mit dem Titel *Auf der Suche nach dem verlorenen Glück*. Ihre These lautet: Sollen sich insbesondere Säuglinge und kleine Kinder physisch, mental und emotional optimal entwickeln, so sollten sie sich vom Zeitpunkt der Geburt an im konstanten körperlichen Kontakt mit der Mutter befinden. Nur so gelingt es der Mutter, ihr Kind zu beobachten und seine Bedürfnisse adäquat zu erspüren. Sie sollte dabei ohne Missmut oder Abwertung auf die kindlichen Bedürfnisse reagieren, das Kind aber gleichzeitig nicht zum ständigen Zentrum ihrer Aufmerksamkeit zu machen. Auf diese Weise fühlt das Baby, dass es willkommen und wertvoll ist. Umgekehrt wird es die Erwartungen der Eltern spüren und auch erfüllen. Es wird sozial und kooperativ werden. So entwickeln sich die Kinder laut Liedloff im sogenannten *Continuum*. Seitdem lässt sich beobachten, dass das körpernahe Tragen von Säuglingen und Kindern in Tragetüchern und das Stillen nach Bedarf, wie es in vielen Kulturen bis heute noch üblich ist, auch in Europa und Nordamerika wieder auf dem Vormarsch sind.

»Bonding«: Verbindung herstellen und pflegen

Im gleichen Zusammenhang stolpern wir Eltern auch immer wieder über einen weiteren Begriff: »Bonding«. Bonding bezeichnet die erste intensive Kontaktaufnahme zwischen Mutter, Vater und Kind. Es handelt sich dabei um den ersten unbeschreiblichen Augenblick direkt nach der Geburt, wenn die Hebamme uns das Kind auf den Bauch oder in den Arm legt. Dieser Moment ist so angefüllt mit Emotionen, Erleichterung und Freude, dass er für uns Eltern zeitlebens unvergessen bleibt. Das erste Befühlen, Riechen, Schmecken, Sehen und Hören nach der Geburt fördert nicht nur die soziale Bindung, es prägt auch das menschliche Urvertrauen und lässt unsere Zuneigung und Liebe zu unserem Kind wachsen. Bonding bezeichnet das verbindende Band des Vertrauens zwischen Mutter, Vater und Kind. Damit das Band nicht brüchig wird, ist ein ständiger Kommunikationsfluss zwischen Eltern und ihren Kindern erforderlich. Bleibt die Verbindung offen, beständig und dynamisch, muss das Baby zur Erfüllung seiner Bedürfnisse nicht schreien.

Ein Baby, das nicht schreit, ist in unserer Gesellschaft unvorstellbar. Während andere Kulturen hart daran arbeiten, dass ihre Babys ruhig und zufrieden sind, vertreten in Europa und Nordamerika immer noch viele Eltern die Meinung, ein Baby solle ruhig einmal brüllen. Nur so würde es lernen, wer der »Herr im Hause« ist. Doch diese Einstellung erweist sich als unsinnig und sehr veraltet. Heute weiß man längst, dass ein Baby instinktiv handelt, wenn es nach der Erfüllung seiner ganz natürlichen Bedürfnisse ruft.

Nach neun Monaten Geborgenheit im Bauch kennen die Kinder kein Alleinsein und lehnen es ab. Sie brauchen die Nähe, Aufmerksamkeit und Zuneigung der Eltern, vor allem der Mama. Eigentlich wollen sie auch nicht alleine schlafen. Das ist die Erfahrung, die ich im Laufe der Zeit mit meinen eigenen Kindern gemacht habe. Damit sich ein Urvertrauen zwischen Ihnen und Ihrem Kind aufbauen kann, sollten Sie nachdenken, wie viel Sie zu leisten bereit sind. Auch wenn Ihnen der Einsatz im ersten Lebensjahr enorm erscheint, er wird sich sehr schnell auszahlen.

Beispiel

Ich stillte zunächst nach Bedarf. Auch durften alle meine Kinder auf Wunsch zu uns ins Ehebett oder ich stand nachts auf und schaute nach ihnen, wenn sie riefen oder weinten. Ich investierte viel Zeit und Kraft und bisweilen hatte ich bei der Fülle der Aufgaben den Eindruck, ich würde untergehen. Ab dem neunten Lebensmonat achtete ich allerdings mehr und mehr auf den Aufbau eines Rhythmus, der sich folgendermaßen gestaltete: morgens Frühstück, Spielzeit, ein Schläfchen, dann das Mittagessen, ein weiteres Schläfchen, Nachmittagsbrei, Spielzeit, Abendessen, Nachtzeit. Bis heute leben meine Kinder, sowohl groß als auch klein, in einem sehr konstanten Lebensrhythmus, der ihnen viel Sicherheit und Verlässlichkeit bietet. Da ich auf ihre Bedürfnisse sofort reagierte und – allen Unkenrufen zum Trotz – keine längeren Schreiphasen zuließ, entwickelten sie Vertrauen. Ich versiegelte meine Ohren gegen all die Warnungen und Ermahnungen, ich würde meine Kinder verziehen. Stattdessen folgte ich konstant meinem mütterlichen Instinkt. Ich achtete und befriedigte die Bedürfnisse meiner Kinder – nicht die Wünsche! Interessanterweise gewann ich dadurch genau das Gegenteil dessen, als was man mir prophezeit hat: ausgesprochen unternehmungslustige Kinder, die die Welt erobern. Sie stürzen sich ins Abenteuer und kehren ebenso fröhlich wieder in heimische Gefilde zurück, um wieder aufzutanken.

Wenn Sie diesem Beispiel folgen, werden Sie zum wichtigen Flughafen für Ihr Kind. Lassen Sie sich als Start- und Landebahn benutzen. Kommt der eine oder andere einmal ins Trudeln, geben Sie ihm als Fluglotse Anweisungen: ein bisschen mehr nach rechts, noch ein bisschen tiefer, Fahrwerk ausfahren, zum Landeanflug klarmachen. Diese Anweisungen sollten das Abstürzen verhindern, aber das Selbstbewusstsein des Piloten nicht erschüttern. Definieren Sie mit Ihrem Kind das Ziel, aber überlassen Sie ihm den Weg. Das Kind wird seelisch von Ihnen begleitet und unterstützt, ab und zu erfolgt vielleicht auch ein Ratschlag von Ihrer Seite, aber das Kind entscheidet selbst, wie es dieses Ziel erreichen wird.

Wenn zum Beispiel unser Kind in der Schule gehänselt wird, neigen wir Eltern dazu, uns vorschnell einzumischen. Lassen Sie das besser und hören Sie erst einmal zu. Animieren Sie das Kind, allein nach einer Lösung für diesen Konflikt zu suchen. Wie könnte es die Situation mit seinen Klassenkameraden in den Griff bekommen? Bieten Sie Strategien an, wie das Kind mit seinen Klassenkameraden reden könnte. Auch wenn dieser Prozess ein wenig anhält, nicht einmischen. Bleiben Sie zwar täglich am Ball, haken Sie nach, wie weit die Bemühungen Ihres Kindes gediehen sind. Nur vermeiden Sie es, zum Lehrer zu gehen und die ganze Situation für Ihr Kind zu regeln. Ihr Kind hat dann vielleicht vorübergehend vor seinen Klassenkameraden Ruhe, aber in seinem Gehirn hat es die Lektion abgespeichert, dass es seine Mutter braucht, um ein unangenehmes Problem zu lösen. Für sein Leben konnte es keinen brauchbaren Erfahrungswert abspeichern. Solche Erfahrungen braucht es aber, wenn es selbst Pilot sein will.

Da Flugpläne bekanntlich vorweg geplant werden und der Ablauf zwischen Boden- und Flugpersonal klar definiert ist, verfüge ich heute trotz der vielen Kinder über eine Menge Freiräume. Folgen Sie dem Ruf Ihres Herzens, nur er wird Sie absolut richtig leiten!

Vertrauen führt zu Freiheit

Wir alle kennen das: Sind wir rundum glücklich, befinden sich unsere Gedanken und Gefühle in Harmonie. In diesem Zustand fallen uns Lernen oder Kreativität leicht. Umgekehrt gärt die Wut in uns, wenn wir sauer sind. Ärger macht die Konzentrationsfähigkeit zunichte. Kreativität wird auf diese Weise vollkommen unmöglich und selbst die drei Sachen, die wir noch erledigen wollten, haben wir vor lauter Zorn und Groll schnell vergessen.

Bei unseren Kindern spielen sich genau die gleichen Mechanismen ab. Sie haben den natürlichen Drang, die Welt zu erforschen. In einem ausgeglichen Zustand werden sie wagemutig und trauen sich etwas zu. Sie experimentieren und werden manchmal ein Michel aus Lönneberga, der keinen Unfug macht, sondern dem der Unfug einfach von alleine passiert.

Aufgewachsen auf einem Bauernhof mit Geschwistern, Tieren und freier Natur erlebte Astrid Lindgren in ihrer eigenen Kindheit genug Freiheit, aus deren Wurzeln sich ihre spätere Kreativität entfalten konnte. Natürlich war die Erziehung von damals autoritär, gerade im südlichen Småland zu Beginn des 20. Jahrhunderts. Astrid Lindgrens Eltern Hanna und Samuel hatten mit der Bewirtschaftung des Pachthofs Näs viel Arbeit. Dennoch kam ihnen ihre innige Liebe zueinander nicht abhanden: »Wir Kinder waren es gewohnt, tagtäglich zuzuschauen, wie unser Vater, und sei es auch nur für einen kurzen Augenblick, unsere Mutter umarmte und sie ›herzte‹.«

Astrid Lindgren lebte mit ihren Geschwistern ungestört in ihrer eigenen Welt, versunken in ihre Spiele und umgeben von der allgegenwärtigen Natur. Vertrauen die Eltern den Kindern und umgekehrt, können sie in Freiheit die Welt erobern. Ob man es nun Continuum, Bonding oder Urvertrauen nennt, es bildet die Basis zwischen Eltern und Kindern. Diese lässt beide Seiten überzeugt sein, dass die Dinge so, wie sie gerade sind, in Ordnung sind.

Eine freie Erziehung, und hier liegt sehr oft der Irrtum, bedeutet aber keineswegs, dass man als Eltern nicht Rhythmus und Festigkeit zeigen kann. Astrid Lindgren formulierte es einmal so:

»Wenn es den Kindern heutzutage an Manieren fehlt, dann ist nicht die ›freie Erziehung‹ daran Schuld. Eine freie Erziehung schließt nicht aus, dass man Festigkeit zeigt. Sie schließt auch nicht aus, dass die Kinder ihren Eltern Zuneigung und Achtung entgegenbringen, und – das Wichtigste von allem – sie bedeutet, dass die Eltern vor ihren Kindern Achtung haben. Achtung vor den Kindern, das sollten die Erwachsenen in größerem Maße zeigen. (...) [Es] könnte wirklich nicht schaden, sich ein weises Wort aus einem anderen Buch ins Gedächtnis zu rufen, das eine ganze Reihe guter Regeln für das menschliche Zusammenleben enthält: ›Erreget in euren Kindern keine Wut‹, heißt es in diesem Buch. Ich würde gerne hinzufügen: Behandelt eure Kinder mit ungefähr der gleichen Rücksicht, die ihr wohl oder übel euren erwachsenen Mitmenschen zeigt.«

Die Gesetze der Liebe

Nun haben wir gehört, wie wichtig ein emotional ausgeglichener Zustand für die Kinder ist, aber bei Nudeln auf dem Küchenboden, Zahnpasta an der Badezimmerwand und verschmutzten Unterhosen unter dem Kinderbett, bei durchwachten Nächten und gammelnden Fröschen in Hosentaschen liegen bei uns Eltern schnell die Nerven blank. Die bedingungslose Liebe hört sich in der Theorie so schön an, wenn man aber einen kreischenden Zwerg auf dem Boden des Supermarkts sein Eigen nennen muss, fallen uns die bedingungslose Annahme und Achtung doch ein wenig schwer. Wie kann es also funktionieren, das Gesetz der Liebe?

Der wichtige Blick durch die Augen Ihres Kindes

Nehmen wir uns die berühmte »Supermarktsituation« vor. Unser Kind wollte uns beim Großeinkauf für die Familie unterstützen. Dabei nahm es die Flasche aus dem Regal und unterschätzte ihr

Gewicht. Die Flasche fiel und ging zu Bruch. Was hier zählen sollte, ist der soziale Einsatz des Kindes für die Familie. Die Fehleinschätzung des Flaschengewichts sollte in unserem Gehirn unter der Kategorie »Lernen« verbucht werden. Schimpfen Sie Ihr Kind nun nicht! Danken Sie ihm stattdessen kurz für die Mithilfe, und organisieren Sie gemeinsam mit ihm Hilfe durch das Personal des Supermarkts, ohne das Kind zum Sündenbock zu machen. So wird die Hilfsbereitschaft des Kindes Ihnen gegenüber erhalten bleiben. Ihr Kind wird das Ereignis in jeder Hinsicht positiv in Erinnerung behalten. Sie werden sehen: Das nächste Mal wird es die Flasche vorsichtiger aus dem Regal nehmen oder Sie um Hilfe bitten.

Vergessen Sie nie, dass die Sichtweise unserer Kinder zum Leben eine andere ist. Kinder sind keine kleinen Erwachsenen. Sie sehen, hören, schmecken, fühlen und riechen anders. Ihre Empfindungsbandbreite gegenüber dem Leben ist noch wesentlich offener. Ihrer Meinung und ihrem Blick wurde noch nicht der Stempel der gesellschaftlichen Anpassung aufgedrückt. Kinder leben im Heute, im Hier und im Jetzt. Sie können noch staunen über die Wunder, die diese Welt für uns bereithält.

Wenn wir diesen wichtigen Aspekt erkannt und verinnerlicht haben, begreifen wir besser, warum Kinder die Dinge anders machen als wir Erwachsenen. Dieses Verständnis hilft auch zu verstehen, warum wir Erwachsenen oftmals so unangemessen auf die angeblichen Verhaltensfehler unserer Kinder reagieren. Unser Blick auf sie ist geprägt durch unsere eigene Lebensgeschichte, durch unsere erworbene Sicht über Verbote und Gebote. Uns fehlt oft das richtige Einfühlungsvermögen, um uns in das Kind und in seine Perspektive hineinzudenken. Reagieren wir aber unangemessen und in den Augen des Kindes unverständlich, sorgen wir für Verunsicherung. Schon ist das Vorhaben, unser Kind in einem ausgeglichenen emotionalen Klima großzuziehen, gescheitert. Der gewollte und bewusste Blick durch die Brille Ihres Kindes kann Sie davor bewahren.

Die Gesetze Astrid Lindgrens

Unter dem Druck des täglichen Lebens verlieren wir schneller, als wir das oftmals für möglich halten, den Kontakt zu unseren Kindern. Da ist der Ärger über den Chef, die viel zu hohe Rechnung des Handwerkers, das Auto, das gerade heute kaputt gehen musste. Kommt nun auch noch unser Kind mit der Hiobsbotschaft nach Hause, mit dem Fußball die Fensterscheibe der Nachbarin zerstört zu haben, rasten wir aus. Muss das sein? Oftmals schimpfen wir los, ohne ein einziges Mal nach dem Hergang gefragt zu haben. Wir schließen die Möglichkeit, dass unser Sohn oder unsere Tochter an der Situation gar keine Schuld tragen könnte, unter Stress oft von vorneherein aus. Offenheit? Nicht mehr daran zu denken. Umgekehrt gelingt uns dies spielend, wenn wir gerade mit der Beförderung in der Tasche aus dem Büro kommen. Eine zerbrochene Fensterscheibe? Lächerlich! Die kann uns in diesem Augenblick nichts anhaben. Wir bleiben ruhig, denn davon lassen wir uns den schönen Tag nicht verderben. Stattdessen folgen wir unserem Kind in den Hof, lassen uns das zerbrochene Fenster zeigen, den Hergang erzählen und bieten gezielt Lösungsansätze an.

Diese Zeit sollten Sie sich *immer* nehmen. Bemühen Sie sich, die Sicht Ihres Kindes nachzuvollziehen. Versuchen Sie, sich in das Geschehen hinein zu fühlen.

Halten Sie sich dabei an die von Astrid Lindgren propagierten *Gesetze der Liebe*:

1. *Achtung* anstelle von Demütigung,
2. *Einfühlungsvermögen* anstelle von Verurteilung,
3. *Unterstützung* anstelle von Beeinflussung.

Viele Eltern versuchen alles, um ihre Kinder »auf den richtigen Weg zu bringen«. Liebe wird zu Manipulationszwecken eingesetzt.

Das Kind fühlt die Ablehnung und kämpft nun um den Erhalt seiner selbst. Es wird auf die Barrikaden gehen, sich aber auf keinen Fall ändern. Erst wenn wir die Gesetze der Liebe wirklich leben, werden wir eine Veränderung in der Familie spüren. Denn wir ermutigen den anderen auf diese Weise dazu, so zu sein, wie er wirklich ist. Diese Akzeptanz führt zu einer offenen Haltung unserer Kinder, die dann auch darum bemüht sind, sich mit Engagement und Freundlichkeit einzubringen.

Akzeptanz und Liebe bedeuten aber nicht, dass wir die Schwächen unserer Kinder einfach akzeptieren oder ihre Meinung ohne jeglichen Einwand hinnehmen müssen. Wir dürfen natürlich ganz klar und offen unsere Meinung vertreten, aber wir respektieren dabei die Gefühle des anderen. Wenn ein Kind wiederum seinen Standpunkt nicht verteidigen muss, verrennt es sich auch nicht. An die Stelle des »Bockens« und der Sturheit tritt wahrhaftiges Nachdenken. Meist werden Sie feststellen, dass Ihr Kind in Akzeptanz seiner eigenen Person zu Entscheidungen finden wird, die auch Ihnen gefallen werden.

Die drei Gesetze der Liebe bestätigen das Individuum. Unser Kind wird mit viel Kraft und Ausdauer die Segel setzen und mit dem Kompass in der Hand die richtige Route finden. Sie werden ein Kind haben, dass mit einer hohen sozialen Kompetenz und mit einer spürbaren Lebenssicherheit auch schwere »Lebensstürme« zu meistern vermag.

Der Bullerbü-Alltag: spielend einfach Kind sein

»›Ich will niemals groß werden‹, sagte Tommy entschieden. (…) ›Nee, darum muss man sich wirklich nicht reißen‹, sagte Pippi. ›Große Menschen haben niemals Spaß. Sie haben nur einen Haufen langweilige Arbeit und komische Kleider und Hühneraugen und Kumminalsteuern.‹
›Kommunalsteuern heißt das‹, sagte Annika.
›Ja, es bleibt jedenfalls der gleiche Unsinn‹, sagte Pippi. ›Und dann sind sie voll Aberglauben und Verrücktheiten. Sie glauben, es passiert ein großes Unglück, wenn sie beim Essen das Messer in den Mund stecken, und all solch dummes Zeug.‹
›Und spielen können sie auch nicht‹, sagte Annika.«

Für die meisten Erwachsenen ist Lernen, insbesondere das Lernen für die Schule, eine überaus wichtige Sache. Das Spiel erachten Sie als unwichtig, gar als reine Zeitverschwendung. Die Ermahnungen der Mütter und Väter sind immer die gleichen: »Musst du immer spielen? Kannst du nicht einmal etwas Anständiges machen? Solltest du nicht besser für die Schule üben?« Oft reagieren Erwachsene mit Unverständnis auf das ewige Spielen ihrer Kinder. Fast sehen sie sie heute lieber vor dem Computer, weil der PC in ihren Augen das bestimmende Utensil einer zukünftigen Welt ist.

Dennoch ist und bleibt wahres Spielen unersetzlich. Es bildet auf der einen Seite die Grundlage für das Lebensglück unseres Kindes und auf der anderen Seite *ist* Spielen bereits Lernen. Das Besondere am Spiel ist, dass der Lern- oder Leistungszuwachs nicht auf vorgegebenen Mustern beruht. Ein Optimum an Kreativität bleibt erhalten.

Echtes oder wahrhaftiges Spielen bedeutet, die Welt mit allen Sinnen zu erfahren. Den Kindern aus Bullerbü ist dies Tag für Tag erlaubt und möglich. Bereits als wir selbst noch Kinder waren, spürten wir, dass die Bullerbü-Kinder eine ideale Kindheit durchlebten. Als Eltern nehmen wir dies auch heute noch wahr, aber wir wagen es nicht, unser Kind im Zeitalter von Leistungsdenken einfach spielen zu lassen. »Nur« spielen scheint in irgendeiner Weise »zu wenig« zu sein. Wir besitzen weder die Gelassenheit noch den Mut, dem Wirken einer solchen freien Kindheit zu vertrauen.

Spielen bedeutet: ganz Kind sein dürfen. Spielen heißt auch, wichtige Erfahrungen zu sammeln, die dem Kind im späteren Leben Standfestigkeit verleihen. »Ganz Kind« ist ein kleiner Mensch wiederum dann, wenn er vollkommen im Land der Fantasie verschwindet und im Spiel versinkt. Dann weiß er, dass es sie gibt: die Glückseligkeit.

In einem Interview für die Münchner Abendzeitung vom 4. November 1997 stellte Astrid Lindgren fest:

»Kinder sollten mehr spielen, als viele es heutzutage tun. Denn wenn man genügend spielt, solange man klein ist – dann trägt man Schätze mit sich herum, aus denen man später ein Leben lang schöpfen kann. Dann weiß man, was es heißt, in sich eine warme Welt zu haben, die einem Kraft gibt, wenn das Leben schwer wird.«

Damit und mit ihren Büchern hat Astrid Lindgren uns eine Art Anleitung hinterlassen. Nun gilt es, sie zu lesen. Nun gilt es, sich Gedanken zu machen, wie man auch heute eine glückliche Kindheit gestalten kann. Was kann und muss dazu gehören, damit die Kindheit unserer Söhne und Töchter beglückend, nützlich, aufregend und sinnvoll zugleich ist und in die Zukunft weist – in unser aller Zukunft?

Spielen ist Herausforderung

Unsere Kinder sind richtige Stadtkinder. Doch ihre Oma lebt nicht weit von uns entfernt direkt am Wald. Man gelangt dort vom Garten geradewegs in ein großes Waldgebiet. Diese Schwelle zwischen Garten und Wald ist wie ein Tor in eine andere Welt. Unsere Kinder betreten den Wald als Lilly, Maya, Julius, Simon und Nele. Dann verwandeln sie sich in nur wenigen Minuten. Sie schlüpfen in die Rollen anderer Personen, anderer Wesen. Der Wald ist nicht mehr Baum, Strauch, Laub und Erde, sondern er bedeutet Abenteuer und Gefahr. Es gilt, Herausforderungen anzunehmen und zu bestehen. Sie balancieren über Baumstämme, wobei ihnen ihr Gleichgewichtssinn sagt, wie weit sie die Arme ausstrecken müssen, um nicht herunterzufallen. Ihr Tastsinn erfühlt die Umgebung von Moos, Gras und Laub, glatten und rauen Oberflächen. Ihre Ohren registrieren die Geräusche, das Zwitschern der Vögel, das Rauschen des Laubes. Es findet ein Wechselspiel der Sinne statt, und mit jedem Schritt, den sie ihm Wald tun, lernt ihr Gehirn hinzu.

Beispiel

Das Spiel, egal in welcher Form, spricht nicht nur verschiedene Gehirnfunktionen an, sondern fördert auch deren beständige Weiterentwicklung. Denn es liegt in der Natur des Menschen, sich ständig neue Herausforderungen zu suchen. Kein Kind will im Ist-Zustand verbleiben. Dieses Phänomen der Lustlosigkeit zeigen Kinder nur, wenn ihnen etwas zum Lernen vorgesetzt wird, das sie in dem Moment eigentlich nicht interessiert. Im Wesen des Menschen ist das ständige Weiterlernen fest verankert. Ist die eine Herausforderung geschafft, treibt einen ein innerer Motor direkt vor die nächste Hürde. Ist das Balancieren auf dem einen Baumstamm zu einfach geworden, wird ein etwas höherer genommen. Das Kind wagt die nächste Stufe. Die Situation befindet sich in einem Zustand, der nicht zu schwer, aber auch nicht zu leicht ist. Das Kind visiert nicht mehr an als die nächsthöhere Stufe des Lernens. Hat es diese Herausforderung gemeistert, schüttet der Körper Glückshormone aus. Wir kennen diese Erfahrung: die unbändige Freude, etwas geschafft zu haben. Sportler reißen nach einem gewonnenen Wettkampf die Arme in Höhe. Marathonläufer sind nach einem Rennen zwar meist am Rande der totalen Erschöpfung, dennoch beschreiben sie diese Momente als die besten ihres Lebens. Musiker sind in der Lage, sich mit ihrem Instrument und der Musik in andere Sphären zu versetzen. Erst das Aufbrausen des Beifalls holt sie wieder in die Realität zurück. Ein kleines Kind erlebt diesen Zustand zum Beispiel, wenn es Klötzchen für Klötzchen auf einen selbst gebauten Turm legt. Nimmt dieser eine Höhe an, die es noch nie erreicht hat, beißt es sich vor lauter Aufregung meist auf die Lippen und legt mit zitternden Fingerchen weitere Bausteine auf die Spitze des Turms. Mit jedem Klotz wächst der Stolz, steigt aber auch die Herausforderung, es noch weiter zu schaffen.

Herausforderung führt in den Flow

John Douillard, Autor des Buches *Body, Mind, and Sport* beschreibt die Wichtigkeit echten Spieles und seine Auswirkungen auf die Leistung von Spitzensportlern wie folgt:

»Wenn man sich mit Spitzensportlern unterhält – und ich habe viele von ihnen trainiert – sind sich alle darin einig, dass ihr bester Kampf der leichteste war. Als Roger Bannister den Vier-Minuten-Rekord über eine Meile brach, berichtete er: ›Die Welt schien still zu stehen. Ich hatte das Gefühl, wie in Zeitlupe zu laufen. Kein Schmerz, keinerlei Anstrengung.‹ Und er rannte schneller als jeder andere Läufer vor ihm. Nicht anders erging es Billy Jean King. Inmitten des Tumultes im Gerichtssaal brachte sie sich an einen inneren Ort vollkommener Ruhe und vollkommenen Friedens. Tarahumara-Indianer laufen zwischen 75 und 150 Meilen pro Tag, wobei sie einen kleinen Ball vor sich her schießen. Es ist ein Spiel. Nach 26 Meilen

ist ihr Blutdruck niedriger als am Anfang des Laufs und ihre Atemfrequenz normal, obwohl sie in großer Höhe acht Meilen pro Stunde zurücklegen. Es macht ihnen Spaß; es gehört zu ihrem Leben. 150 Meilen pro Tag ist Schwerstarbeit, dennoch sind sie gelassen und ruhig. Es macht ihnen so viel Spaß, dass sie mühelos und ganz natürlich in diesen Zustand übergehen, in dem solche Höchstleistungen möglich, ja natürlich sind. Kein Stress, keine Arbeit. Spiel und Freude.«
　　Quelle: Joseph Chilton Peace. *Neue Kinder, neue Eltern*. Aus dem Englischen von Marion Kroh. Arbor Verlag, 2004. www. arbor-verlag.de

Der Mann, der uns dieses Phänomen erklärte und es als Flow bezeichnet, hieß Mihaly Csikszentmihalyi. Er untersuchte, wie sich Menschen fühlen, wenn sie allergrößte Freude empfinden, und warum das so ist. Er befragte Athleten, Musiker, Ärzte, Schachmeister und viele andere Menschen, die große Erfolge auf ihrem Gebiet feierten. Aus ihren Berichten entwickelte er eine Theorie der »optimalen Erfahrung«, auf der Flow beruht, jener Zustand, in dem die Tätigkeit eine Person dermaßen fesselt, dass nichts anderes eine Rolle zu spielen scheint. Das Erlebnis ist so überwältigend, dass der Erlebende es selbst um einen hohen Preis unbedingt wiederholen möchte. Ähnlich wie bei einer Droge ist die Person bereit, jede Form der Anstrengung auf sich zu nehmen, um diese Glücksgefühle wieder zu spüren. Das birgt ohne Zweifel auch Gefahren, auf die ich später noch kommen werde. Bleiben wir vorerst beim unendlichen Glück, das es zu erreichen gilt.

Flow begünstigt optimales Lernen

Im echten Spiel erreichen Kinder genau diesen Optimalzustand. Unser Ziel als Eltern muss es sein, diesen Flow auf das Leben und die Ausbildung unserer Kinder zu übertragen. Dafür müssen unsere Kinder das absolute Glücksgefühl nicht nur erlebt, sie sollten auch begriffen haben, dass sie diesen Zustand selbst herbeiführen können. Gelingt uns dieser Schachzug, haben wir Eltern unseren Kindern zwei wichtige Elemente für ihr Leben mitgegeben:

1. wie sie sich selbst in den optimalen Zustand des Lernens versetzen können und

2. wie sie dann genau diesen Zustand nutzen können, um optimale Ergebnisse für ihr eigenes Leben zu erzielen.

Bei Kindern erreicht man diese Erfolge am schnellsten und am leichtesten über das intensive Spiel. Spielen fördert ihre Intelligenz und ihr kreatives Denken. Spiel ist Flow und damit die wahre Antriebskraft unserer Kinder, da sie von innen, von der Person selbst herrührt. Hier schließt sich nun der Kreis zu jenem Vortrag der Kindergärtnerin, den ich einst an einem Elternabend hörte:

»Nur die Kinder werden zukünftig eine Chance haben, die gelernt haben, in rastlosen Zeiten anzuhalten, um wieder Kraft für ihre Seele zu schöpfen. Das werden die Kinder sein, die in ihrer Kindheit gelernt haben, sich von innen treiben zu lassen, statt von außen getrieben zu werden.«

Im Flow spielend Probleme lösen

Im Spiel bewegen sich die Kinder in Richtung Ganzheit und Wohlergehen. Spielen ist für ein Kind ein natürlicher Zustand und öffnet den Zugang zum wirklichen Lernen, dem Lebenslernen. Oft löst schon der Gedanke an das Spiel bei Kindern Vorfreude und Euphorie aus. Innere Widerstände und Ängste lösen sich auf. Stattdessen entdecken die Kinder Chancen und Möglichkeiten, entwickeln Ideen und beseitigen Probleme auf eine Weise, die sie sonst nie entdecken würden. Dieses Problemlösungsdenken speichern sie ab und übertragen es auf andere Lebenssituationen. Sie haben gelernt, in schwierigen Situationen strategisch und konstruktiv vorzugehen. Mihaly Csikszentmihalyi definiert diesen Zustand wie folgt:

»Schlüsselelement einer optimalen Erfahrung ist, daß sie um der Sache selbst willen geschieht. Auch, wenn man aus anderen Gründen beginnt, wird die Aktivität, die einen fesselt, an sich lohnend ... eine sich selbst genügende Aktivität, eine, die man ohne Erwartung künftiger Vorteile ausübt ... der flow bringt das Leben auf eine höhere Ebene. Aus Entfremdung wird Engagement, Freude ersetzt Langeweile, Hilflosigkeit verwandelt sich in ein Gefühl von Kontrolle, und die physische Energie hilft dem Selbst, sich zu stärken, statt sich im Dienst äußerer Ziele zu verlieren. Wenn eine Erfahrung intrinsisch lohnend wird, ist das Leben in der Gegenwart gerechtfertigt, statt zur Geisel für einen vermuteten zukünftigen Vorteil zu werden.... ein Gefühl, daß die eigenen Fähigkeiten ausreichen, eine gegebene Herausforderung in einem zielgerichteten, regelgebundenen Handlungssystem zu bewältigen, das deutliche Rückmeldung bietet, wie gut man dabei abschneidet. Die Konzentration ist dabei so intensiv, dass keine Aufmerksamkeit übrig bleibt, um andere unwichtige Dinge zu denken oder sich um Probleme zu sorgen. Das Selbstgefühl verschwindet, und das Zeitgefühl wird verzerrt. Eine Aktivität, die solche Erfahrungen herbeiführt, ist so lohnend, dass man gewillt wird, sie um ihrer selbst willen auszuführen, ohne an mögliche Vorteile zu denken, auch wenn sie schwierig oder gefährlich ist.«

Quelle: Mihaly Czikszentmihalyi. *Flow. Das Geheimnis des Glücks.* Aus dem Amerikanischen von Annette Charpentier. ©1990 by Mihaly Czikszentmihalyi. Klett-Cotta, Stuttgart 1992.

Flow als der ideale kindliche Grundzustand

Flow fordert das Beste einer Person, und sie muss ihre Leistung ständig verbessern, um in einen erneuten Flow zu gelangen. Kleine Kinder befinden sich sehr häufig in diesem euphorischen Zustand, denn sie begegnen ständig neuen Herausforderungen. Sie lernen zu krabbeln, zu laufen und zu sprechen. Sie entdecken immer neue Betätigungsfelder, an jeder Ecke lauert eine neue Erfahrung. Wenn sie dann auch noch in einer Bullerbü-Umgebung aufwachsen, wo selbstständiges Experimentieren an der Tagesordnung ist, und sie in ihrer Entwicklung unterstützt werden, dann werden Kinder fast ununterbrochen im Flow-Zustand leben. Umgekehrt verliert sich diese Euphorie, wenn Kinder mit Regeln und Verboten von ihren Eltern zurückgewiesen, dauernd kontrolliert und ermahnt, oder in ihrem Tun gebremst werden. Dürfen Kinder nicht selbst entscheiden, was sie tun und lernen wollen, wechselt der Körper schnell in die Passivität. Es entsteht dann, so deutete es Csikszentmihalyi, eine »Gegenbewegung des Flow«. Untätigkeit, Antriebslosigkeit und schließlich der Konsum erlangen die Oberhand.

Nun wissen Sie, liebe Eltern, warum sich unsere Kinder bei den Hausaufgaben so gerne wegträumen. Im Prinzip interessieren sie sich nicht dafür. Wenn die Aufgabenstellung und das Pauken von Formeln keinen Flow bei einem Kind auslösen, hat es auch keine Lust, sich daran zu setzen. Tausend andere Dinge, die spannender und anziehender sind, interessieren das Kind mehr. Dies ist weder die Schuld ihres Kindes noch eine Form mangelnder Konzentration. Hier hat der Lehrer einfach für Ihr Kind völlig unattraktive Aufgaben gestellt, bei denen es nicht kreativ und schöpferisch wirken kann. Sie fordern Ihr Kind nicht heraus.

Die Kinder, die von ihren Mitschülern ungerechterweise als »Streber« tituliert werden, zeigen ein ganz anderes Verhalten. Sie spüren eine große Erfüllung in jeder Art von geistiger Tätigkeit. Läuft ihr Gehirn auf Hochtouren, fühlen sie den Flow und sie wollen stetig mehr wissen. Sie jagen ihrem Glücksgefühl hinterher. Diese Kinder absolvieren die Schule meist problemlos mit den allerbesten Noten und haben auch später im Studium keine Probleme. Im Beruf genießen sie eine hohe Anerkennung und sind dabei auch noch sehr glücklich. Nun kommt allerdings die etwas ernüchternde Nachricht: Die Chance, ein solches Kind zu haben, schätzen Pädagogen auf eine Wahrscheinlichkeit von 1 : 100. Alle anderen Kinder werden es etwas schwerer haben. In einigen Fächern wird es den Lehrern gelingen, ihre Aufmerksamkeit zu gewinnen, da der Lehrstoff unser Kind neugierig gemacht hat. Wenn Kinder allerdings die Möglichkeit haben, in der Schule zu experimentieren, so ist die Wahrscheinlichkeit umso höher, dass ihre Neugierde geweckt wird.

Gefahren des Flow

Doch oft müssen wir feststellen, dass sich unsere Kinder mit rein gar nichts wirklich beschäftigen können. Sie langweilen sich und enden schließlich vor dem Computer oder dem Fernseher. Warum ist das so? Die Gründe können vielfältig sein:

● fehlende Anregung im eigenen Zimmer,
● fehlende Anregung in der Wohnung / im Haus,
● keine Möglichkeit, in der näheren Umgebung
  Neues zu entdecken,
● keine Möglichkeit, in der näheren Umgebung
  kreativ tätig zu werden.

Fehlen die Anreize, so sucht sich der Körper ein Ventil gegen die Langeweile. Das Kind forscht, so hat es die Natur ja vorgegeben, nach dem »Kick« in seinem Leben. Und wo findet es diesen Kick? Zunächst einmal vor dem Computer. Es beginnt ein Computerspiel. Sein Körper zeigt dabei höchste Konzentration, seine Aufmerksamkeit befindet sich im Optimalbereich, und wenn es den nächsthöheren Spiellevel erreicht hat, setzt der Flow ein: Glückshormone werden ausgeschüttet. Das Kind ist glücklich, und was wird es tun? Natürlich wird es das Spiel fortsetzen. Es wird versuchen, den nächsten Level zu erreichen und dann den nächsten und den nächsten. Das ist der Grund, aus dem das Spielen am Computer so schnell Suchtcharakter annimmt. Was uns zu Höchstleistungen auf anderen Gebieten führt, was uns Anerkennung, Ruhm und Glück verschafft, kann uns also umgekehrt auch schaden, wie die Abhängigkeit von einem Computerspiel zeigt. Das Erfolgserlebnis ist nun nichts mehr, was unser Leben bereichert, sondern es existiert nur noch innerhalb eines Spieles, von dem wir letztendlich für die Gestaltung unseres Lebens kaum profitieren werden.

Den berühmten Kick im Leben suchen gelangweilte Jugendliche auch auf vielfältige andere Weise. Sie werden gewalttätig, greifen zum Alkohol, nehmen Drogen oder spielen gefährliche Spiele, wie zum Beispiel »U-Bahn-Surfen«. Dies alles gehört zum negativen Effekt des Flow. Langeweile, mit der es nicht gelernt hat umzugehen, kann ein gefährliches Element im Leben eines Kindes werden. Auch stundenlanges Fernsehen ist eine solche negative Reaktion. Da die Kinder ihr Leben nicht mehr selbst zu gestalten wissen, lassen sie sich vom Bildschirm in andere Welten entführen, ohne selbst tätig werden zu müssen. Meist sind alle Sorgen vergessen und ein wohliges Gefühl stellt sich ein. Wir Erwachsenen kennen diese Empfindung nur zu gut. Wie gerne stellen auch wir nach einem langen Arbeitstag den Fernseher an, um uns noch ein bisschen berieseln zu lassen, Ablenkung von den Ereignissen des Tages zu finden oder um einfach abzuschalten. Doch je länger unsere Kinder vor dem Fernseher sitzen, umso mehr Chancen entgehen ihnen, selbst zu entdecken, was sie gerne und gut meistern können, was sie aus eigenem Antrieb anpacken können und was sie wirklich befriedigt. Aus diesen trägen Computer- und Fernsehjunkies werden Kinder, die sich im späteren Leben schwer tun werden, die Konsequenzen ihres Tun richtig einzuschätzen. Schließlich hatten sie bisher keine Gelegenheit dazu. Das sind auch die Kinder, die später leicht zu Opfern von Manipulation werden. Und das sind schließlich die Kinder, die später eine Ausbildung absolvieren, sich einen Arbeitsplatz suchen, und die keinerlei Erwartungshaltung haben, dass ihnen der Beruf auch Spaß machen könnte. Leider ist dies das Schicksal ganz vieler Menschen.

Dem Flow die richtige Richtung geben

Wir haben die Aufgabe, unsere Kinder zu lehren, ihr Leben zu gestalten. Auch müssen wir Sorge tragen, dass sie ihre Umgebung relativ gefahrenfrei entdecken und erforschen können. Schließlich sollten wir ihnen auch beibringen, den Flow für sich selbst zu einem normalen Zustand werden zu lassen. Ihr Flow soll dabei die richtige Richtung einschlagen. Am einfachsten und am schnellsten gelingt dies einem Kind zunächst über das Spiel.

Nicht nur Astrid Lindgren war der Überzeugung, dass das Spiel das wichtigste Element in der Entwicklung eines Kindes ist. Auch Schiller wusste, der Mensch »(...) ist nur da ganz Mensch, wo er spielt.«

Spiel ist immer von innen motiviert, der Antrieb kommt vom Kind selbst. Es folgt diesem Trieb, kanalisiert ihn und lebt ihn ganz aus. So erfährt es einen Zustand der Leichtigkeit mit einer enormen kreativen Kraft. Die gesamte Aufmerksamkeit richtet sich auf den Ort des Geschehens. Wir müssen also unsere Kinder die Welt selbst entdecken, ausprobieren und erfahren lassen.

Weiß ein Kind, wie es seinen Flow-Zustand erreicht, weiß es darum, dass Glück kein purer Zufall ist, sondern dass der Impuls aus ihm selbst kommt und steuerbar ist. Kinder, die intensiv zu spielen gelernt haben, zeigen später, dass sie ein Thema aufzugreifen und dabeizubleiben wissen. Sie kennen und lieben nun die Freiheit, ihren wirklichen Interessen intensiv nachgehen zu können – wo und wie auch immer es ihnen beliebt. Diese Kinder haben gelernt, glücklich zu sein.

Dieses instinktive Wissen werden sie auf andere Beschäftigungen übertragen. Die gleiche Intensität, die sie einst ins Spiel investierten, werden sie nun auf andere Bereiche ihres Lebens transferieren. Sie werden große Freude und Konzentration für ihre Tätigkeiten aufbringen. Der Erfolg wird sich von alleine einstellen.

Nun liegt es an uns Eltern zu erkennen, was wir wirklich wollen. Wenn es uns wichtig ist, dass unser Kind ein glückliches und kreatives Leben lebt, dann müssen wir uns zu den entsprechenden Schritten entschließen. Das bedeutet zunächst einmal: die Wichtigkeit des Spieles anerkennen und das kindliche Spiel fördern.

Welche Zutaten wir dazu brauchen, und wie aus unserem Kind ein Bullerbü-Kind wird, erfahren Sie im folgenden Kapitel.

Die Bullerbü-Basics: die richtigen Lebensgrundlagen

Kreativität, Sinnschulung und richtiges Spielen – das sind die Stichworte, die dieses Kapitel dominieren. Auch wenn viel davon die Rede sein wird, wie Sie Ihr Kind hinsichtlich dieser wichtigen Faktoren fördern können, geht es doch prinzipiell nur um eines: Lassen Sie Ihr Kind Kind sein! Unsere Kinder sind kreativ, sie lieben die Erforschung ihrer Sinne und sie versinken vollkommen in einem Spiel. Der Störfaktor sind leider viel zu oft wir Erwachsenen, die wir vergessen zu haben scheinen, was es heißt, Kind zu sein. Machen wir uns also auf, diese Erfahrung zu erneuern.

Glücklich leben durch die Kreativität

Beginnen wir mit einer kleinen Anekdote: Es ist das Jahr 1492. In Spanien überzeugt ein Italiener namens Christoph Kolumbus das amtierende Königspaar von seiner etwas merkwürdigen Theorie, er könne nach Osten gelangen, wenn er nur immer gen Westen segle. Die Empörung unter den Mächtigen und Gelehrten im konservativen Spanien ist groß, als die Königin dem Plan dieses vermeintlich Verrückten schließlich zustimmt. Die Klugen und Weisen im Land sind überzeugt, dass Kolumbus in den sicheren Untergang segelt. Doch das Unglaubliche tritt ein: Der Italiener entdeckt Länder, die Spanien neue Erkenntnisse und Reichtümer bescheren.

Beispiel

Das Königspaar bedankt sich bei Kolumbus mit einem feierlichen Bankett. Auch die einst Ungläubigen werden geladen. Doch nun versagen sie dem Entdecker die Ehre. Auf die Idee, einfach nach Westen zu segeln, hätte ja nun wirklich jeder kommen können. Daraufhin bittet Kolumbus um eine Schüssel mit rohen Eiern. Er fordert die Anwesenden auf, ein Ei senkrecht aufzustellen. Keinem gelingt es, das Ei rollt immer wieder zur Seite. Die Aufgabe erscheint unlösbar. Ohne ein Wort nimmt sich Kolumbus eines der Eier und drückt es auf den Tisch, sodass die Unterseite der Schale bricht. Dadurch bleibt das Ei tatsächlich senkrecht stehen. Zunächst sind alle verdutzt und schließlich verärgert. Man habe ja nicht wissen können, dass das Ei bei diesem Experiment kaputt gehen darf. »Allein auf die Idee kommt es an, ihr habt sie nicht gehabt«, entgegnet Kolumbus seinen Kritikern.

Diese berühmte Geschichte vom »Ei des Kolumbus« zeigt, was Kreativität in ihrem Ursprung bedeutet: nicht konform gehen, Neues schaffen, anders denken und sich nicht vorschreiben lassen, wie man zu handeln hat. Kreative Menschen zeichnen sich dadurch aus, dass sie alles aus ihrer Perspektive angehen, ohne jede gedankliche Einschränkung.

Die zehn Grundlagen der Kreativität

Was können wir Eltern aus Kolumbus' Geschichte lernen? Leider sprechen wir unseren Kindern oft jede Form von Kreativität ab. Denn wir verlangen von ihnen, die Dinge so anzugehen, wie wir es vorgeben und gerne sehen. Doch auch wenn wir uns ein folgsames und wohlerzogenes Kind wünschen, sollten wir berücksichtigen, dass sein einzigartiges Denken durch unsere Forderung verloren geht. Diese Einzigartigkeit – in Denken, Handeln und Fühlen – schlägt sich in der Kreativität nieder. Fördern Sie Ihr Kind, indem Sie folgende Grundlagen beachten:

1. *Vergleiche meiden!* Vermeiden Sie es, Ihr Kind mit anderen Kindern zu vergleichen. Lassen Sie Ihrem Kind seinen individuellen Weg. Es wird herausfinden, was zu seinem Vor- und was zu seinem Nachteil ist. Zeigen Sie ihm, statt es durch Vergleiche zu verunsichern, dass Sie fest an seine Kreativität glauben. So gewinnt es Vertrauen und Zuversicht.

2. *Meinung zulassen!* Geben Sie ihrem Kind die Chance auf eine eigene Meinung. Auch wenn Sie der Überzeugung sind, man könne nur auf eine Art und Weise Kaffee kochen, Hemden bügeln oder einen Geschichtsaufsatz strukturieren, werden Sie erstaunt sein, welche Vielfalt das Leben birgt. Ihr Kind wird neue Wege beschreiten. Lassen Sie es seine eigenen Erfahrungen machen.

3. *Fragen beantworten!* Nehmen Sie sich die Zeit, die vielen Fragen Ihres Kindes zu beantworten. Wieso, weshalb, warum, wer nicht fragt bleibt dumm. Ich stelle immer wieder fest, dass meine Kinder meine Allgemeinbildung mächtig aufpolieren. Sobald meine sechs Kinder alle erwachsen sind, melde ich mich bei Günther Jauch zum Wissensquiz an und gewinne die Million. Denn ich werde die Einzige sein, die über das Liebesleben der Einsiedlerkrebse Bescheid weiß.

4. *Pioniere unterstützen!* »Schreib' auf der Linie!«, »Male das Mandala sauber aus!«, »Drifte nicht vom Thema ab!« – Wer gelernt hat, dass es falsch ist, Grenzen zu überschreiten, der wird zurückhaltender und riskiert zukünftig weniger. Er passt sich schließlich an. Grenzen sind zwar wichtig. Doch wägen Sie ganz genau ab, welche wirklich sinnvoll sind.

5. *Freiheit lassen!* Beaufsichtigen Sie Ihr Kind nicht ständig, sondern gemäß seines Alters. Ein Kind braucht Freiheit, um Dinge auszuprobieren. Eltern stören dabei nur.

6. *Mut unterstützen!* Zur Kreativität gehört es auch, den Mut zu haben, etwas zu wagen. »Wer wagt, gewinnt«, sagt der Volksmund. Das stimmt in zweierlei Hinsicht. Im Positiven lernt das Kind, dass es sich lohnt, Althergebrachtes zu hinterfragen und Vorhandenes weiter zu entwickeln. Im Negativen, wenn das Wagnis scheitert, erfährt es, dass Niederlagen und Rückschläge zum Leben gehören. Ein Kind muss von klein auf lernen, damit umzugehen und Fehlschläge zu verarbeiten, um wieder für Neues bereit zu sein.

7. *Geduld haben!* Unterbrechen Sie das Spiel Ihres Kindes so wenig wie möglich, weder durch Einmischungen noch durch Hilfsangebote oder Korrekturen. Lassen Sie es die Lösung selbst finden. Wenn es Hilfe benötigt, wird es Sie fragen. Üben Sie sich in Geduld! Eine selbst gefundene Lösung ist ein echtes Aha-Erlebnis und fördert unabhängiges Denken.

8. *Langeweile ertragen!* Spielen sie nicht den Freizeitanimateur. Langeweile ist etwas sehr nützliches. In der Unzufriedenheit gelangweilter Kinder steckt jede Menge kreative Energie.

9. *Spielzeug verstecken!* Kreativität entsteht aus Mangel. Beim Spielzeug gilt die Regel: Weniger ist mehr.

10. *Loblied singen!* Loben Sie ihr Kind für ungewöhnliche und ausgefallene Lösungsstrategien. Denn Lob fördert die kreative Entfaltung, während Kritik sie bremst. Loben Sie, was sie wirklich für gut erachten.

Überdenken Sie Ihre eigene Kreativität

Astrid Lindgren sagte von sich selbst: »Das Einzige, was ich hier auf Erden zustande gebracht habe, sind eine Menge Einfälle, und es ist mir rätselhaft, wie man so unentwegt mit lauter zum Teil überdies noch recht verschrobenen Einfällen leben und fast sterben kann.« Astrid Lindgren feierte mit ihren Ideen einen unbeschreiblichen Erfolg. Dessen Basis lag darin, dass es ihr, wie vielen kreativen Menschen, gelang, ein Stück ihrer Kindheit zu erhalten. Solche Menschen akzeptieren keine vorgefertigten Denkmuster, auch wenn das vielleicht bequemer wäre. Sie lassen ihren Gedanken und Ideen freien Lauf, so, wie es ein Kind tut. Fehlschläge nehmen sie dabei gelassen hin. Voller Optimismus wiederholen sie den Versuch. Wäre Kolumbus' Idee fehlgeschlagen, hätte er sie neu überdacht und ein weiteres Mal vorgetragen. Kreativität bedeutet daher in seiner letzten Instanz Selbstdisziplin. Nur die wiederholte Selbstmotivation führt schließlich ans Ziel.

Vermeiden Sie negative Mechanismen

Verhelfen Sie Ihrem Kind zu einem kreativen Sein. So lernt es, mit den Unwägbarkeiten des Lebens sicher umzugehen. Kreativität bedeutet nicht mehr, als sich stets seine eigenen Gedanken zu machen:

- über Probleme grübeln und Lösungen erarbeiten, jedoch ohne den Gedanken an das Urteil von Eltern, Lehrern und Freunden;
- Entscheidungen treffen, jedoch ohne in einen Zwang zu geraten, anderen damit gefallen zu müssen.

Gerade der Wunsch nach Bestätigung ist oftmals der Kreativitätskiller Nummer eins. Wir trauen uns nicht, unser Selbst, unser tiefstes Inneres nach außen zu kehren. Zu groß ist die Angst vor dem Urteil unserer direkten Umwelt. Wir haben gelernt, Grenzen des Denkens zu akzeptieren. Diesen Mechanismus geben wir an unsere Kinder weiter: »Lass das sein, was werden die anderen denken?«

Die meisten Eltern glauben, dass das Erziehungsziel erreicht ist, wenn das Kind sattelfest in einem Job sitzt und sein Geld verdient. Sicherlich handelt es sich dabei um einen wichtigen Schritt, aber das Leben wird noch mehr fordern. Richtige Erfolge werden dann nur die Menschen feiern, die ein regelmäßiges Einkommen erzielen,

- unabhängig von der gerade vorherrschenden Wirtschaftslage,
- unabhängig davon, welche Berufe gerade gefragt sind und
- unabhängig von der Höhe der Arbeitslosenquote.

Eine Erziehung ist dann erfolgreich, wenn Ihr Kind aus jeder Situation, in jeder Stadt und auch in wechselnden Berufen sein Bestes geben und für sich selbst das Beste herausholen kann. Ohne Einfallsreichtum, Gestaltungskraft und Erfindungsgabe wird ihm dies nicht gelingen.

Kinder, die von klein auf gelernt haben, in einer schwierigen Situation alle infrage kommenden Möglichkeiten durchzudenken, schaffen es, sich auch aus misslichen Lagen zu befreien. Solche Kinder nehmen ihr Schicksal aktiv in die Hand und erwarten keine Hilfe von außen. Sie haben die Kraft, sich die Lösung ihres Problems vorzustellen. Denn der erste Schritt der Kreativität beginnt bei der Vorstellungskraft. »Die Vorstellungskraft ist der Anfang allen Schaffens. Man stellt sich vor, was man sich wünscht, man will, was man sich vorstellt, und schließlich schafft man das, was man will.« Dies sagte George Bernhard Shaw, der es aus ärmlichsten Verhältnissen bis zum Literaturnobelpreis schaffte.

Werden Sie selbst wieder kreativ

Entfalten Sie einmal wieder Ihre eigene Kreativität – gemeinsam mit Ihrem Kind, aber auch alleine. Zeigen Sie, dass Sie im Beruf und auch zu Hause nicht nur ein reiner Kopfmensch sind, sondern dass auch Sie mit allen Sinnen kreativ umgehen können. Befreien Sie sich von den dummen Bemerkungen anderer Leute. Denn wenn Sie in die kindliche Erlebniswelt eintauchen, werden sowohl eine Unmenge Spaß als auch das ungläubige Kopfschütteln Dritter die Ergebnisse sein.

Lernen Sie, wieder zu staunen wie ein Kind. Legen Sie lieb gewonnene Gewohnheiten ab, und ersetzen Sie diese durch neue. Sie werden Tag für Tag neue Dinge erleben, die Sie bis dahin gar nicht wahrgenommen haben. Der Alltag lässt sich auf mannigfache Weise kreativ gestalten. Finden Sie den Mut, den sich Astrid Lindgren zeitlebens erhielt, sich über angeblich »vernünftiges« Erwachsenendenken hinwegzusetzen.

Kreativität bedeutet nichts anderes, als Probleme mit den uns zur Verfügung stehenden Mitteln zu lösen. Damit unsere Kinder Kreativität angemessen leben können, müssen wir Eltern die richtigen Grundlagen legen und Vorbild sein.

Glücklich leben durch geschulte Sinne

Als wir noch klein waren, sprach niemand über die Schulung der Sinne. Das war meistens auch unnötig. Der Großteil der Kinder hatte genügend Möglichkeiten, zu toben, zu rennen, zu klettern, durch die Felder zu streifen und auf der Straße Gemeinschaftsspiele mit den Nachbarskindern zu spielen. Fernsehen gab es zwar, aber nur wenige Sendungen am Samstag durften wir Kinder sehen. Sonst blieb der Fernseher aus. Unsere Sinne bekamen noch genügend Anreize, um sich gut zu entwickeln. Heute erleben wir eine andere Situation. Die Lebensräume haben sich sehr verändert. Wer nicht gerade auf dem Land lebt, dem wird eine angemessene Schulung der Sinne seines Kindes schwerfallen.

Passivität ist dabei das schlimmste Übel. Kinder, die sich zu wenig bewegen, zu wenig draußen spielen, zu wenig sprechen und zu wenig körperliche Erfahrungen sammeln, zeigen schnell ein Entwicklungsdefizit. Denn Nervenbahnen bilden sich nur aus, wenn die entsprechenden Muskeln auch benutzt werden. Das Fazit: Gehen Sie mit Ihrem Kind in die Natur. Dort wird es seiner Entdeckungsfreude nachgehen. Einen positiven Nebeneffekt hat das Spiel im Freien zudem: Ihr Kind wird am Abend müde ins Bett fallen. Einschlaf- und Durchschlafprobleme kennen diese Kinder nicht.

Ein kleiner Tipp für Stadtfamilien: Versuchen Sie, Ihr Kind in einem Waldkindergarten unterzubringen. Dieser wird häufig als »Kindergarten ohne Dach und Wände« bezeichnet. Der Kindergartenalltag findet in der freien Natur, das heißt im Wald und auf der Wiese, statt – bei jedem Wetter. Meist verfügt ein Waldkindergarten über einen beheizbaren Bauwagen oder eine Waldhütte. Dort gibt es auch kein konventionelles Spielzeug. Es wird mit dem gespielt, was die Kinder finden. Inzwischen liegen die ersten Studien zu den Auswirkungen der Waldkindergartenpädagogik vor. Der tägliche Aufenthalt in der freien Natur unterstützt eine positive Entwicklung der kindlichen Motorik und Wahrnehmung in den Bereichen Grob- und Feinmotorik, Koordination, taktile Wahrnehmung und Tiefensensibilität. Interessanterweise zeigen Kinder, die einen Waldkindergarten besucht haben, mit Beginn der Einschulung bessere Ergebnisse als Kinder aus Regelkindergärten. Es lohnt sich also, über einen längeren Fahrweg nachzudenken, wenn die Lebensbedingungen zu Hause ungünstig erscheinen.

Gleichgewicht

Balancieren will gelernt sein. Kinder lieben es, auf jedes kleine Mäuerchen zu klettern und ihren Gleichgewichtssinn zu trainieren. Dieses Training ist besonders wichtig, denn dem Gleichgewichtssinn kommt die wichtigste Rolle unter den Sinnen zu. Hören, Sehen, Sprechen und Wahrnehmen hängen direkt von ihm ab. Alles, was den Gleichgewichtssinn herausfordert, schult auch gleichzeitig die anderen Sinne. Wenn Sie die Möglichkeit haben, dann hängen Sie für Ihr Kind eine Schaukel auf. Schaukeln bedeutet herrliches Vergnügen und trainiert gleichzeitig das Gleichgewicht Ihres Kindes.

Sprache

»Ich kann mir kein größeres Glück denken als mit einem Kind zusammen zu sein, das gerade dabei ist, seine Sprache zu entdecken. Als wir Kinder waren, liebten wir es, mit der Sprache zu spielen, so wie es alle Kinder tun«, sagte Astrid Lindgren 1970 in einem Gespräch mit Margareta Strömstedt. Heute sprechen Eltern viel zu wenig mit ihren Kindern, sodass bereits Kindergartenkinder erhebliche Sprachdefizite aufweisen. Fernsehen ist kein Ersatz für die Ansprache durch die Eltern! Nur die direkte Kommunikation bringt die Sprachentwicklung eines Kindes in Gang. Geweckt wird die kindliche Freude an Sprache am besten durch das Vorsprechen von Kinderreimen oder das Mitsingen von Kinderliedern. Nahezu alle kindlichen Tätigkeiten, wie Basteln, Malen, Kneten, Matschen und Spielen, fördern den Sprachsinn. Kinder mit einer hohen Fingergeschicklichkeit zeigen eine bessere Sprachentwicklung. Das bedeutet, dass Kinder, die richtig selbsttätig etwas schaffen können, hier klar im Vorteil liegen. Bewegung, Sprechen und Denken bilden eine Einheit: ohne Bewegung keine Sprache, ohne Bewegung kein Denken, ohne Denken keine Sprache und umgekehrt.

Hören

Ohne den Gleichgewichtssinn ist kein Hören möglich. Auch die Bewegung ist zur Stimulation des Hörsinns notwendig. Hören ist die Voraussetzung, um überhaupt Sprechen zu lernen. Wer kann heute überhaupt noch aufmerksam zuhören? Das bereitet nicht nur Kindern Schwierigkeiten. Auch vielen Erwachsenen fehlt diese Fähigkeit. Schnell lässt die Konzentration nach und die Wahrnehmung für das, was unser Gesprächspartner sagt, verschwindet. Gute Zuhörer dagegen zeichnen sich durch Ausgeglichenheit und Präsenz aus. Es gelingt ihnen, sich zu konzentrieren und ihr eigenes »Ich« zurückzustellen. Gute Musik, das Vorlesen aus Büchern und das Wahrnehmen von Geräuschen in der Natur sind Faktoren, die das Hören schulen. Welches Kind kann heute noch Vogelstimmen unterscheiden, nimmt sich Zeit für das Rauschen von Blättern oder lauscht auf das Pfeifen des Windes?

Sehen

Der Sehsinn eines Kindes entwickelt sich nach und nach. Das Gesehene und die Bewegungen müssen aufeinander abgestimmt werden. Bewegt sich ein Kind ausreichend, sind die Augenmuskeln ständig damit beschäftigt, die Entfernungen neu einzustellen. So bildet sich das räumliche Wahrnehmungsvermögen aus. Durch beständiges Spiel wird der Sehsinn eines Kindes von ganz alleine angeregt.

Tasten

Geborgenheit wird über den Tastsinn vermittelt. Schmusen, Herzen, Streicheln – davon kann ein Kind gar nicht genug bekommen. Fehlen diese wichtigen Berührungsreize, gerät das Seelenleben eines Kindes aus dem Takt. Wer als Kind zu wenig körperliche Zuneigung erfährt, schleppt dieses Defizit ein Leben lang mit sich herum.

Riechen

»In der Erinnerung – was schlummert da nicht alles an Duft und Geschmack, an Lauten und Bildern aus einer verschwundenen Kindheit. Ganz unversehens kann all das wieder erwachen und fast so sein wie einst ... nein, jetzt habe ich geschwindelt, ganz und gar nicht wie einst! Aber noch habe ich nicht alles vergessen, noch kann ich sehen und den Duft spüren und mich der Seligkeit des Heckenrosenbusches auf der Rinderkoppel erinnern, der mir zum ersten Mal gezeigt hat, was Schönheit ist.«

Nicht nur Astrid Lindgren, sondern auch uns gelingt es, uns bis heute an den Duft von selbst gebackenen Plätzchen in der Weihnachtszeit zu erinnern. Der Geschmackssinn und der Geruchssinn gehören fest zusammen. Ein Mensch vermag eine enorme Bandbreite an Gerüchen wahrzunehmen. Düfte wecken Erinnerungen, Düfte wecken Gefühle. Wenn Kinder sagen: »Hm, was riecht das hier lecker«, steigt schon die Vorfreude auf eine köstliche Mahlzeit in ihnen hoch. Menschen mit ausgeprägtem Geruchssinn sind meist aufmerksamer, konzentrierter und aufgeschlossener für die Schönheiten und die Reichhaltigkeit des Lebens.

Ohne den Einsatz seiner Sinne entwickelt der Mensch keine Kreativität und keinen Einfallsreichtum. Achten Sie bei Ihrem Kind darauf, dass es genügend Möglichkeiten findet, seine Sinne zu schulen. Je differenzierter seine Sinne arbeiten, umso aufnahmebereiter ist Ihr Kind für die verschiedenen Sorten von Informationen. Je besser jeder einzelne Sinn arbeitet, umso höher ist die kindliche Aufmerksamkeit und Konzentration. Sind alle Sinne geschärft, wird Ihr Kind weitaus mehr Dinge wahrnehmen und ein gutes Gespür für Hinweise und Mitteilungen bekommen. Nicht umsonst sagen wir, dass jemand ein gutes Fingerspitzengefühl für bestimmte Situationen besitzt. Das ist jemand, der gut taktiert, der sein Gegenüber anhand seiner Körperhaltung oder seiner Wortwahl bereits richtig einschätzt und der schon vorweg ahnt, wo im Verlauf eines Gesprächs Probleme auf ihn zukommen. All dies schafft Ihr Kind nur, wenn es stets die Möglichkeit hatte, seine Sinne richtig zu entfalten. Die beste Voraussetzung für diese ungehinderte Entfaltung bietet wiederum das freie Spiel in der Natur.

Glücklich leben durch die Fantasie

Es gibt Orte, an die wir unseren Kindern nicht folgen können. Haben Sie sich auch schon gewundert, welche tropischen Dschungellandschaften in einem Kinderzimmer entstehen können? Bestaunen Sie auch oft den verzückten Gesichtsausdruck Ihres Kindes, wenn es einer Geschichte lauscht? Pflegen Sie diese Fähigkeiten Ihres Sprösslings! Denn wo die Kinderseele baumeln kann, macht sie gleichzeitig fundamentale Erfahrungen für ihr Leben.

Träume

Träumen ist gesund. Doch einfach dasitzen und nichts tun – das hört sich in unserer Gesellschaft nach verpöntem Faulenzen an. Auch viele Eltern ermahnen ihre Kinder, doch während der Hausaufgaben bitte nicht zu träumen. Doch Kinder lieben diesen entspannenden Zustand. Sie hocken einfach da, starren vor sich hin oder schauen aus dem Fenster und lassen ihren Gedanken freien Lauf. Sorgen und Belastungen verschwinden, und sie fühlen sich rundum wohl. Dabei handelt es sich um den Idealzustand, wie wir bereits wissen, denn totale Entspannung führt meist direkt zu Kreativität.

Noch besser funktioniert Träumen im Schlaf. Dann arbeitet das Unterbewusstsein optimal und sendet uns die für uns wichtigen Informationen. Möglich ist aber auch, da rätselt die Forschung noch, dass die vom Verstand unbeeinflussten Träume und die damit verbundene Bilderflut die freien Assoziationen fördern. Das Träumen zeigt uns also ein Denken abseits von eingefahrenen Wegen. Viele Wissenschaftler nutzen den Zustand des Träumens bewusst, um die geeignete Lösung für ein Problem zu finden. Künstlern wie Salvador Dalí sagt man nach, dass er nur auf diesem Weg zu Inspiration gelangte: Musiker wiederum »erträumen« ihre Melodien.

Für Eltern bedeutet das: Lassen Sie Ihr Kind träumen und stören Sie es nicht dabei. Vielleicht knobelt es gerade an einem Problem und hat die Lösung noch nicht gefunden. Wichtig ist, dass Ihr Kind lernt, mit dieser Quelle des Unterbewusstseins zu spielen, um daraus aktiv Profit für sein Leben zu ziehen. Das gelingt ihm nur durch Übung.

Reisen in das Land der Fantasie

Die Kinder aus Bullerbü lieben es und Ihre Kinder sicherlich auch: sich in das Land der Fantasie zu begeben.

»Wir spielten, der Stein sei ein Schiff, das hilflos im Ozean trieb, und wir waren die Matrosen, die verhungern müssten, wenn nicht endlich Rettung käme. Lasse teilte das Käsebrot in sechs gleich große Stückchen, gab sie uns und sagte:

›Kameraden, das ist alles, was uns noch vom Tod trennt. Aber macht es wie euer Kapitän – seid tapfer und mutig!‹

Kapitän war natürlich er. Dann sagte er, das Schlimmste sei, dass wir kein Wasser hätten – wir würden wohl verdursten müssen. Aber Bosse sagte:

›Blödsinn, die ganze Schuhmacherwiese ist doch voll Wasser.‹

Da sagte Lasse, Bosse sei dumm. Um unser Schiff herum gäbe es nur Salzwasser, und er, Lasse, der Kapitän, würde sofort jeden erschießen, der es wage, von dem Wasser zu trinken. Denn wer Salzwasser trinkt, sagte unser Kapitän, der wird wahnsinnig.

Dann legte er sich auf den Stein und tat so, als fantasiere er vor Hunger und Durst, und Bosse sagte:

›Mir scheint, unser Kapitän hat schon einige Liter Salzwasser getrunken!‹

Und Lasse fiel auf die Knie und rang die Hände und schrie: ›Hilfe! Hilfe!‹ Es hörte sich richtig schaurig an. Und als er gerade am lautesten schrie – wer kam da? Der Schuhmacher! Er glaubte, Lasse sei wirklich in Gefahr.«

Alle Eltern kennen das: Gerade war das Kinderzimmer noch aufgeräumt, da verwandelt es sich plötzlich in einen tiefen Dschungel mit bissigen Schlangen, brüllenden Löwen, springenden Affen und kriechenden Schildkröten. Wenn wir der Fantasie unserer Kinder freien Lauf lassen, kommt das manchmal der Gewalt eines ausbrechenden Vulkans gleich. In Bruchteilen von Sekunden steht das Kinderzimmer auf dem Kopf. Spielzeuge finden neue Plätze, Möbel werden verschoben. Alles ist verwandlungsfähig. Hocker, Stühle, Decken, Lampen, Kisten finden eine neue Bestimmung als Bäume, Elefanten, Hyänen oder Giraffen. Das Kind selbst brüllt plötzlich wie ein Löwe, verwandelt sich in Sekundenschnelle in ein sterbendes Zebra, um Minuten später als wütender Bär die Szene wieder kräftig aufzumischen.

Was sich zu unserem Entsetzen als blankes Chaos präsentiert, ist meist die Bühne eines Großschauspiels. Ich gebe freimütig zu, dass meine Ordnungsvorstellungen und die Fantasiespiele meiner Kinder bisweilen heftig aneinander stoßen. Wenn plötzlich unsere Möbel auf dem Kopf stehen und ich nach einem »Budenbau« keinen einzigen Stuhl mehr zum Sitzen finde, bin ich nicht eben begeistert. Doch ich habe gelernt, mich zurückzunehmen. Durch einen gezielten Kompromiss, etwa der Tausch eines Stuhles gegen Hölzer, komme ich auch zu meinen Rechten. Doch grundsätzlich gilt: Die kindliche Fantasie kann sich nur dort entfalten, wo dem Kind für sein Spiel Verständnis entgegengebracht wird. Warten Sie hier immer wieder mit Kritik auf, wird ihr Kind sich nicht mehr in das Land der Fantasie begeben. Mit dem Ende der Ausflüge in die Savanne, nach China, zu den Eskimos oder eben in den Dschungel schließt sich eine wichtige Wissenstür für das Kind. Bald kommt ihm der Zugang zu seiner Fantasie vollkommen abhanden. Wir erkennen diesen Fantasieverlust in den Kindern, die vor einem leeren Blatt sitzen ohne den Funken einer Vorstellung, was sie malen könnten. Auch die Kinder, die wegen mangelnder Ideen bereits nach drei Sätzen ihren Aufsatz beenden, wurden wohl früher oft aus dem Dschungel verbannt.

Wer eine blitzblanke Wohnung oder ein penibel aufgeräumtes Haus für essenziell hält und von seinem Kind dauerndes Aufräumen erwartet, wird seine kindliche Fantasie zerstören. Denn ein Kind gestaltet und betrachtet Situationen im fantasievollen Spiel ständig neu. Es verändert den Blickwinkel und erarbeitet sich immer wieder neue Möglichkeiten. Ein Kind kann vor seinem inneren Auge je nach Situation neue Bilder entstehen lassen und aus den vorhandenen Gegebenheiten Neues gestalten. Diese Eigenschaft ist für seine Zukunft unabdingbar, denn Fantasie verleiht Kindern Unabhängigkeit. Durch die Reisen in Fantasiewelten schaffen sie sich alle Voraussetzungen, um später mit der erlernten Technik Situationen vor ihrem geistigen Auge immer wieder und vor allem ständig variierend ablaufen zu lassen, bis die perfekte Lösung gefunden ist. Die vielen Fantasiespiele verleihen dem Kind die Fähigkeit, sich mit der Kraft seiner eigenen Vorstellung in eine Situation hineinzuversetzen. Albert Einstein sagte einmal zu einem Journalisten: »Wenn ich mich selber und meine Art des Denkens betrachte, ist mir klar, dass die Fantasie mir viel wichtiger ist als die Fähigkeit des abstrakten Denkens.«

Lassen Sie Ihrem Kind seine Fantasiespiele. Auch wenn Slalomfahrten durch die eigene Wohnung nerven: Meist endet das Spiel nach einiger Zeit, das Kind ist überglücklich, zufrieden und erschöpft. Nutzen Sie die Gelegenheit, an dieser Stelle den Elefanten wieder in den Tisch und den Tiger wieder in den Stuhl zu verwandeln. Setzen auch Sie Ihre Kreativität ein. Werden Sie zur Zauberfee, die mit der Kraft ihrer Zaubersprüche alles wieder umkehrt. Lassen Sie das Aufräumen zu einem weiteren Spiel der Fantasie werden, dann werden Sie ohne Streit und Stress zu einer halbwegs ordentlichen Wohnung gelangen.

Geschichten und Märchen

»Es begann in Kristins Küche, als ich ungefähr fünf Jahre alt war. Bis dahin war ich ein kleines Tier gewesen, das mit Augen, Ohren und allen Sinnen nur das in sich eingesogen hatte, was Natur war. Dass es auch Kultur gab, erfuhr ich erst, als ich auf Kinderbeinen in Kristins Küche stiefelte, wo mich überraschend ein Hauch davon streifte. Kristin war mit unserem Kuhknecht verheiratet und, was wichtiger war, sie war Edits Mama. Diese Edit – gesegnet sei sie jetzt und allezeit – las mir das Märchen vom Riesen Bam-Bam und der Fee Viribunda vor und versetzte meine Kinderseele dadurch in Schwingungen, die bis heute noch nicht ganz abgeklungen sind. In einer seit langem verschwundenen, armseligen kleinen Häuslerküche geschah dieses Wunder, und seit jenem Tag gibt es für mich in der Welt keine andere Küche.

Die Bücher kann Edit sich nur in der Schule geliehen haben, denn zu damaliger Zeit hatten Häuslerkinder keine Bücher. Auch Bauernkinder nicht, zumindest ich nicht. Edit erzählte und las vor und dann begann ich meinen kleineren Geschwistern zu erzählen und vorzulesen.

›Erzähl mal was von Gespenstern, Mördern und dem Krieg‹, bat meine kleine Schwester Stina.

›Aber es muss damit aufhören, dass alle Kuchen und Bonbons kriegen‹, sagte meine kleine Schwester Ingegerd energisch.

Und ich erzählte brav. Von Gespenstern und Mördern, die am Schluss Kuchen und Bonbons bekamen.«

So erzählte es Astrid Lindgren gegenüber Margareta Strömsted im August 1970. Besser lässt sich die Wirkung des Vorlesens von Märchen kaum beschreiben. Geschichten üben auf die Kinderseele eine enorme Kraft aus. Eine gute Geschichte wirkt positiv auf die kindliche Psyche. Wenn ich meinen Kindern vorlese, scheint die Zeit stillzustehen. Wir alle sind entspannt, aber gleichzeitig auch aufmerksam und konzentriert. Vergessen ist die Welt um uns herum, allein die Handlung der Geschichte zählt. Für uns alle, auch für mich als Mutter, strahlen diese Mußestunden etwas sehr Besonderes aus. Sie führen uns weit weg von unserem Alltagsleben, wie in einen kleinen Urlaub.

Wieder entstehen beim Kind eigene Bilder und Vorstellungen. Es hofft und bangt mit dem Helden der Geschichte, es erlebt die Suche nach dem Guten oder Bösen hautnah, und es fiebert mit. Märchen helfen Kindern bei der Entwicklung eines eigenen Weltbilds, bei der Veranschaulichung von Werten und bei der Suche nach der eigenen Individualität. Märchen können auf der Suche nach der Wahrheit im Leben Unterstützung und Orientierung sein.

Kindern, die bereits lesen können, gelingt es, sich so stark in ein Buch zu vertiefen, dass sie den bereits erwähnten Flow erleben. Das Buch fesselt sie, und die steigende Spannung treibt sie an, schneller zu lesen. Dabei sind sie hochkonzentriert und seelisch dennoch ganz entspannt. Als Eltern sollten Sie darauf achten, dass der Text das Kind zwar fordert, jedoch nicht überfordert. Das Stöbern in Bibliotheken und Buchhandlungen bietet sich an, wenn Sie aus Ihrem Kind einen Vielleser machen möchten. Lassen Sie das Kind den Lesestoff selbst wählen, denn was es sich aussucht, das wird es dann auch lesen. Je positiver die Leseerfahrung Ihres Kindes ist, umso höher die Wahrscheinlichkeit, dass es mehr lesen wird. Seien Sie nicht enttäuscht, wenn dieser Erfolg auf sich warten lässt.

Unsere älteste Tochter war ein Nichtleser. Das war mir als Mutter zunächst sehr peinlich. Alle Mütter berichteten von den Büchermengen, die ihre Kinder verschlangen. Nur mein Kind las selten – genau genommen las sie **Beispiel** *nie. Leise Verzweiflung machte sich bei mir breit, als meine zweite Tochter ähnliche Symptome zeigte. Zwar ließ sie sich von Hörspielen fesseln, aber mit Büchern wollte sie nichts zu tun haben. Zu Weihnachten und zum Geburtstag gab es bei uns viele Geschenke, aber niemals ein Buch. Ich gab meine Versuche schließlich auf. Plötzlich, um das zwölfte Lebensjahr herum, kam bei beiden die Wende. Inzwischen vergessen sie beim Lesen ihre Hausaufgaben. Auch klagt meine älteste Tochter, die inzwischen ein 500-seitiges Buch in drei Tagen bewältigt, über die lange Zeit, die zehn Seiten aus ihrem Geschichtsbuch beanspruchen.*

Hier gilt, wie bei vielem anderen: Geduld. Ihr Kind wird lesen, was es »in Schwingung versetzt«. Eines lässt sich von Liebesgeschichten begeistern, ein anderes vertieft sich in Fantasiegeschichten, ein drittes rätselt bei Krimis mit. Drängen Sie Ihr Kind nicht. Wenn auch Sie sich für Bücher begeistern, wird Ihr Kind sich eines Tages ebenfalls dafür interessieren. Lesen Sie jedoch hauptsächlich die Fernseh- und die Tageszeitung, müssen Sie sich darauf gefasst machen, dass Ihrem Kind das Schöne an Büchern verborgen bleibt.

Malen und Formen

Künstlerisches Schaffen verbinden wir häufig mit genauen Vorstellungen: freies Malen, Experimentieren mit Farben, Formen und Werken, Kneten und Basteln von Kunstwerken. Lassen Sie Ihre Kinder ihre künstlerische Ader ausleben, aber versuchen Sie nicht, sich in ihre natürliche Kreativität einzumischen und ihnen Ihre Vorstellungen aufzudrängen. Kinder schöpfen aus sich selbst. Sie leben sich beim Malen und Werken voll aus. Schreiben Sie Ihrem kleinen Kind nicht vor, wie es schöner malen, beziehungsweise wie es alles besser machen könnte. Das Ziel seiner Tätigkeit darf nicht das perfekte Bild zum Aufhängen sein. Stattdessen lebt das Kind beim Malen und Werken seine gesamte Persönlichkeit aus. Geben Sie ihm so oft es geht die Gelegenheit, schöpferisch tätig zu werden – jedoch bitte ohne jede Bewertung von Ihrer Seite. Erfreuen Sie sich einfach nur an der Freude Ihres Kindes.

Musizieren, Singen und Tanzen

Wer hat nicht schon einmal im Auto einen Radiosong laut, inbrünstig und voller Begeisterung mitgesungen? Danach fühlen wir uns glücklich und befreit, wir sind nicht mehr so müde und haben neuen Elan. Musik löst in uns und in unserem Kind Schwingungen aus, die auf unsere Stimmung überspringen. Musik regt die Denkfähigkeit an und führt zu Vitalität und Kreativität.

Bei schöner Musik schütten wir Glückshormone aus, unsere emotionale Lage gewinnt an Widerstandskraft. Je nachdem, was wir hören, bewirkt Musik unterschiedliche Reaktionen in unserem Körper. Diese können wir mithilfe der richtigen Musik provozieren. So können Melodien eine Art Heilwirkung entfalten. Integrieren Sie Musik in Ihr Leben! Probieren Sie einfach aus, bei welcher Musik sich die ganze Familie wohl fühlt. Erzwingen Sie nichts. Musik soll nichts als reine Freude bereiten.

»Jedem Kind ein Instrument«, so lautet das aktuelle Motto der Kulturstiftung des Bundes. Nun wird an Deutschlands Schulen gemeinschaftlich ein Musikinstrument erlernt, nachdem man erkannt hat, dass Kinder heutzutage viel zu wenig Zugang zur Musik haben. Aus diesem Programm erwarten sich die Initiatoren neue Impulse für die ästhetische Erziehung eines Kindes auch über den musikalischen Bereich hinaus – sicherlich eine gute Idee.

Unsere älteren Kinder spielen alle ein Instrument in einem oder mehreren Orchestern. Doch manchmal leide ich als Mutter. Mir kommt es vor, als | Beispiel *bleibe das tägliche Üben an mir hängen. Immer wieder muss ich die Kinder zum Üben auffordern. Immer wieder lassen sie es doch bleiben. Die Sache liegt klar auf der Hand: Keines meiner Kinder zeigt einen solchen Zugang zu seinem Instrument, dass es darauf die Musik nicht nur spielt, sondern gleichzeitig innig fühlt. Dies scheint nur wenigen Kindern wahrhaftig zu gelingen, und die sind dann auch die freiwilligen Über. Anders ist es wiederum beim Spielen im Orchester. Alle meine Kinder lieben es, im Orchester gemeinsam mit anderen zu musizieren. Dann sind sie auch gewillt, eifrig zu üben. Scheinbar gelingt es ihnen hier, die Musik zu erfühlen und zu erleben. Hier berührt sie ihre Seele, und deswegen sind sie mit Begeisterung dabei.*

Dass Musik wirklich Großartiges bewirken kann, soll uns ein weiteres Beispiel aus meiner Familie zeigen.

Beispiel

Bis zur achten Klasse war unsere älteste Tochter schüchtern, zurückhaltend und im Unterricht ein Fall von »Ich bleibe lieber stumm«. Stets beruhigte mich ihr Lehrer. Sie sei großartig, sie werde ihren Weg gehen, er glaube fest an sie. Dann kam das Klassenspiel: »Die Zauberflöte«, eine für Kinder doch recht anspruchsvolle Oper, wurde ausgewählt und sollte in Kooperation mit den Essener Philharmonikern vorbereitet werden. Als es nun an die Rollenverteilung ging, verkündete meine Tochter aus heiterem Himmel, sie wolle die »Königin der Nacht« singen. Ich glaubte nicht richtig zu hören: Mein ansonsten so schweigsames Kind wünschte sich eine Hauptrolle! Im Kindergarten hatte sie zu Weihnachten nicht einmal ein Gedicht aufgesagt, in der Grundschule hatte sie sich kaum je gemeldet, und jetzt so etwas. Ich war erstaunt und erfreut gleichzeitig. Sie wollte diese Rolle unbedingt. Sie übte und fing an sich zu wandeln. Sie wurde immer aufgeschlossener und öffnete sich förmlich dieser Welt. Lilly entwickelte sich prächtig, fasste Vertrauen in ihre eigene Person und sang und sang. Sie merkte, dass sie alles würde geben müssen – und sie gab alles. Aus Lilly wurde die »Königin der Nacht«, und sie absolvierte gleichzeitig ihr bestes Schuljahr. Ihr Lehrer, der ihr so viel Vertrauen geschenkt hatte, ern-tete nun die Früchte seiner Arbeit. Musik verwandelte ein schüchternes Kind in eine selbstbewusste junge und offene Dame. Lillys Auftritt vor rund 700 Zuschauern werde ich nie vergessen. Hier hatte die Musik nicht nur eine Kinderseele zum Klingen gebracht, hier hatte sie einen ganzen Menschen neu geboren.

Glücklich leben durch Raum für die Seele

In einer hektischen und unruhigen Zeit Raum für die Seele zu schaffen, sollte für Ihr Kind ein wichtiges Element in seinem Leben werden. Im Folgenden werde ich die Faktoren benennen, die es Ihrem Kind und auch Ihnen möglich machen werden, diesen Raum zu gewinnen.

In der Stille

Stille müssen viele Kinder erst richtig lernen. Nur wenigen Kindern gelingt es heute, ihren Körper bewusst zur Ruhe zu bringen, Geräuschquellen auszublenden, das Bewusstsein abzuschalten und die Ruhe nicht nur zu erleben, sondern sie auch genießen zu lernen. Meist sind das diejenigen, die sehr früh von ihren Eltern an Yoga oder Qigong herangeführt wurden. Allen anderen Kindern wird es zunächst schwer fallen, sich auf sich selbst zu konzentrieren, ohne dabei etwas zu tun. Macht sich einmal vollkommene Stille im Raum breit, wird Ihr Kind wahrscheinlich zunächst richtig unruhig. Denn innerlich laufen nun zum ersten Mal Prozesse ab, die das Kind zuvor nicht wahrgenommen hatte. Geistes- und Gedankenblitze schießen durch den Kopf, Erinnerungen werden wach. Erst nach einigen Übungsläufen wird es dem Kind gelingen, den Kopf so zu leeren, dass es tatsächlich zur Ruhe kommt. Mit der Stille verbinden wir etwas Mystisches, Religiöses oder Spirituelles. Im Prinzip bedeutet Stille jedoch nur, sein eigenes Wesen, sein wahrhaftes Sein, sein Innenleben zu spüren.

Gelingt es Ihrem Kind, eine kleine Meditation durchzuführen, wird es anschließend spüren, wie es nach dem Zustand tiefer Ruhe gestärkt ins Leben ziehen kann. Widmen Sie sich mit Ihrem Kind dem kurzen Stillstand der Zeit!

Meditationsübung für Eltern und Kinder

Wiederholen Sie folgende Affirmation mehrmals hintereinander:

✔ »Wir empfinden grenzenlose Liebe und Wärme füreinander. Wir sind glücklich, entspannt und von Frieden erfüllt, und jeder, dem wir begegnen, spürt das.«

Im täglichen Rhythmus

Ein fast magisches Erfolgsrezept für ein stressfreies Familienleben ist für mich der Rhythmus. Die Assoziationen mit diesem Begriff erinnern bisweilen an frühmorgendliche Weckzeiten in Internaten. Denn »Rhythmus« riecht ein bisschen muffig, unmodern, geradezu unflexibel. Doch ich prophezeie Ihnen: Je rhythmischer Ihr Familientagesablauf sich gestaltet, als umso ruhiger und entspannter empfinden ihn alle Mitglieder. Durch die steten Wiederholungen und durch die Wiederkehr immer gleicher Planungs- und Handlungsaktionen entsteht ein ruhiges und harmonisches Zusammenleben. Rhythmus verleiht Kraft, da Sie keine unnötigen Energien mehr verschwenden. Chaos wiederum bedeutet Energieverlust und Reibung, und daraus resultieren Stress und Streit.

Eine rhythmische Regelmäßigkeit im Tagesablauf wirkt sich stärkend auf unsere körperliche und seelische Konstitution aus. Helfen Sie Ihrem Kind dabei, sich in einen solchen Rhythmus einzufügen und sich darin wohl zu fühlen. Gemeinsame Phasen der Aktivität sollten in der Familie abwechseln mit Phasen der Ruhe und Entspannung. Damit erzeugen Sie Sicherheit und Harmonie. Rhythmische Abläufe sind lebenswichtig für unser inneres Gleichgewicht. Viele Studien bestätigen, dass die Stabilität und Regelmäßigkeit in der Umgebung und den Lebensgewohnheiten sich positiv auf die Entwicklung aller Familienmitglieder auswirkt.

In der Hektik der Globalisierung verlieren die Menschen immer mehr den Bezug zu diesem wichtigen Lebenselement. Ein immer gleichbleibender Rhythmus, ein Gleichgewicht von Betätigung und Ruhepausen, gibt uns Kraft. Wir alle kennen die Tage, an denen uns das Chaos zu regieren scheint und nicht einmal Zeit für ein Mittagessen bleibt – egal ob im Büro oder zu Hause. Diesen Tagen fehlt der Rhythmus, und Stress macht sich breit. Besinnen Sie sich daher auf die positiven Bedeutungen traditioneller Begriffe wie Ritual und Disziplin. Es lohnt sich, denn sie sind ein Schlüssel zum familiären Erfolg.

Während der Woche stehen wir alle um 6 Uhr auf, um 6.30 Uhr ist für alle verbindlich Frühstück. Jedes Kind hat also ein halbe Stunde Zeit, um den Beispiel *Strumpf an den richtigen Fuß zu bekommen, Hose und Oberteil zu finden und einen Platz in einem unserer zwei Badezimmer zu ergattern. Bei zwei weiblichen Teenagern im Haushalt keine einfache Angelegenheit. Nach dem Frühstück ist noch allgemeines Zähneputzen dran, und dann brechen alle Kinder gemeinschaftlich auf. Eine Stunde Vorlauf, bis alle aus dem Haus gehen, bedeutet, es entsteht wirklich keine Hetze. Nichts ist nämlich unmöglicher, als ein Kind morgens mit Ermahnungen zur Eile zu bewegen.*

Mittags trudeln drei Kinder zwischen 13 und 14 Uhr bei uns ein. Es folgt ein gemeinsames Mittagessen mit uns Eltern gegen 14 Uhr. Dann kommt die Mittagspause für alle. Entspannung ist nun angesagt, lesen, malen, Musik hören, jeder entscheidet selbst, wie er relaxen möchte. Allerdings gilt bei uns: Weder darf ein Kind in dieser Zeit fernsehen, noch am Computer spielen.

Gegen 15.30 Uhr geht es bei uns weiter. Dann erreichen auch die letzten beiden Kinder unser Zuhause. Diese beiden sind bereits Ganztagsschulkinder, sie essen in der Schule und haben ihre Hausaufgaben fertig, wenn sie nach Hause kommen. Für alle anderen heißt es nun Hausaufgaben machen, Instrumente üben, zum Sport oder Instrumentalunterricht. Wer seine Aufgaben ganz erledigt hat, darf zum Toben nach draußen oder eigene Wege gehen.

Um 19 Uhr ist verbindlich für alle Abendessen. Dieser Familientreff ist für alle wichtig, er funktioniert wie eine große Kommunikationsbörse. Wer hat was erlebt, wer will was erzählen. Auch wenn es manchmal sehr laut wird, alle lieben diese abendliche Zeit. Gegen 20 Uhr wird gemeinschaftlich die Küche aufgeräumt und für die kleinen Kinder die Bettzeit eingeläutet.

Waschen, Schlafanzug anziehen, Zähne putzen, ab ins Bett. Nun lesen die Großen den Kleinen vor. Das Licht lösche ich in den Zimmern, und das braucht Zeit. Mein Tagesendspurt sozusagen. Jeder will von Mama zugedeckt und liebkost werden, fast jeder hat doch noch etwas zu erzählen, den Abschluss des Tages bilde also ich, damit jedes Kind in Ruhe einschlafen kann.

Rhythmus kann nur durch Disziplin entstehen. Als Kinder lehnten wir dieses Wort ab, und auch als Erwachsene riecht es uns sehr nach autoritären Machtstrukturen. Strenge Vorgaben, so meinen wir, engen uns ein und lassen unsere Kreativität erstarren. Außerdem assoziieren wir fast ausschließlich Negatives mit diesem Wort. Schließlich missbrauchte der Machtapparat im Dritten Reich Werte wie Disziplin und Rhythmus, um Hitlers Macht zu stärken und ein ganzes Volk in den Tod zu treiben. Nein, mit solchen Werten fällt die Identifikation schwer.

Drill und Zucht sind ohne Frage falsch. Disziplin darf und soll kein blinder Gehorsam sein. Sie muss aus freien Stücken entstehen und zum eigenen Leben passen. Disziplin kann bedeuten, den Tag pünktlich zu beginnen und ihn pünktlich zu beschließen, damit die restliche Zeit sinnvoll genutzt werden kann. So fällt das ewige »Mach schnell! Du kommst sonst noch zu spät« weg. Wir beginnen und beenden den Tag mit Ruhe. Rhythmus durch Disziplin heißt auch, sich keine unnötige Zeit stehlen zu lassen, sei es am Telefon oder in Gesprächen mit Nachbarn. Durch Ihr diszipliniertes Verhalten geben Sie sich und auch Ihrer Umwelt einen Rhythmus vor. Dadurch gewinnen Sie Ausgeglichenheit und Harmonie für sich und Ihre Familie. Regelmäßigkeit regt alle Lebensfunktionen an, führt zu innerer Ruhe und schenkt uns ein tiefes Vertrauen in einer unruhigen Zeit. Nichts gibt Kindern mehr Sicherheit, als die Tatsache eines für sie überschaubaren und kalkulierbaren Tagesablaufs. So könnte das Motto lauten: »Was auch immer der Tag an negativen Überraschungen bringt, um halb sieben gibt es Essen im Kreise der Familie, die mich wieder aufbaut.« Das Abendessen wird so zu einer verlässlichen Größe.

Im Ritual

Beginnen Sie mit Ihrem Kind den Tag mit einem Ritual und beenden Sie Ihn mit einem weiteren. Alles hat einen Anfang und ein Ende. Schaffen Sie Ihrem Kind eine ganze Reihe dieser kleinen, stärkenden Rituale. Dazu kann das feste Abendessen in der Küche bei Kerzenschein gehören, das das schnelle Essen vor dem Fernseher für immer abschafft. Auch ein gemeinsamer Spieleabend pro Woche kann als verbindlicher Termin für die ganze Familie ritualisiert werden.

Morgen- und Abendrituale für Kinder

Morgenrituale

● Wecken mit einer schönen Musik;
● gemeinsam Frühstücken;
● Kinder immer aufmerksam und bewusst verabschieden.

Abendrituale

● Gemeinsames Abendessen;
● Gute-Nacht-Kerze entzünden und für feierliche Atmosphäre sorgen;
● eine Geschichte vorlesen;
● sich bewusst und mit viel Zeit an das Kinderbett setzen und Gute-Nacht sagen;
● vielleicht noch ein gemeinsames Gebet oder einen Dank für den Tag sprechen.

Mahlzeiten sollten in einer Familie feste Uhrzeiten und damit ebenfalls den Charakter eines Rituals haben. Zwar mag das ein bisschen altmodisch klingen, aber es vermittelt Ihren Kindern Sicherheit. Die wahre Freiheit, ich nenne sie die »intellektuelle Freiheit«, kann ein Kind nur ausleben, wenn es äußere Grenzen erlebt und wahrnimmt. Das ist keinesfalls ein Widerspruch in sich. Festigkeit und Freiheit schließen einander nicht aus, sondern bilden eine Einheit. Freiheit kann ein Kind nur ausleben, wenn der Rahmen der Familie Verbindlichkeit aufweist. Grenzenlose Freiheit führt lediglich zu einem tief verunsicherten Kind, weil es die Geborgenheit nicht mehr spürt. Wenn Sie Ihrem Kind beispielsweise alles erlauben, wird es dies leicht als »Du bist mir gleichgültig« missverste-

hen. Hat aber die Familie einen immer wiederkehrenden Tages-
rhythmus, der für jedes Mitglied verbindlich ist, spürt das Kind die
Liebe der Familie, und viele immer wiederkehrende Diskussionen
um Uhrzeiten verschwinden von selbst.

Im Einklang mit der Natur

Leben bedeutet Veränderung. Ein Kind begreift das Fortschreiten
der Zeit am besten und am schnellsten durch den Wechsel der
Jahreszeiten. Diese werden wiederum durch bestimmte Feste bestimmt, die wir gemeinsam feiern. An Silvester zum Beispiel verabschieden wir das alte Jahr und begrüßen neue. Natürlich spielen in den meisten Familien auch die Geburtstage eine wichtige
Rolle.

Die Kinder aus Bullerbü feiern am liebsten den Mittsommer.
Das Mittsommerfest, welches in Schweden nach Weihnachten das
zweitgrößte Fest ist, zelebriert die Sommersonnenwende. In Skan-
dinavien wird es zu dieser Jahreszeit in den Nächten kaum mehr
dunkel. Auch die Kinder aus Bullerbü lieben dieses Fest, denn es
bedeutet Tanz und Feier und lange Nächte.

Die Natur durchläuft unablässig kleine und große Veränderungen. Gehen Sie mit Ihrem Kind viel ins Freie und beobachten Sie
mit ihm diese Veränderungen. Leben Sie im Einklang mit der Natur. Müssen beispielsweise Erdbeeren im Winter tatsächlich sein?
Vielmehr bietet es sich an, im Mai und im Juni mit den Kindern
gemeinsam beim Bauern Erdbeeren pflücken zu gehen. Besuchen
Sie nach Möglichkeit Märkte und Hofläden mit Ihren Kindern. So
lernen sie, welche Gemüse- und Obstsorten zu welcher Jahreszeit
reif sind.

Kinder, mit denen man viel in der Natur ist, haben noch einen
ganz ausgeprägten Blick für die Veränderungen der Natur. Sie ge-

nießen den Augenblick, eben das, was sie gerade mit ihren Sinnen erfassen können. Ob Regen, Schnee oder die Wärme eines Sonnenstrahls, all das soll Ihr Kind spüren und genießen. Anhalten, verweilen und seine Sinne öffnen, nur so kann man die Jahreszeiten überhaupt wahrnehmen.

Dazu kommen dann auch noch die vielen Feste, wie Weihnachten, Dreikönig, Karneval, Ostern, der eigene Geburtstag, Johannis, Erntedank, St. Martin, Nikolaus und die Adventszeit. Feste, die von Jahr zu Jahr genauso wiederkehren wie die Jahreszeiten, und auf die man sich freuen kann. Es gibt sehr schöne Jahreszeitenbücher mit einer Fülle von Anregungen, wie sich der Jahresablauf in der Familie lebendig gestalten lässt. Hier finden Sie Geschichten, Lieder, Bastel- und Backanleitungen und vieles mehr. Kinder feiern gerne. Oft überlegen sie schon nach Weihnachten: Was kommt als nächstes? Die ständige Wiederkehr immer gleicher Zeitabläufe gibt einem Kind Konstanz und Ruhe. Das Leben hat trotz vieler unbekannter Variabeln auch feste Punkte, an denen es sich orientieren und erfreuen kann.

All diese Dinge sind Kindern heute oft fremd. Um aber sein Leben in all seinen Facetten auch genießen zu können, sollte sich das Alltagsleben nicht zu weit vom Rhythmus der Natur entfernen. Es ist wichtig, dass Ihr Kind sich diesen Zugang bewahrt.

Glücklich leben durch das Spiel

Spielen ist uns allen ein Begriff. Nur leider sehen wir dabei selten ein Kind versunken in seinem Zimmer werken, sondern eher den gelangweilten Teenager vor dem Computer. Doch auch dieser zeigt lediglich, dass der Spieltrieb im Kind ungeheuer mächtig ist. Wir müssen ihm lediglich die richtige Richtung weisen.

Vernünftiger Umgang mit Fernseher und Computer

Die wenigsten Eltern wissen, dass die meisten Computerspiele inzwischen nicht mehr von Computerfreaks oder Softwareentwicklern erstellt werden, sondern von Wissenschaftlern, meist von Psychologen und Ärzten. Diese konzipieren die Spiele so, dass die Herstellerfirma sicher gehen kann, dass der positive Flow während des Spiels ausgelöst wird, damit das Kind nicht nur regelmäßig spielt, sondern auch das Nachfolgespiel erwerben möchte.

Drei goldene Regeln für den Umgang mit dem Computer

Computer spielen ist nicht so teuflisch, wie viele von uns es sich vorstellen. Dennoch müssen gewisse Regeln sein, damit der Computer keinen zu hohen Stellenwert im Alltag einnimmt. Diese drei Regeln gilt es zu beachten:

1. Computer spielen darf nur *eine von vielen Flow-Tätigkeiten* im Leben Ihres Kindes sein.
2. Ihr Kind sollte sich an *verabredete Zeiten* zum Computer spielen halten.
3. Diese Zeiten sollten *nicht zu großzügig bemessen* sein. Eine halbe Stunde reicht vollkommen aus.

Nehmen Sie sich ein Beispiel an Bill Gates. Der Mann, der uns den täglichen Umgang mit dem Computer bescherte, erlaubt seinen eigenen Kindern nur einen ganz eingeschränkten Umgang mit diesem Medium. Er ist sich der Suchtgefahr bewusst. Wenn Sie diese Regeln befolgen, brauchen Sie andererseits auch nicht zu befürchten, dass Ihr Kind irgendetwas versäumt.

Wir erlaubten unseren älteren Kindern zunächst uneingeschränkt den Umgang mit dem Computer. Dafür standen ihnen zwei ausrangierte Geräte zur Verfügung – genau ein halbes Jahr. Während dieser Zeit bestaunte ich die Lernfähigkeit von Kindern, die tatsächlich lernen wollen. Schnell hatten die beiden Passwörter eingerichtet, damit wir nicht mehr kontrollieren konnten, welche Spiele sie installierten. Schließlich bestanden wir auf eine Kontrolle, der unsere Kinder erstaunlich kampflos zustimmten. Ich fand nichts und war sehr zufrieden. Dennoch ließ mich das Gefühl nicht los, dass die beiden Spiele spielten, die nicht mit uns abgestimmt waren. Schließlich wurde mein Mann fündig. Sie waren so gut auf der Festplatte versteckt, dass ich sie nicht entdeckt hatte. Staunend bauten wir die Rechner wieder ab: Ein halbes Jahr lernen durch Versuch und Irrtum hatte zu einem enormen Wissen geführt – und das ohne eine einzige Unterrichtsstunde Informatik. Doch die sich täglich wiederholenden Diskussionen zeigten, dass die Kinder noch nicht kompetent genug waren, ihren Umgang mit dem PC selbst zeitlich einzuschränken.

Heute hat sich dies normalisiert. Da unsere Kinder einen ausgefüllten Tag haben, ist der Wunsch nach einem eigenen Computer nur mäßig vorhanden.

Hier liegt wohl die Lösung: Wer einen abwechslungsreichen Alltag mit vielen verschiedenen Anregungen hat, der investiert seine kostbare Zeit lieber in andere Dinge als nur den Computer. Das beste Gegenmittel gegen allzu langes Sitzen vor dem Fernseher oder dem Computer sind also spannendere und interessantere Alternativen.

Die Eigendisziplin schulen

Da Sie heute jedoch den Computer nicht mehr umgehen können (das sollten Sie auch nicht), empfiehlt es sich, Einfluss zu nehmen. Wählen Sie Computerspiele gemeinsam mit Ihrem Kind aus. Spaß ist natürlich ein wichtiger Faktor, aber Spiele von roher Gewalt, die zudem auch noch einen Flow auslösen, stellen eine echte Gefahr dar. Die Erziehung eines Kindes zu einer medienkompetenten Person bedeutet zunächst unendlich viel Einsatz und vor allen Dingen viel Kontrolle vonseiten der Eltern. In guten deutschen und britischen Internaten gibt es folgende Faustregel, die ich befürworte: Der eigene Computer steht erst ab der neunten Klasse im Zimmer. *Eigendisziplin* lautet hier das Stichwort. Erst, wenn Sie vom begrenzten und verantwortungsvollen Umgang des Kindes mit dem Rechner überzeugt sind, können Sie den Startschuss für den eigenen Computer geben. Haben Sie mit Ihrem Kind jedoch anhaltende Diskussionen über die Auswahl der Spiele und über die Spieldauer, kann bisweilen ein radikaler Schritt helfen: erst einmal gar kein Computer mehr. Das Kind ist zunächst sauer, aber es wird sich schnell andere Betätigungsfelder suchen.

Wichtig ist auch, dass Sie mit anderen Eltern an einem Strang ziehen. Es hilft nichts, wenn Sie Ihrem Sohn das Computerspielen verbieten, und Ihr Kind dann für die nächsten Wochen beim Nachbarjungen verschwindet, um sein Defizit auszugleichen. Suchen Sie in diesem Fall das Gespräch mit den Kindern und den Eltern, und versuchen Sie, gemeinschaftlich zu einer Lösung für alle zu kommen.

Abwechslungsreichtum vorleben

Das Gleiche gilt für das Fernsehen. Ich war erstaunt, in der FAZ zu lesen, dass im Jahr 2007 erstmalig der Fernsehkonsum in Deutschland gesunken ist. Fernsehsendungen würden nun verstärkt für die »soziale Unterschicht« produziert, so der Artikel. Wer das Geld habe, verbringe seine Freizeit inzwischen anders – eine sicherlich zutiefst ungerechte Situation.

Eine abwechslungsreiche Gestaltung des Alltags ist nicht an Geld geknüpft. Das bedeutet aber: Wir Eltern müssen ran. Doch oft kämpfen wir nach einem stressigen Arbeitstag mit der Erschöpfung. Das verführt uns dazu, dem Kind schnell den Fernseher anzumachen, damit Ruhe eingekehrt. Das Motto sollte lauten: begrenzt ja, stundenlang nein. Denn was Ihr Kind für das reale Leben benötigt, lernt es definitiv nicht vor dem Fernseher. Lehren Sie es, seine Freizeit anders zu gestalten. Vor allem zählt aber, auch wenn es zunächst schwer fällt: Seien Sie ein Vorbild. Ich kenne Eltern, die Ihren Kindern rigoros das Fernsehen verbieten, aber jeden Abend selbst stundenlang davor sitzen. Das macht wenig Sinn. Fangen auch Sie wieder an, sich den Abend aktiv zu gestalten, etwa mit einem schönen Wannenbad, guter Musik oder einem spannenden Buch.

Gutes und sinnvolles Spielzeug

Gutes Spielzeug bildet das Gegengewicht zu den modernen Medien. Hier gilt die Grundregel: Weniger ist mehr.

Beispiel

Vor ein paar Jahren an Weihnachten schenkten wir unserem Sohn ein Piratenboot eines bekannten Markenspielzeugherstellers. Mühselig bauten mein Mann und ich es zusammen, weil unser Sohn mit den vielen Einzelteilen überfordert war. Was passierte am Ende? Er begeisterte sich für die Verpackung, zwei große Kartons. Schnell wanderten diese in sein Zimmer und waren im Nu in ein Boot verwandelt, das natürlich prompt in größte Seenot geriet. Im Laufe der nächsten Tage wurden diese Kartons noch ausgestattet, so lange, bis tatsächlich ein Boot zu erkennen war. Dank dieser Firma verlebten wir entspannte Weihnachtstage. Unsere Kinder hatten ihr »Boot« und versanken im Spiel. 80 Euro für zwei Kartons empfand ich natürlich als ein bisschen übertrieben, da hätte ich auch zwei Umzugskar-

tons für je drei Euro im Baumarkt kaufen können. Doch dazu fehlt uns Eltern natürlich der Mut. Wie sieht das denn aus, wenn das Kind im Kindergarten erzählt, zwei Umzugskartons zu Weihnachten geschenkt bekommen zu haben?

Sind Ihre Kinder noch klein, dann nutzen Sie die Gelegenheit und gewöhnen Sie sie daran, dass es wenige Geschenke gibt und auch nicht immer das, was gerade »in« ist. Ein Kinderzimmer sollte nicht durchgestylt oder für Oma und Opa vorzeigbar sein. Stattdessen sollte es folgende Kriterien erfüllen:

- In jedem Kinderzimmer sollten genügend *Naturmaterialien* zum Basteln, Malen und Spielen vorhanden sein, zum Beispiel Holz, Äste, Astscheiben, ungesponnene Schafswolle, Wollknäule, Tücher, Kastanien, Eicheln, Holzschälchen, eine Reibe, wenn das Kind schon etwas älter ist (ab 3 Jahren), Mörser zum Zerstampfen von Blättern und Gewürzen, Wachsmalstifte, Papier etc.
- Es sollte stets die Möglichkeit zum selbstständigen *Umbauen und Verwandeln* bieten. Konstrukteure von Hütten und Booten benötigen Hölzer und viele Stoffe. Die werden auch gerne für Verkleidungsspiele benutzt.

Hinterfragen Sie bei fertigem Spielzeug: Wie intensiv spielt das Kind damit? Wir besitzen viel Spielzeug eines bestimmten Herstellers, das unsere Jungs sehr gerne und intensiv verwenden. Davon kaufen wir auch immer wieder etwas nach. Bedenken Sie die Faustregel: Alles ist richtig, was Ihrem Kind verhilft, tief ins Spiel zu versinken. Meine Erfahrung als Mutter ist jedoch, dass dies die bereits fertigen Spielwelten nicht leisten können. Allerdings beobachte ich häufig, dass das Spielzeug zweckentfremdet wird. Die Teile werden nicht im eigentlich vorgesehenen Zweck genutzt, stattdessen integriert sie das Kind in ein bereits laufendes anderes Spiel. Entfaltet sich die Kreativität Ihres Kindes, sind Sie auf der richtigen Spur. Spielt Ihr Kind jedoch ungern in seinem Zimmer, dann fragen Sie es, wie es selbst sein Zimmer gestalten würde, wenn es freie Hand hätte.

Spiel bedeutet, mit den Möglichkeiten des Lebens zu experimentieren. Das muss gutes Spielzeug auch leisten können. Viele Eltern favorisieren Holzspielzeug. Als Mutter von Waldorf-Kindern sollte ich dies natürlich auch empfehlen. Aber nicht jedes Kind mag Holzspielzeug. Ich selber hatte als Kind nichts anderes. Doch da ich anscheinend über wenig Fantasie verfügte, empfand ich meine Holzspielsachen immer als weltfremd. Ich habe Kinder, die lieben Holzspielzeug und spielen exzessiv damit. Aber ich habe auch Kinder, die es kaum beachten. Probieren Sie aus, was bei Ihrem Kind den Spielfluss auslöst. Ist sein Zimmer mit gutem Spielzeug bestückt, wird Ihr Kind es lieben, stundenlang darin zu verschwinden. Ist dies nicht der Fall, müssen Sie herausfinden, was ihr Kind wirklich interessiert. Orientieren Sie sich bitte nicht zu sehr danach, was für Jungen und was für Mädchen gut ist. Vielleicht wohnt in Ihrem Mädchen eine zukünftige Ingenieurin. Wie soll sie das entdecken, wenn unter dem Tannenbaum nie ein Technikkasten stand? Bieten Sie Werkbänke, Technikspielzeug, Puppenküchen und Puppenwagen beiden Geschlechtern an.

Spielzeug will aufgeräumt werden

Was für ein leidvolles Thema! Die meisten Eltern stellen sich die Frage: Wie bekomme ich mein Kind dazu, sein Zimmer aufzuräumen? Ich habe selbst vieles probiert und festgestellt, dass die Frage vielmehr lauten sollte: Warum will ich eigentlich, dass mein Kind sein Zimmer aufräumt? Alle Antworten darauf werden Sie zwangsläufig wieder mit Ihrer Erwartungshaltung konfrontieren. Zimmeraufräumen kann bedeuten,

- dem Kind die Inspiration zu nehmen,
- Spielphasen zu unterbrechen und
- Kreativitätsschübe zu verhindern.

Bei uns gilt folgende Regel: Solange mein Kind in seinem Zimmer intensiv spielt, bleibt alles so, wie es ist. Eine Stelle zum Schlafen wird es schon finden. Da sich unser Kind in seinem Zimmer wohl zu fühlen scheint, halten wir uns raus. Irgendwann kommt jedoch der Bruch. Das Kind vergnügt sich nicht mehr in seinen vier Wänden, sondern verlagert seine Aktivitäten in andere Räumlichkeiten. Dies ist bei uns untersagt. Mein Mann und ich lieben es ordentlich. Unsere Räume bleiben im »normalen« Zustand. Hier dürfen Gesellschaftsspiele gespielt werden, aber abends wird hier grundsätzlich aufgeräumt. Lebt unser Kind seinen Spieltrieb nun konstant in anderen Räumlichkeiten aus, dann wird es Zeit, dass es sein Zimmer aufräumt. Denn nun hat das Chaos in seinem Zimmer offensichtlich die Kreativität und den Spielfluss erstickt.

Je kleiner die Kinder, umso größer ist die Wirkung, wenn Sie aus dem Aufräumen ein echtes Spiel machen. Verwandeln Sie sich in Aufräumfeen, Zauberer oder »Saubermänner«. Wenn Sie Spaß daran haben, dann ziehen Sie und Ihr Kind eine »spezielle Aufräumausrüstung« an. Das lässt das Kind die Aufgabe noch besser erfassen. Je mehr es Ihnen gelingt, dem Aufräumen Spielcharakter zu verleihen, umso mehr nimmt Ihr Kind den Vorgang als etwas Angenehmes wahr: Aufräumen mit Mama oder Papa ist eine tolle Sache! Dann wird es auch leichter für Sie als Eltern, wenn Ihr Kind heranwächst. Denn es wird Ordnung schaffen als etwas begreifen, das dazugehört und nicht unangenehm sein muss.

Zuletzt noch ein wichtiger Tipp: Suchen Sie nie die Provokation bei diesem Thema. Ganze Elterngenerationen haben dies vor Ihnen versucht. Sie werden lediglich erreichen, dass Ihr Kind Aufräumen mit Zwang und Stress verbindet. Doch wie wir wissen, benötigen wir Freude und Eigendisziplin für den Erfolg. Geben Sie Ihrem Kind Gelegenheit, sich diese Disziplin über ein positives Erlebnis, nämlich über das Spiel mit Ihnen, anzueignen.

Glücklich leben durch Dankbarkeit

Ein Thema, das uns ähnlich wie die gewünschte Ordnung im Kinderzimmer verfolgt, ist die Dankbarkeit. Mit den Worten »Wie sagt man?« oder »Wie heißt es?« fordern wir unsere Kinder regelmäßig auf, sich angemessen für etwas zu bedanken. Doch liegen wir damit richtig?

Beispiel

Ein Weihnachten werde ich wohl nie vergessen. Unser Sohn hatte eine Vielzahl an Geschenken ausgepackt, und statt eines »Dankeschön« kam folgender Satz: »Wie, mehr gibt es nicht?« Er hatte insgesamt acht verschiedene Geschenke bekommen. Mein Mann war sauer, ich verletzt, und wir beschlossen, dass ab sofort jedes Kind nur noch je ein Geschenk zu Weihnachten und zum Geburtstag bekommen würde. Es hagelte Proteste von unseren vielen Kindern. Insbesondere der junge Mann, der diese Änderung provoziert hatte, bekam von seinen Geschwistern richtig etwas zu hören. Dieses Weihnachten wird wohl auch ihm unvergessen bleiben.

Trotz unseres Ärgers haben wir Eltern an diesem Abend etwas Wichtiges gelernt. Unsere Kinder und auch wir leben in einem derartigen Reichtum, dass wir die Alltäglichkeiten des Lebens gar nicht mehr schätzen, geschweige denn Dankbarkeit zeigen können. Meine Kinder besuchen eine Privatschule, fahren zweimal im Jahr in den Urlaub, nehmen an Klassenfahrten teil, von denen ich früher nie zu träumen gewagt hätte. Sie sammeln Unmengen an Erfahrungen: Sie treiben Sport, machen Musik und profitieren durch unser Leben in der Großstadt von vielen Einrichtungen wie der Eisbahn, Schwimmbädern, Spielplätzen, Parks und vielem mehr. Lediglich um in die freie Natur zu gelangen, müssen sie mit dem Fahrrad etwa 20 oder mit dem Bus 15 Minuten fahren.

Danken ist bei Kindern heute eine antrainierte Höflichkeitsfloskel, die mit echter Dankbarkeit nicht zu tun hat. Wir haben unseren Kindern diese Floskel antrainiert, also benutzen sie sie aus einem Automatismus heraus. Doch diese Form der Dankbarkeit ist nicht »echt«. Meinen jüngeren Kindern lege ich diese Formel des »Danke sagen« inzwischen nicht mehr in den Mund. Ich möchte, dass sie es nur sagen, wenn sie es auch wirklich spüren.

Ein kleines Kind hat noch die Fähigkeit, sich am Augenblick oder an Kleinigkeiten zu erfreuen. Doch je älter die Kinder werden, umso selbstverständlicher nehmen sie den Reichtum ihres Lebens an. Sie verlernen, was »dankbar sein« eigentlich bedeutet. Das hängt zum einen damit zusammen, dass wir durch ständiges Vergleichen immer jemanden finden, der mehr hat als wir. Zum anderen werden unsere Kinder im Schulsystem auf den Fehler gepolt. Legen Sie einmal einer Schulklasse 30 Aufgaben vor, von denen 29 Aufgaben richtig beantwortet wurden. Was wird passieren, wenn Sie fragen: »Was fällt Euch an dieser Klassenarbeit auf?« Alle werden antworten: »Eine Aufgabe ist falsch.« Niemand wird sagen: »29 Aufgaben sind richtig.« Das Gehirn jedes Schulkinds ist auf den Fehler ausgerichtet. Was es bereits kann, weiß und gelernt hat, tritt in den Hintergrund. Stattdessen wird es immer wieder auf das gestoßen, was es noch nicht kann.

Hinzu kommt, dass unsere Kinder sich schnell an einen bestimmten Lebensstandard gewöhnen. Der menschliche Trieb ist so ausgerichtet, dass er, sobald ein Ziel erreicht ist, das nächste anvisiert. Er fragt sich automatisch, welche Wünsche noch offen sind. Jeder weiß, da wird unseren Kindern und genauso auch uns immer etwas einfallen.

Sozialpsychologische Studien haben jedoch längst bewiesen, dass Geld und Konsum langfristig keine positive Lebensstimmung. erzeugen. Der Sinn des Lebens muss außerhalb dieser beiden Faktoren liegen. Das sollten wir uns immer vergegenwärtigen und an unsere Kinder weitergeben. Menschen, die wirkliche Dankbarkeit gelernt haben, zeigen sich weitaus weniger anfällig für Depressionen. Ihnen gelingt es, das Schöne und Positive im Leben zu erkennen. Sie verarbeiten Schicksalsschläge besser und verfügen über mehr Lebensziele. Diese liegen dann meist außerhalb von Status, Besitz und Materialismus.

Menschen, die in tiefer Dankbarkeit zu dieser Welt leben, sind leicht erkennbar. Sie sind viel sozialer, ausgeglichener und stressfreier als andere und zeigen, wie sie das Leben in vollen Zügen genießen können. Meist verströmen sie gute Laune und es gelingt ihnen, Menschen aus einem Tief leicht herauszuholen. Auch sind sie oft von einer Aura umgeben, die sich auffallend von der anderer Menschen unterscheidet.

Bringen Sie Ihrem Kind echte Dankbarkeit näher

Lassen Sie Ihr Kind einmal eine Liste mit den Dingen anfertigen, für die es dankbar sein könnte. Diese Liste wird womöglich anders ausfallen, als von Ihnen erwartet. Der Blick Ihres Kindes auf diese Welt ist meist ein anderer. Möglicherweise haben Sie ihm gerade heute ein neues Fahrrad gekauft, doch auf der Liste Ihres Kindes steht als erster Punkt, die gerade neu beginnende Freundschaft zu einem Klassenkameraden.

Gehen Sie Punkt für Punkt mit dem Kind durch, und sprechen Sie darüber. Üben Sie keine Kritik und bewerten Sie nicht, auch wenn Sie bemerken, dass Sie als Mutter noch hinter dem Wellensittich an letzter Stelle rangieren. Fragen Sie Ihr Kind, ob es ihm wichtig ist, dass diese Dinge auch zukünftig noch Bestandteil seines Lebens bleiben. Schaffen Sie dann ein Dankbarkeitsritual, das Sie eventuell in Ihre morgendlichen und abendlichen Rituale eingliedern. So lernt Ihr Kind, den Blick auf das Positive im Leben und auf sein persönliches Glück zu richten. Wenn Sie das Ritual täglich wiederholen, wird sich die positive Ausrichtung des Kindes in sein Unterbewusstsein einprägen. Irgendwann wird das Kind dies von ganz alleine machen.

Dankbarkeitsritual

Entzünden Sie mit Ihrem Kind zum Beispiel eine Räuchermischung mit einem Duft, den Ihr Kind liebt. Machen Sie eine schöne Hintergrundmusik an, sodass ein feierlicher Rahmen entsteht. Nun richten Sie Ihren Blick auf das positiv Erlebte. Dies kann man zum Beispiel immer am Samstagabend zum Ende einer Woche voller Erlebnisse machen.

✔

Danken stabilisiert die Seele, und ist ein wichtiges Element für ein glückliches Leben. Denn wer sein Glück gar nicht sieht, kann es auch nicht empfinden und auch nicht genießen.

An wen richtet man den Dank? Religiöse Menschen richten sich natürlich an die Gottheit, an die sie glauben. Für nicht religiöse Familien hat der Dank keinen bestimmten Adressaten.

Bringen auch Sie Ihren Dank zum Ausdruck

Auch Eltern sollten ihre Dankbarkeit zum Ausdruck bringen. Auf diese Weise konzentriert sich auch Ihre Aufmerksamkeit auf das

Glück, das Sie haben. Sprechen Sie das, was Sie als großes Glück empfinden, ruhig laut aus. Denn wie immer gilt auch hier, dass Ihr Kind durch Ihr Vorbild am besten lernt. Auch kann es so Dingen viel besser einen angemessenen Stellenwert zuweisen. Dankbarkeit ist ein überaus starkes Gefühl für die ganze Familie. Denn sie unterstreicht die positiven Seiten aller Familienmitglieder. Das bewirkt eine große Entspannung im Familienleben. Deswegen streiten Dankbarkeit lebende Familien deutlich weniger, weil ihr Fokus nicht auf das Negative gerichtet ist. Es lohnt sich also, diesen Weg zu gehen.

Manchmal halten Kinder sich ihr tägliches Glück deutlicher vor Augen, wenn ihre Eltern eine Patenschaft für ein Kind aus der Dritten Welt eingehen. Die Diskrepanz zwischen der dort herrschenden Not und dem persönlichen Glück kann den Blick des Kindes für das eigene Wohl öffnen. Doch erzeugen Sie keine Schuldgefühle nach dem Motto: »Schau, wie gut es Dir geht.« Dies bekommt einer Kinderseele ganz und gar nicht. Der Prozess der Dankbarkeit muss von ganz alleine entstehen und wird es auch, sobald das Kind das Gefühl dafür entwickelt hat.

Die Bullerbü-Praxis: Zutaten für ein gelungenes Leben

Wir Eltern wünschen uns, dass unsere Kinder aus ihrem Leben heute und auch zukünftig eine tiefe Befriedigung ziehen. Den Weg zu ihrem Glück müssen unsere Kinder aber alleine finden. Wir können Sie auf der Suche nach einem Sinn, nach der Wahrheit und nach der Schönheit in diesem Leben jedoch begleiten. Auf dem Lebensweg unseres Kindes kommt uns die Aufgabe zu, es in jeder Hinsicht gut zu versorgen. Zu dieser Sorge gehört,

- es zu achten,
- es zu lieben,
- es gut zu ernähren,
- es vor Gefahren zu schützen,
- seine Gesundheit zu bewahren,
- es zu trösten und
- es bei Misserfolgen neu zu motivieren.

Das Ziel einer Erziehung in und zur Freiheit ist es, das Kind, soweit es mit seiner Sicherheit und der Wahrung der Rechte seiner Mitmenschen vereinbar ist, sein Leben selbstverantwortlich gestalten zu lassen. Dies bedeutet: Wir lassen das Kind seine eigenen Erfahrungen machen. Es lernt über Versuch und Irrtum. Fehler ziehen Konsequenzen nach sich. Erreicht das Kind sein erhofftes und erstrebtes Ziel zunächst nicht, macht sich Enttäuschung breit. Doch die damit verbundene Frustration, Unzufriedenheit mit sich selbst und auch der Verzicht sind wichtige Lebenselemente, die wir unseren Kindern niemals abnehmen sollten. Natürlich darf dieses Gefühl Ihr Kind nicht überrollen. Greifen Sie ein, sobald Sie das Gefühl haben, Ihr Kind könnte an einer Situation zerbrechen. Dieses Eingreifen sollte aber eine Ausnahme bleiben. Unsere Aufgabe liegt in der Vorbereitung auf Hürden im Leben, nicht im Schutz davor. Unser Kind soll diese Unwägbarkeiten als Herausforderung annehmen und nicht als Mauer, für deren Erklimmen es Hilfe benötigt. Viele Eltern sind aber der Überzeugung, ein Kind zu lieben bedeute, es von den Gefahren und dem Leid dieser Welt fern zu halten. Je kleiner Ihr Kind ist, umso richtiger ist diese Einstellung sicherlich. Doch wir benötigen ein gutes Gespür dafür, wann es loszulassen gilt. Sammelt unser Kind nicht genügend Erfahrungen, ist es für diese Welt nicht gerüstet. Erliegen Sie nicht der Versuchung, es Ihrem Kind besonders leicht zu machen. Sie sind sein Ort der Geborgenheit. Hier findet das Kind seelische Unterstützung und Schutz. Hat es genug Kraft gesammelt, zieht es wieder hinaus in die Welt und versucht erneut, die Dinge alleine zu regeln. Das Kind lernt, an den Herausforderungen zu wachsen. Mut zum Leben zu machen bedeutet, dass das Kind das Versagen als einen natürlichen Lernprozess zu akzeptieren lernt – und zwar ohne jede Bewertung seiner Person.

Bei den Kindern aus Bullerbü gibt es ein schönes Beispiel dafür, dass es für manche Dinge im Leben eben Mutes bedarf. Ole hat einen lockeren Zahn, und weil er in der Schule den ganzen Tag an seinem Milchzahn wackelt, fordert die Lehrerin: »Zieh ihn heraus, wenn du nach Hause kommst. (...) Jetzt wollen wir weiterrechnen, aber morgen darfst du uns allen das Loch zeigen, wo dein loser Zahn gesessen hat.« Das, findet der Junge, ist keine gute Idee: »Ole guckte ganz erschrocken. Er findet es nämlich schrecklich, wenn die Zähne gezogen werden – egal wie lose sie auch sein mögen.« Auf dem Heimweg lässt er bereits den Kopf hängen. Wäre der Zahn am folgenden Tag noch nicht gezogen, würde die Lehrerin ihn für einen Angsthasen halten. Doch bis zum Abend findet er nicht den Mut, es selbst zu machen. Schließlich leidet er sogar unter Bauchschmerzen, weil er sich der Aufgabe nicht gewachsen fühlt. Als er schläft, nehmen nun seine Freunde allen Mut zusammen und ziehen Ole den Zahn im Schlaf. Der wacht dabei nicht einmal auf. Am nächsten Morgen herrscht große Freude auf allen Seiten über den gelungen Coup. Das Wichtigste dabei: Es fällt kein Wort der Demütigung. Niemand bezeichnet Ole als Versager. Stattdessen sind alle euphorisch angesichts der gemeinschaftlich gefundenen Lösung.

Neue Chance, neues Glück, so könnte das Motto lauten, welches wir unseren Kindern vermitteln sollten. Richten auch Sie immer wieder den Blick auf das Positive. Bisweilen fällt uns das schwer, weil die Probleme unser Umfeld meist dominieren: Arbeitslosigkeit, steigende Lebenshaltungskosten, Terrorismus, Krieg, Hunger, die ersten Klimakatastrophen. Das lässt uns glauben, unsere Kinder in eine unsichere, gefährliche Welt hineingeboren zu haben. Ist das wirklich der Fall? Konzentrieren wir uns doch einmal auf die Positivliste:

- Unser Land hat seit über 60 Jahren keinen Krieg mehr erlebt.
- Wir sind reicher als je zuvor.
- Wir streiten nicht darüber, dass jedes Kind eine Schulbildung bekommt, sondern, dass jedes Kind eine qualifizierte Schulausbildung erhält, die zudem auch noch kostenlos ist.
- Wir erreichen dank einer hervorragenden medizinischen Versorgung ein hohes Alter.
- Wir können fast alle Länder dieser Welt bereisen, was vor 200 Jahren undenkbar gewesen wäre.
- Jeder von uns hat warmes Wasser aus der Leitung, elektrisches Licht und im Winter drehen wir einfach an einem Knopf und schon wird es warm.

Erst wenn wir andere Länder bereisen, wird uns für einen kurzen Moment klar, was es heißt, auf diesem Standard leben zu dürfen.

Beispiel

Im Mai 2005 bereiste ich mit meinem Mann Tadschikistan. Zunächst stand uns in unserer Unterkunft nur ein kleiner Strahl kaltes Wasser für die Morgendusche oder zum Teekochen zur Verfügung. Dann folgten ein paar schöne Sonnentage, und die Schneeschmelze brachte aus den Bergen viel Schlamm mit in die Wasserversorgung der Hauptstadt Duschanbe. Die Folge: Schlammwasser zum Duschen, Kochen und Waschen. Schließlich kam der komplette Ausfall. Ich stellte mir bildlich vor, was gewesen wäre, wenn wir die Kinder mitgenommen hätten. Alles Wasser hätte in Kannen aus Brunnen herangeschleppt werden müssen. In diesen Tagen fühlte ich eine große Dankbarkeit für die Leichtigkeit unseres Seins zu Hause in mir. Doch kaum waren wir in der Heimat gelandet, genoss ich genau ein oder zwei Tage meinen Komfort, und schon hatte ich wieder vergessen, welche Aufgaben andere Mütter bewältigen müssen.

Trainieren wir uns zum Wohl unserer Kinder einen positiven Blick auf das Leben an. Eltern, die ihren Kindern nur die Schrecken und Gefahren des Lebens vor Augen halten, geben ihnen zu verstehen, das Leben auf dieser Welt sei eigentlich gar nicht lebenswert. So entsteht Angst statt Mut, und an die Stelle der Lebenskraft tritt die Depression. Diesem Kind wird der Sinn in seinem Leben entgehen. Schließlich muss es regelmäßig hören, dass es jetzt und auch zukünftig schwer an der Last des Lebens zu tragen haben wird. Wieder sind Sie als Vorbild gefragt. Lassen Sie Ihr Kind die positiven Seiten des Lebens durch Ihre Augen sehen!

Nun wissen wir, wie wichtig die Ausbildung des Urvertrauens beim Baby, die Schulung der Sinne beim Kleinkind und die Vermittlung einer positiven Wahrnehmung des Lebens für unsere Kinder sind. Doch was benötigen wir noch für reines Kinderglück und eine erfolgreiche Lebensgestaltung?

Selbstachtung

Ein Kind nimmt Erziehung oft als die Notwendigkeit wahr, sich nach den Wünschen eines anderen ausrichten zu müssen. Es möchte gefallen, also fängt es an sich zu verändern, weil sein Erzieher dies von ihm verlangt. Es empfängt folgendes Signal: Du bist, so wie du bist, nicht in Ordnung. Doch genau dies darf nicht passieren. Deshalb dürfen die Schwerpunkte unserer Erziehung nicht auf »brav sein«, Angepasstheit und Wohlerzogenheit liegen. Stattdessen müssen wir uns fragen:

- Was denkt mein Kind von sich selbst? Wie sieht es sich?
- Wie nimmt es sein Können wahr?
- Wie empfindet es seine Talente?
- Wie ist sein Blick auf das Leben?
- Wie erlebt es seine sozialen Kontakte?
- Wie fühlt es sich?

Mit diesen Fragen müssen wir Eltern uns intensiv auseinandersetzen.

Prüfen Sie die Selbstachtung Ihres Kindes

Stellen Sie Ihrem Kind folgende Fragen zwei Mal:

- **Wie siehst Du Dich selbst?**
- **Welchen Wert misst Du Dir selbst zu?**
- **Wie intelligent glaubst Du zu sein?**
- **Was sind Deine besten Seiten?**
- **Was glaubst Du sind seine Talente?**
- **Wie siehst Du Deine Zukunft?**
- **Was sind Deine Wünsche?**

Beim ersten Mal befinden Sie und Ihr Kind sich in einem Zustand der Entspannung. Sie verleben gerade ein gemütliches Wochenende oder sind im Urlaub, und Sie meinen die Zeit ist günstig, um Ihrem Kind ein paar Fragen zu stellen.

Beim zweiten Mal ist Ihr Kind frustriert und verärgert. Es hat gerade die Zielgerade nicht erreicht, musste eine Niederlage einstecken oder hat sich massiv über jemanden geärgert. Suchen Sie nicht nur ein klärendes Gespräch, sondern stellen sie nun die oben genannten Fragen ein weiteres Mal. Bemühen Sie sich, diesmal weniger offensichtlich vorzugehen. Wie sieht sich Ihr Kind im Zustand von Stress und Ärger? Verändert sich jetzt plötzlich sein Selbstbild? Oder kann es sich selbst immer noch genauso gut annehmen wie im entspannten Zustand?

Setzen Sie sich mit den Antworten auf diese Fragen intensiv auseinander und überlegen Sie genau:

- Hat mein Kind wirklich genügend Achtung vor seiner Person?
- Besitzt es genügend Selbstwertgefühl?
- Hält es sich für dumm, hässlich oder gar unfähig?
- Warum ist es mit sich selbst nicht im Reinen?
- Welche Gründe hat es vielleicht selbst dafür benannt?

Selbstachtung ist die wichtigste Voraussetzung für ein glückliches und zufriedenes Leben, weil sie die Grundlage eines positiven Selbstwertgefühls und eines gesunden Selbstvertrauens bildet. Mangelnde Selbstachtung lässt ein Kind ständig hinterfragen, was andere wohl über es denken. Ein Kind mit wenig Achtung vor sich selbst wird sich vieles gefallen lassen, das seinem seelischen und körperlichen Wohl schadet. Es würde zum Beispiel im späteren Berufsleben zu einem typischen Mobbingopfer werden.

Erkennen Sie Selbstachtung als Basis des Glückes an

Wenn Ihr Kind sein Leben erfolgreich gestalten soll, dann sind Sie für die richtige Basis zuständig. Sie müssen an einem guten Selbstverständnis Ihres Kindes in allen Lebenslagen und -bereichen arbeiten.

Eine Leistungsschwäche, zum Beispiel in der Schule, entsteht immer aus der falschen inneren Einstellung heraus. Das Kind hatte ein Frusterlebnis, dem weitere folgten. Seine Schlussfolgerung ist unweigerlich: »Ich kann das nicht, dazu habe ich kein Talent.« In der Folge verschließt es sich neuen Informationen, da es sich einen negativen Blick auf seine eigenen Leistungen angeeignet hat. Nun gilt es, das Boot, das Fahrt in die falsche Richtung aufgenommen hat, zu stoppen, eine Wende einzuleiten und das Kind den richtigen Kurs wieder aufnehmen zu lassen. Die negative Einstellung muss überwunden, das Selbstbewusstsein wieder gestärkt werden. Hat man dies erreicht, wird eine Leistungssteigerung von selbst folgen.

Zeigen Sie Ihrem Kind, was es bereits alles kann. Helfen Sie ihm, das Leben von der Seite zu betrachten, wie viel es schon an Wissen in die Waagschale werfen kann. Zeigen Sie Ihrem Kind, wie viele Fähigkeiten es besitzt, die sehr wertvoll sind. Stärken Sie die Selbstachtung ihres Kindes zunächst außerhalb des Systems Schule, da der zu frühe Einsatz von Noten Kinder nur zum Vergleich animiert, nicht aber zum wahren Lernen motiviert.

Kann Ihr Kind sehr gut Sport oder Musik, malt es gerne, forscht es oder ist es vielleicht ein Tüftler und Bastler? Machen Sie sich auf die Suche und animieren Sie Ihr Kind, das zu pflegen, was es wirklich gut kann und woran es Spaß hat.

Führen Sie ein Tagebuch mit all den Dingen, die neu dazu gekommen sind, die es neu gelernt und verstanden hat. Helfen Sie der Selbstachtung Ihres Kindes auf die Sprünge, damit es den Mut fasst, sich auch wieder den Herausforderungen der Schule zu stellen.

Und haben Sie Geduld. Eltern, die ihre Kinder immer nur mit Blick auf ihre Noten und ihr Zeugnis beurteilt haben, müssen auch erst einmal lernen umzudenken.

Wichtiger als die Leistung sind jedoch die Gefühle, die das Kind aus diesem Erlebnis zieht: reine Freude und das herausfordernde Gefühl, jetzt die nächsthöhere Stufe zu wagen. Freude, Glück und Leistung hängen also ganz stark vom Selbstbild des Kindes und der Wertschätzung seiner Person ab. Wenn es Ihnen gelingt, Ihr Kind so zu erziehen, dass es sich selbst liebt und Selbstvertrauen und eine hohe Achtung vor sich selbst hat, dann wird es seinen Alltag ohne nennenswerte Schwierigkeiten bewältigen. Denn Ihr Kind wird sich nach einer Niederlage neu motivieren können. Auch wird sich der Einfluss von gleichaltrigen Jugendlichen auf Ihr Kind in Grenzen halten. Was jedoch am wichtigsten ist: Aus der Selbstachtung heraus wird Ihr Kind auch andere Menschen achten lernen.

Achten Sie sich selbst

Unsere Kinder lernen durch unser Vorbild. Wir als Ihre Vorbilder geben oftmals nur weiter, was wir von unseren Eltern gelernt haben. Haben Ihre Eltern Sie Selbstachtung gelehrt? Kinder haben eine gute Antenne dafür, wie Eltern sich selbst sehen und empfinden. Leben Sie eine hohe Selbstachtung vor, ernten Sie den Respekt Ihres Kindes. Es spürt, dass Sie diesen Respekt von Ihren Mitmenschen erwarten, genauso wie Sie andere mit Respekt behandeln. Eltern, die Selbstvertrauen und ein hohes Selbstwertgefühl besitzen, akzeptieren von niemandem Respektlosigkeiten.

Wir Eltern müssen uns deswegen immer vor Augen halten:

- Man kann nur das geben, was man selbst hat.
- Oder umgekehrt: Man kann nicht geben, was man selbst nicht besitzt.

Viele Erziehungsprobleme lösen sich in Nichts auf, wenn Eltern diesen Satz begreifen und verinnerlichen. Wenn wir Eltern wollen, dass unsere Kinder uns zuhören, dann müssen wir Ihnen zuhören. Wenn wir wollen, dass unsere Kinder uns mit Achtung entgegentreten, dann dürfen wir ihre Gefühle nicht mit Füßen treten, sondern wir müssen sie ebenfalls achten. Respekt bildet die Basis erfolgreicher Erziehung. Denn Respekt, den wir Erwachsenen von den Kindern erwarten, müssen wir ihnen erst einmal selbst entgegen bringen. Wer sein Kind niemals beschämt, es nicht gängelt und stets willkommen heißt, wird eine durch und durch zufriedene Kinderzeit mit diesem gut erzogenen Nachwuchs genießen.

Jean Liedloff zog in ihrem Buch *Auf der Suche nach dem verlorenen Glück* ein ähnliches Resümee. Kulturen, in welchen die Menschen harmonisch zusammen leben und in denen Neid, Missgunst und Konkurrenz nicht existieren, kennen wenig Probleme mit Kindern. In diesen Kulturen sind die Kinder durchweg gut erzogen, sie streiten nicht, sie werden nie bestraft, und sie gehorchen immer willig und sofort. Seien sie einmal ehrlich: Können Sie sich das vorstellen oder klingt es nicht eher nach einem Märchen?

Wenn Sie die in diesem Kapitel vorgestellten Thesen verinnerlichen, können Sie diesem Zustand auf jeden Fall ein ganzes Stück näher kommen.

Prüfen Sie Ihre Selbstachtung

Prüfen Sie einmal Ihre Selbstachtung, indem Sie sich folgende Fragen stellen: ✔

- Haben Sie ständig etwas an sich auszusetzen?
- Zeigen Sie eine permanente Unzufriedenheit mit Ihrem äußeren Erscheinungsbild?
- Wissen Sie Ihre Leistung am Arbeitsplatz nur wenig zu schätzen?
- Fühlen Sie sich von anderen schlecht behandelt?
- Haben Sie ein sehr schlechtes Bild von Ihrer Vergangenheit?
- Reden Sie immer wieder über Misserfolge oder Fehlentscheidungen in der Vergangenheit?
- Verurteilen Sie sich selbst?

Wenn Sie diese Fragen alle ohne Zögern mit »nein« beantworten können, dann sind Sie zu beglückwünschen! Sie gehören zu den wenigen Erwachsenen, die über ein gesundes Selbstwertgefühl und ausreichend Selbstachtung verfügen.

Dieses Buch richtet sich jedoch an diejenigen unter uns, und das dürfte leider die Mehrheit sein, die alle oder viele Fragen mit einem »ja« beantworten mussten. Ihnen muss Folgendes klar sein: Ihr Kind spürt es, wenn Sie sich minderwertig fühlen. Es nimmt wahr, wenn Sie sich selbst und Ihre Leistungen nicht nur gering schätzen, sondern sich anderen gegenüber unterlegen fühlen. Ihm fällt auf, wenn es Ihnen im Leben schwer fällt, aktive und schnelle Entscheidungen zu treffen, da Sie ständig Angst haben, etwas falsch zu machen. Ihr Kind wittert auch, wenn Unsicherheit, Neid und Eifersucht Ihr Leben bestimmen.

Befreien Sie sich aus diesem Teufelskreis! Er beschert Ihnen und Ihrem Kind ein fades Leben ohne wirkliches Glück. Denn Ihre Hauptsorge besteht darin, dass die anderen Sie negativ beurteilen könnten. Sie möchten weder Kritik einstecken noch austeilen. Das könnte das »positive« Bild, das man von Ihnen hat, zerstören. Ziehen Sie einen Schlussstrich unter dieses schale Leben – Ihnen und Ihrem Kind zuliebe. Sonst werden Sie immer das Gefühl haben und ausstrahlen, zu kurz zu kommen. Dieses Gefühl geben Sie direkt an Ihr Kind weiter. Doch das muss nicht sein. Sie können gezielt an sich arbeiten.

Polieren Sie Ihre Selbstachtung auf

Holen Sie erneut Papier und Stift, und schreiben Sie nun auf, was Ihre positiven Seiten sind: ✔

- Was sind die Erfolge in Ihrem Leben, vergangene oder gegenwärtige?
- Wo liegen Ihre Talente?
- Was sind Ihre Stärken?

Lernen Sie, stolz auf sich zu sein, indem Sie sich Ihre wertvollen Seiten täglich vor Augen führen. Nach einiger Zeit wird dieses »Mantra« Wirkung zeigen. Ihr Kind wiederum wird diese Veränderung spüren. Ihm wird auffallen, dass Ihre Minderwertigkeitskomplexe abnehmen und Ihre Selbstachtung steigt. Auch andere werden Sie mit neuen Augen wahrnehmen und Sie mit Respekt behandeln. Üben Sie gleichzeitig zur Stärkung Ihrer positiven Seiten Nachsicht mit Ihren Fehlern, denn: ohne Fehler kein Lernen. Wenn es Ihnen gelingt, so über sich selbst zu denken, wie Sie möchten, dass andere von Ihnen denken, haben Sie Ihr Ziel erreicht. Ihre Selbstachtung ist nun intakt. Sie haben gelernt, Ihre eigene Person wertzuschätzen. Was Sie nun gelernt haben, können Sie auch an Ihr Kind weitergeben.

Vermeiden Sie Demütigungen

»Das hat uns auch nicht geschadet!«, ist ein bei Omas und Opas sehr beliebter Satz, der viel zu schnell und viel zu leichtfertig benutzt wird. So wirkt das flapsig dahingesagte »Du Schwein« beim Anblick eines unaufgeräumten Kinderzimmers vielleicht harmlos. Auch kann der einmalige Klaps auf den Hintern doch nicht solche Auswirkungen haben, oder? Doch, denn solche Aktionen summieren sich schneller als man denkt, und schon haben wir verloren. Denn den Respekt, den ich meinem Kind versage, den wird es mir auch nicht geben.

»Das hat uns auch nicht geschadet« ist ein gefährlicher Satz mit einer großen Wirkung. Die Demütigung eines Menschen schädigt immer und hinterlässt Wunden und Narben. Astrid Lindgren formulierte es in ihrer Rede anlässlich der Verleihung des Friedenspreises des Deutschen Buchhandels folgendermaßen:

»Blicken wir nun einmal zurück auf die Methoden der Kindererziehung früherer Zeiten. Ging es dabei nicht allzu häufig darum, den Willen des Kindes mit Gewalt, sei sie physischer oder psychischer Art, zu brechen? Wie viele Kinder haben ihren ersten Unterricht in Gewalt ›von denen, die man liebt‹, nämlich von den eigenen Eltern erhalten und dieses Wissen dann der nächsten Generation weitergegeben! Und so ging es fort. ›Wer die Rute schont, verdirbt den Knaben‹, heißt es schon im Alten Testament, und daran haben durch die Jahrhunderte viele Väter und Mütter geglaubt. Sie haben fleißig die Rute geschwungen und das Liebe genannt. Wie aber war denn nun die Kindheit aller dieser wirklich ›verdorbenen Knaben‹, von denen es zurzeit so viele auf der Welt gibt, dieser Diktatoren, Tyrannen und Unterdrücker, dieser Menschenschinder? Dem sollte man einmal nachgehen. Ich bin überzeugt davon, dass wir bei den meisten von ihnen auf einen tyrannischen Erzieher stoßen würden, der mit einer Rute hinter ihnen stand, ob sie nun aus Holz war oder im Demütigen, Kränken, Bloßstellen, Angstmachen bestand.«

Diese Sätze haben bis heute ihre Gültigkeit. Allzu oft signalisieren wir unseren Kindern durch unsere Erziehung: Ich will, dass du dich änderst. Ich will, dass du so wirst, wie ich es mir vorstelle. So demütigen wir unser Kind und untergraben seine Selbstachtung. Diese ist die wichtigste Voraussetzung, um Liebe wirklich empfinden und weitergeben zu können. Was Astrid Lindgren weiterhin beschreibt, scheint perfekt zu unserer Gegenwart zu passen:

»Muss man da nicht verzweifelt sein, wenn jetzt plötzlich Stimmen laut werden, die die Rückkehr zu dem alten autoritären System fordern? Denn genau das geschieht zurzeit mancherorts in der Welt. Man ruft jetzt wieder nach ›härterer Zucht‹, nach ›strafferen Zügeln‹ und glaubt dadurch alle jugendlichen Unarten unterbinden zu können, die angeblich auf zu viel Freiheit und zu wenig Strenge in der Erziehung beruhen. Das aber hieße den Teufel mit dem Beelzebub austreiben und führt auf die Dauer nur zu noch mehr Gewalt und zu einer tieferen und gefährlichen Kluft zwischen den Generationen. Möglicherweise könnte diese erwünschte ›härtere Zucht‹ eine äußerliche Wirkung erzielen, die die Befürworter dann als Besserung deuten würden. Freilich nur so lange, bis auch sie allmählich zu der Erkenntnis gezwungen werden, dass Gewalt immer wieder nur Gewalt erzeugt – so wie es von jeher gewesen ist.«

Deswegen ist »Das hat uns auch nicht geschadet« ein Ausspruch eines Menschen, dem auch nie Respekt und Achtung vor seiner Person gezollt wurde. Er ist ein Beispiel für eine zu geringe Selbstachtung und fehlende Wertschätzung der eigenen Person. Dieser Satz will eigentlich folgendes sagen: »Ich wurde nicht geliebt, ich wurde geschlagen, ich wurde gedemütigt. Warum soll es anderen besser gehen als mir?«

Ein chinesisches Sprichwort bringt viel besser die Notwendigkeit zum Ausdruck, die Folgen der Erziehung stets zu bedenken:

»Wenn Du ein Jahr im Voraus denkst – dann streust Du Samen.
Wenn Du zehn Jahre im Voraus denkst – dann pflanzt Du einen Baum.
Wenn Du 100 Jahre im Voraus denkst – dann bildest Du die Menschen.«

Pflegen Sie die Einzigartigkeit Ihres Kindes

Jeden Menschen gibt es nur ein einziges Mal, und diesen Fakt machen wir uns viel zu selten klar. Der großartige Pianist Glenn Gould sagte einmal:

»Manchmal erfasst mich, wenn ich um mich blicke, ein Gefühl tiefster Bestürzung. Denn in der Verwirrung, die heute über der Welt liegt, erkenne ich eine Missachtung der wesentlichen Werte des Lebens. In jeder Sekunde leben wir in einem neuen Augenblick des Universums, einem Augenblick, der noch nie da war und nie wieder sein wird.

Und was bringen wir unseren Kindern in der Schule bei? Dass zweimal zwei vier ist, und dass die Hauptstadt von Frankreich Paris heißt.

Wann werden wir ihnen darüber hinaus beibringen, was sie sind? Wir müssten jedem einzelnen von ihnen sagen: Weißt du, was du bist? Du bist ein Wunder, du bist einzig in deiner Art. Auf der ganzen Welt gibt es kein anderes Kind, das dir genau gleich käme; in den Millionen Jahren, die hinter uns liegen, hat es noch nie ein Kind wie dich gegeben. Und sieh dir deinen Körper an, was für ein Wunder der ist – deine Beine, deine Arme, deine geschickten Finger, deine Bewegungen.

Du kannst ein Shakespeare werden, ein Michelangelo oder ein Beethoven. Du hast in dir alle Möglichkeiten, ja, du bist ein Wunder, und wenn du einmal groß bist, kannst du dann einem anderen Wesen Schaden zufügen, das genau wie du ein Wunder ist?

Du musst tun, was du kannst, wir alle müssen tun, was wir können, damit diese Welt ihrer Kinder würdig wird.«

Vergessen Sie gerne, welches Wunder Ihr Kind bedeutet? Kommt dadurch auch Ihrem Kind das Gefühl für seine Einzigartigkeit abhanden? Dann listen Sie einmal die Stärken, die Talente, die positiven Charakterseiten, die Fähigkeiten und die Kenntnisse Ihres Kindes auf. Schauen Sie sich diese »Wunderliste« gemeinsam an, und vergegenwärtigen Sie Ihrem Kind, was für ein wertvoller und besonderer Mensch es ist. Gestatten Sie Ihrem Kind jederzeit, anders zu sein als andere. Kritisieren Sie seine Andersartigkeit nie! Solange Ihr Kind nicht mit dem Recht anderer Menschen kollidiert, lassen Sie es seinen eigenen Willen leben.

Fangen Sie Ihr Kind bei Niederlagen auf

Hat Ihr Kind in der Schule eine schlechte Note erhalten, leidet schnell sein Selbstwertgefühl. Das Kind vergleicht sich und fühlt sich den besseren Schülern gegenüber unterlegen. Hier liegt ein großer Gefahrenpunkt der Kindheit.

Nun liegt es an Ihnen, Ihrem Kind zur Seite zu stehen. Erklären Sie ihm, dass Scheitern gleichzeitig bedeutet, zu Reife zu gelangen. Schlechte Noten sind noch lange kein Zeichen für mangelnde Intelligenz. Sie zeigen nur, dass das Kind derzeit nicht die geforderten Leistungen erbringt. Solange der Selbstwert Ihres Kindes niemals in den Zusammenhang mit Schulnoten gebracht wird, wird Ihr Kind Fehlschläge nutzen, um daraus zu lernen und es beim nächsten Mal besser zu machen. Mischt sich unter das Gefühl der Niederlage noch Angst, verinnerlicht Ihr Kind, dass sein Selbstwert von einer bestimmten Schulnote oder von der Durchschnittsnote eines Zeugnisses abhängt. Die Niederlage ist nun keine Herausforderung mehr, Neues zu lernen, sondern eine Belastung. Die erbrachten Leistungen werden nicht mehr die optimalen Leistungen sein, die das Kind normalerweise erbringen könnte. Stattdessen wird es das Gefühl entwickeln, dass Kinder, die bessere Leistungen erbringen, auch bessere Menschen sind.

Streiten Sie nie über schulische Leistungen. Dazu ist das Leben viel zu kostbar. Ist Ihr Kind motiviert, wird es aktiv Ihre Hilfe einfordern, wenn es etwas nicht begriffen oder verstanden hat. Helfen Sie ihm dann. Sie werden schnell sehen, mit einem lernmotivierten Kind zu arbeiten, macht beiden Seiten Spaß, Eltern wie Kindern.

Auch wird dabei von Ihrem Kind immer ein ansprechendes Ergebnis erzielt werden, das für die Schullaufbahn zunächst allemal genügt.

Schwierig wird es, wenn das Kind eine schlechte Note aufgrund fehlenden Interesses am Lernstoff hat. Hier werden Sie nichts bewegen können. Sie müssen akzeptieren, dass Ihr Kind noch nicht gewillt ist, sich selbst zum Lernen aufzuraffen. Zeigen Sie beharrlich auf, welche Konsequenzen dies im Leben haben kann, mehr bringt an dieser Stelle nichts. Sie können niemanden dazu zwingen, etwas zu lernen.

Warten Sie, auch wenn es schwer fällt, auf die nächsten Entwicklungsschritte Ihres Kindes. Ein oder zwei Jahre später können Motivation und Wille plötzlich da sein, und Sie werden staunen, in welchem Tempo ein Kind entstandene Lücken dann aufzuholen weiß.

Bringt Ihr Kind sehr schlechte Noten aus der Schule mit, dann prüfen Sie sein Selbstwertgefühl. Festigen Sie zuerst seinen Selbstwert, ehe Sie Nachhilfeunterricht, eine Klassenwiederholung oder Ähnliches ins Auge fassen. Ein innerlich freies Kind, das sich trotz schlechter Noten als wertvoll und wichtig erachtet, wird seinen Weg gehen, auch wenn es vorübergehend schlechte Leistungen in der Schule erbringt.

So wundert es auch nicht, dass der Blick der Kinder aus Bullerbü zu dem Wert eines Zeugnisses ein anderer ist: »Wir aus Bullerbü hatten alle gute Zeugnisse bekommen. Wir verglichen sie auf dem Nachhauseweg. Bosses war nicht so furchtbar gut, aber auf jeden Fall doch ziemlich gut.« Niemals kämen die Kinder auf die Idee, die erbrachten Noten mit der Person Bosse, der im Bullerbü-Alltag so vieles kann und weiß, in einen Zusammenhang zu setzen. Genau so ist es richtig, denn auf diese Weise bleibt die Selbstachtung eines Kindes unabhängig von den Erfolgen oder Misserfolgen im Leben.

Lassen Sie Ihr Kind Verantwortung tragen

Wir Eltern neigen heute dazu, unseren Kindern vieles abzunehmen. Wir meinen, damit unsere Liebe zu ihnen und unser Verantwortungsgefühl ihnen gegenüber zu bezeugen. Selbstbewusstsein gewinnt jedoch nur derjenige, der seine Angelegenheiten alleine zu regeln weiß. Seinem Alter gemäß kann ein Kind fast von klein auf seine eigenen Entscheidungen treffen. Ein Kind muss das Gefühl haben, dass es wichtig ist. Es möchte spüren, dass man ihm das Vertrauen entgegenbringt, selbst zu entscheiden.

Als berufstätige Mutter von sechs Kindern ist es mir unmöglich, alles für meine Kinder zu regeln. Vieles müssen sie selbstständig erledigen. Lange **Beispiel** *hatte ich deswegen ein schlechtes Gewissen, weil ich glaubte, dass ich nicht genügend Zeit für meine Kinder hätte. Unsere Maya ist ein Beispiel für ein sehr selbstständiges Kind, das wegen immer wiederkehrender Erfolge gerne Neues wagt. Bei ihr wirkt eine positive Spiralbewegung. Sie probiert, es gelingt, sie wagt erneut, sie gewinnt. Kürzlich bemühte sie sich selbstständig um einen Termin beim Kieferorthopäden, um ihre Zahnspange kurzfristig reparieren zu lassen. Auf dem Weg dorthin reklamierte sie ihre einen Monat zuvor gekauften Schuhe wegen fehlerhafter Verarbeitung im Schuhgeschäft und ließ sich das Geld ausbezahlen, um sich wiederum neue Winterstiefel zu kaufen. Auf dem Rückweg gab sie Bücher in der Bücherei ab und organisierte für ihre kleine Schwester, die sie jeden Morgen in den Kindergarten bringt, eine Blume für den anstehenden Geburtstag der Kindergärtnerin. Übrigens – Maya ist gerade einmal elf Jahre alt. Sie erledigte dies alles selbstständig, ohne mich einzuweihen. Am frühen Abend bat sie um die Begleichung der Rechnung von 50 Cent für die Blume und zeigte mir die Resultate ihres Umtauschs. Ich war begeistert. Meine selbstständige Tochter hatte nach einem betriebsamen Tag vernünftige, bereits reduzierte Winterschuhe, eine reparierte Zahnspange und ein passendes Geschenk für die Kindergärtnerin aufzuweisen. Immer wieder staune ich, wie* gut Maya in unserem Alltag mitdenkt, und wie sie einschätzen kann, was ich neben meiner Arbeit noch zu erledigen vermag, und was ich wohl nicht schaffen werde. Sie handelt mit einer absoluten Weitsicht. Meist müssen wir nur zeitliche Absprachen treffen. Ein Handy hat Maya für Nachfragen immer dabei. Einkäufe für die Familie erledigt sie häufig und gerne, sie achtet dabei auf die Preise und entscheidet sehr klug.

Mayas Fähigkeiten sind kein Zufall. Ich bringe ihr seit Jahren das Vertrauen entgegen, dass sie die Dinge nach bestem Wissen und Gewissen erledigt. Die Übung hat sie zur Meisterin werden lassen. Nie übte ich Kritik, wenn etwas nicht funktionierte. Stattdessen besprachen wir, wie man diese Aufgabe zukünftig noch besser bewältigen kann. Maya weiß, wie wichtig ihre Position innerhalb der Familie ist, und sie ist sehr stolz darauf. Sie gestaltet ihr Leben und unser Leben verantwortungsvoll.

Übergeben auch Sie Ihrem Kind seinem Alter angemessene Aufgaben und vertrauen Sie ihm, dass es diese bewältigen wird. Es wird Ihr Kind mit Stolz erfüllen, wenn es einen sinnerfüllten Platz in der Familie einnimmt. Ein Kind möchte spüren, dass es gebraucht wird und etwas leisten kann. Es möchte sich für die Familie einsetzen und sich als wichtiges Teilstück eines Ganzen wahrnehmen.

Erziehen Sie mit Lob statt mit Kritik

Selbstachtung kann nicht entstehen, wenn ein Kind ständig für sein Tun kritisiert wird. Das Kind wird immer weniger wagen, weil es sich immer weniger zutraut. Sein Selbstwertgefühl schwindet.

Der beste Verstärker ist immer das Lob, denn es motiviert das Kind. Überlegen Sie, wie Sie es fänden, wenn Ihr Chef Ihre Leistung ununterbrochen kritisieren würde. Sie würden sich ärgern und möglicherweise in die Verteidigung übergehen. Kritik macht meist eigensinnig. Wer andauernd kritisiert wird, ist schließlich gar nicht mehr gewillt, etwas an seinem Verhalten zu verändern.

Ich lobte Maya stets dafür, wenn sie bereit war, etwas zu riskieren. Als sie etwa neun Jahre alt war, wollte sie eine Freundin besuchen, die am anderen Ende der Stadt wohnt. Dazu musste sie zweimal den Bus wechseln, ein Stück zu Fuß laufen und noch einmal die Straßenbahn nehmen. Das erforderte Konzentration und auch etwas Mut. Unsere Abmachung lautete: Du probierst es, und wenn etwas nicht klappt, rufst du mich über das Handy an und ich hole dich ab. Genau einmal stieg sie zwar in den Bus mit der richtigen Nummer, fuhr aber in die falsche Richtung und verlor dann den Mut. Ich holte sie an der Haltestelle, an der sie ihren Fehler bemerkt hatte, ab. Erklären brauchte ich ihr nichts mehr: Sie hatte durch ihren Fehler begriffen, worauf sie zukünftig achten musste. Damit war das Thema abgeschlossen.

Ein Kind, das stets unterstützt, ermutigt und gelobt wird, fasst den nötigen Mut, um eigenständig Erfahrungen zu sammeln. Sorgen Sie bei Ihrem Kind für diese positive Grundlage.

Kommunizieren Sie richtig mit Ihrem Kind

Doch das Selbstvertrauen eines Kindes wird nicht nur durch Lob bestimmt, sondern auch durch die Art und Weise, wie wir mit dem Kind kommunizieren. Wir können etwas negativ oder positiv ausdrücken oder wir können einfach Befehle aussprechen.

Positiv formulieren

»Unser Denken bestimmt unser Verhalten, unser Denken bestimmt letztendlich unser Dasein.« Verinnerlichen Sie diesen Satz, den alle großen Philosophen vom Altertum bis heute immer wieder predigen. Denn die Botschaft, die wir unserem Kind mit unseren Worten senden, manifestiert sich in seinem Unterbewusstsein. Dieses Bild verinnerlicht unser Kind als Bild von sich selbst. Achten Sie also auf Ihre Alltagssprache. Sagen Sie:

- statt »Lass das sein, du kannst das doch nicht!«,
  besser »Versuch es doch einmal auf eine andere Art und Weise.«;

- statt »Fall bloß nicht herunter!«,
  besser »Halt dich gut fest!«;

- statt »Lass dich nicht überfahren!«,
  besser »Pass im Straßenverkehr gut auf!«.

Negative wie auch positive Informationen werden schnell abgespeichert und verinnerlicht. Doch was bewirken die negativen Sätze? »Nicht herunterfallen« oder »nicht überfahren werden« sind die Informationen, die das Kind abgespeichert hat. Damit assoziiert es die Bilder »fallen« oder »angefahren werden«. Das Wort »nicht« vermag das Gehirn nicht in Bildern abzuspeichern. Es kommt an dieser Stelle also zu einer klaren Fehlinformation. Diese kann bewirken, dass das Kind tatsächlich vom Baum fallen und sich unsicher im Straßenverkehr bewegen wird.

Trainieren Sie sich das positive Formulieren an. Es wird etwas dauern, doch Sie helfen Ihrem Kind damit, Vertrauen in sich aufzubauen. Außerdem wird es sein Leben als sicherer empfinden und mit schwierigen Situationen viel angemessener und angstfreier umgehen können.

In gleicher Weise ist es für Ihr Kind hilfreicher, wenn Sie anstelle der Beanstandung das Verhalten ansprechen, das Sie sich von ihm wünschen. Nehmen wir folgende Situation: Ihr Sohn hat gegessen und einfach seinen Teller und sein Glas auf dem Tisch stehen lassen. Gerade will er die Küche verlassen, als Sie bemerken, dass er gar nicht daran denkt, sein Geschirr in die Spülmaschine zu räumen und seinen Platz sauber zu machen. Viele Eltern sagen nun: »Was soll das? Warum räumst du dein Geschirr nicht weg? Hast du eine eigene Putzfrau? Ich finde das unverschämt von dir!« Sie dagegen sollten zukünftig folgendermaßen reagieren: »Du weißt, wo unsere Spülmaschine ist. Du liebst eine saubere Wohnung, ich liebe eine saubere Wohnung. Räum das Geschirr dort hinein. Ich weiß, dass du das kannst.«

Sprechen Sie dabei normal, legen Sie keine Wertung in Ihre Stimme und erheben Sie sie nicht. Anschließend erfolgt noch ein kleiner Trick: Verlassen Sie die Küche, beziehungsweise den Ort des Geschehens. So hat Ihr Kind Zeit nachzudenken und fühlt sich nicht unter Druck gesetzt. Es ist nun mit der Situation alleine, und es wird tun, was Sie gesagt haben. Mit dieser Strategie lernt ein Kind, sich gut zu benehmen, ohne dass es sich wegen seines schlechten Benehmens minderwertig fühlt. Lob oder positive Formulierungen lösen beim Kind fast immer die Handlung aus, die wir uns wünschen. Zusätzlich wird die Selbstachtung des Kindes dabei noch gestärkt.

Handlungsbegleitendes Sprechen

Sehen wir, dass unser Kind etwas falsch macht, machen wir ihm schnell Vorhaltungen. Stellen wir uns folgende Situation vor: Unser Kind will die wieder verschließbare Müslitüte an der falschen Stelle öffnen. Viele Eltern sagen nun: »Was machst du denn da? Du bist doch ein Schusselkopf! Gleich ist alles hin.« Sie jedoch konzentrieren sich auf das Positive und begleiten zukünftig die Handlung sprechend: »Schau mal, die Müslitüte hat einen wieder verschließbaren Verschluss. Schneide die Tüte so auf, dass wir diesen

Verschluss auch weiter verwenden können. An dieser Stelle hier kannst du mit dem Schneiden beginnen. Sag Bescheid, wenn du noch weitere Hilfe benötigst.« Ihr Kind wird nun schauen, ob es der Herausforderung gewachsen ist. Sie haben den Anstoß in die richtige Richtung gegeben. Die Rüge, darüber müssen Sie sich immer im Klaren sein, schürt die Gefahr, dass das Kind Sie zukünftig anlügen wird, da es Angst vor Ihrer Reaktion hat. Mit dem positiven Formulieren setzen Sie dagegen wichtige Signale:

- Ich vertraue dir und deinen Fähigkeiten.
- Ich glaube an deine Kraft und an deinen Einsatz.
- Ich weiß, dass du dir alle Mühe geben wirst.
- Es ist schön, dass du da bist.

Starke Kinder, die sich selbst achten, achten auch andere. Sie haben gelernt, für sich selbst zu denken und für sich selbst Entscheidungen zu treffen. Sie leben in der festen Zuversicht, dass sie Probleme wirklich bewältigen können.

Aber auch uns Eltern gelingt es nicht, jeden Tag gleich stark zu sein. Manche Tage sind so verflucht, dass wir all unsere Strategien nicht leben können, weil wir frustriert und erschöpft sind. Natürlich stehen auch uns diese Gefühle zu. Wir sind dann »neben der Spur« und haben nicht die Kraft, uns zusammenzunehmen und unseren Kindern zuzuhören. Hier hilft nur eins: Bleiben Sie authentisch. Sprechen Sie über Ihre Gefühle, über das, was Sie gerade bewegt, und warum Ihnen gerade die Ruhe fehlt. Wie Sie das am besten kommunizieren, erfahren Sie im nächsten Abschnitt.

Das erklärende Erzählen

Erzählen Sie Ihrem Kind, was gerade in Ihnen vorgeht, wenn Sie gestresst sind oder sich geärgert haben.

»Mama muss mal wieder in den Wald!«, ist bei uns zu einem geflügelten Wort geworden. Wenn ich in gereizter Stimmung bin, nehme ich mir immer eine Auszeit. So wollte mir meine älteste Tochter eines Tages auf dem Weg zum Geigenunterricht im Auto etwas erzählen. Wir waren spät dran, der ganze Tag war eine einzige Hetze, und ich hatte mich über einen meiner Kunden richtig geärgert. Meine Tochter redete und redete, und ich bat sie für einen Moment zu schweigen. Sie fragte: »Warum?« *Ich antwortete:* »Weil ich gerade mal in den Wald muss.« *Sie schaute mich verdutzt an und fragte dann:* »Was ist denn jetzt mit dir los?« *Dann fing sie an zu kichern und wandte sich an ihren kleinen Bruder:* »Mama muss in den Wald! Klär mich auf, was habe ich verpasst, dass ich ihr nicht folgen kann?« *Inzwischen herrschte im Auto großes Gelächter, was die Situation schon ein ganzes Stück entspannte. Dann fing ich an zu erzählen, von meinem Tag, von meinem Ärger und von meiner Hetze. Zu meiner Überraschung hatte ich in meinen Kindern aufmerksame Zuhörer, die meiner Schilderung konzentriert folgten, das ein oder andere kommentierten und mir Verständnis entgegen brachten.* »Ah«, *sagte meine Tochter,* »du musst in den Wald, um Dampf abzulassen, Sauerstoff zu tanken, zu dir zu kommen, um dich dann besser zu fühlen.« *Sie hatte begriffen, und ich war schon viel ruhiger.*

Ich glaube, schon kleine Kinder können unsere Gefühle sehr gut verstehen, wenn wir sie ihnen nur erklären. Sie begreifen, was in uns vorgeht. So lernen sie gleichzeitig, wie es im Leben zugeht. Wir vermitteln unseren Kindern, wie diese Welt funktioniert. Gleichzeitig lernen sie, dass Gefühle nicht unterdrückt werden dürfen, sondern nach außen transportiert werden müssen, sodass sie für andere wahrnehmbar sind. Ihnen wird auch klar, dass es dafür eine angemessene Form gibt: die Kommunikation. Haben unsere Kinder selbst Sorgen, werden sie ebenfalls anfangen zu erzählen. Wir haben damit eine Atmosphäre der Ehrlichkeit und des gegenseitigen Verständnisses geschaffen.

Selbstbewusstsein

»›Wenn ich so drüber nachdenke, kann ich eigentlich fast alles.‹, sagte Lotta.« Lotta ist eine kleine Person mit einer riesigen Portion Selbstbewusstsein. Sie ist die Hauptperson in den Geschichten *Die Kinder aus der Krachmacherstraße*. Dort lebt sie mit ihren Eltern und ihren Geschwistern Jonas und Mia-Maria. Lotta probiert vieles aus und gerät daher immer wieder in Schwierigkeiten, was sie allerdings nicht daran hindert, weiterzumachen. Sie hat grundsätzlich ihren eigenen Kopf, ein unglaubliches Selbstbewusstsein und ein hohes Maß an Tatkraft. Für ihre Mitmenschen kann dies bisweilen etwas anstrengend werden. Doch langweilig wird es mit Lotta nie. Sie ist unglaublich neugierig, sehr unternehmungslustig und widerspricht allem und jedem. Mut prägt ihr Kinderleben. Von ihren Geschwistern lässt sie sich wenig gefallen. Lotta ist sowohl konfliktfähig als auch konfliktbereit. Sie hat ihre ganz eigenen Vorstellungen von Konfliktlösungen. Als ihre Mutter von ihr verlangt, dass sie die Hausangestellte mit »Frau Fransson« und »Sie« ansprechen und außerdem das ständige Fluchen »pfui Teufel« einstellen soll, erarbeitet Lotta einen Kompromiss der ganz eigenen Art: »Ich weiß, was ich mache. Wenn ich ›pfui Teufel‹ meine, dann sage ich ›pfui Fransson‹. Mama mag es nämlich gern, wenn ich ›Fransson‹ sage.« So glaubt Lotta, den Wunsch ihrer Mutter erfüllt zu haben.

Lotta ist selbstbewusst, und nie käme es ihr in den Sinn, ihre eigene Leistung infrage zu stellen. Sie betrachtet ihr Leben immer von der positiven Seite, selbst wenn alles mal wieder schief geht. Von klein auf hat Lotta gelernt, sich durchzusetzen.

Wir selbst legen in unserem Alltag nicht so viel Selbstbewusstsein an den Tag. Doch wie gerne würden wir uns von Lotta oder auch von Pippi Langstrumpf eine Scheibe Mut und Selbstbewusstsein abschneiden!

Schüchternheit überwinden

Doch Pippi weiß auch um ein den meisten unbekanntes Element des Selbstbewusstseins: »Ich bin nämlich sehr schüchtern, und wenn ich mich nicht selber kommandiere, dann würde ich in der Diele stehen bleiben und nicht wagen hereinzukommen.« Pippi will damit sagen, dass sie gelernt hat, mit ihren Gefühlen umzugehen, mit ihnen zu spielen und sie positiv zu kontrollieren. Es sind unsere Gefühle, die uns wichtige Mitteilungen und Hinweise geben. Gelingt es ihnen jedoch, uns zu dominieren, dann werden wir bewegungsunfähig, und eine Weiterentwicklung kann nicht stattfinden. Ein Beispiel dafür ist die Starre, in die wir in einer Angstsituation verfallen. Das gleiche gilt für die Schüchternheit. Befangenheit und Scheu sind starke, für den Betroffenen unberechenbare und unglaublich belastende Gefühle. Denken Sie nur an die feuchten Hände und Nervosität vor unangenehmen Situationen, etwa einem Gehaltsgespräch. Unser Kind macht womöglich Ähnliches vor der nächsten Mathearbeit durch. Vielleicht ärgerten Sie sich aber auch einmal, wenn Ihr Vorgesetzter in einer Konferenz auftrumpfte, obwohl sein Fachwissen nicht annähernd an Ihres heranreicht. Dennoch erntete er den Applaus, den Sie gerne gehabt hätten. Der Grund liegt in seinem Selbstbewusstsein, das den Anwesenden ein Gefühl von Sicherheit und Kompetenz vermittelt.

Menschen mit wenig Selbstbewusstsein eignen sich im Laufe ihres Lebens eine Vielzahl von Verhaltensmechanismen an, um unangenehmen Situationen einfach aus dem Weg zu gehen. Vermeidungsstrategien bestimmen ihre Handlungen. Auch schüchterne Kinder benutzen solche Strategien. Aufgrund ihres geringen Selbstwertgefühls zweifeln sie ständig an ihrer Kraft und an ihrem Können. Ihr Selbstbild ist negativ. Die Schubkraft, welche Pippi Langstrumpf dazu motiviert, sich den Herausforderungen des Lebens zu stellen, fehlt ihnen gänzlich. Stattdessen ziehen sich schüchterne Kinder zurück. Sie finden ihr Glück nicht in der Annahme der Probleme, sondern fühlen sich nur sicher, wenn sie der »Gefahr« davonlaufen können.

Faktoren für das Selbstbewusstsein

Ein Negativfaktor ist die Schuldzuweisung. Unsere Kinder geben gerne anderen die Schuld für ihre Fehler. Warum tun sie das? Ganz einfach: Weil wir sie dazu bringen.

Beispiel

Unser zweijähriges Kind wirft versehentlich seinen Trinkbecher um. Unsere Reaktion darauf besteht in einer geballten Ladung Frust, die wir auf das Kind entladen. Natürlich »meinen wir das nicht so«, aber gerade hatten wir die Küche geputzt und nun müssen wir wieder aufwischen. Das Kind wiederum glaubt, es selbst sei der Grund von Wut und Frust, und befürchtet, dass seine Mutter es ablehnen wird. Deswegen wird es ab sofort in einer ähnlichen Situation alles daran setzen, diesem Wutanfall zu entwischen und nicht noch mehr vermeintliche Ablehnung zu spüren. Es wird nun sagen: »Ich kann doch nichts dafür, Papa hat am Tisch gewackelt, deswegen konnte ich das Glas nicht richtig festhalten.«

Wir Eltern kennen eine Vielzahl solch windiger Ausreden. Dennoch erachten wir unsere Verhaltensweise als unproblematisch. Schließlich können wir uns mit der Tatsache trösten, dass auch der Christengott seine Kinder nicht im Griff hatte, wie uns diese moderne Bibelinterpretation zeigt:

»Nachdem Gott Himmel und Erde geschaffen hatte, machte er Adam und Eva. Und das erste, was er ihnen sagte war: ›Tut nicht‹.
›Tut was nicht?‹, fragte Adam nach.
›Esst nicht von der verbotenen Frucht‹, sagte Gott.

Adam fragte abermals nach: ›Verbotene Frucht? Wir haben verbotene Früchte? Hey Eva, stell dir vor, wir haben verbotene Früchte!‹

Eva: ›Nee, echt?‹

Adam: ›Ja, wirklich!‹

›Esst diese Früchte nicht!‹, sagte Gott abermals.

›Warum?‹, fragten die beiden.

›Weil ich euer Vater bin, und ich es euch gesagt habe!‹, sagte Gott und fragte sich, warum er nicht bei der Erschaffung des Elefanten aufgehört hatte. Einige Minuten später sah Gott, wie seine Kinder einen Apfel aßen, und war wütend.

›Habe ich euch nicht verboten, diese Frucht zu essen?‹, fragte der erste aller Väter.

›Mh mh‹, antwortete Adam.

›Warum tut ihr es dann?‹, fragte Gott.

›Ich weiß es nicht‹, sagte Eva.

›Sie hat angefangen!‹, sagte Adam und zeigte auf Eva.

›Hab ich nicht!‹, verteidigte sich Eva.

›Hast du doch!‹

›Hab ich nicht!‹«

Weil er die Nase nun gestrichen voll hatte, bestrafte Gott Adam und Eva, indem er sie aus dem Paradies verwies. Damit war das Muster von Tadel und Schuldzuweisung geschaffen. Anderen die Schuld für Fehler zuzuschieben, ist nichts anderes als die Suche nach einer Entschuldigung für das eigene Fehlverhalten. Diese Technik benutzen schüchterne Kinder. Sie lehnen Eigenverantwortung ab und leben in der Erwartungshaltung, dass jemand anderes die Dinge für sie regeln wird. Doch Selbstbewusstsein bedeutet vor allem Eigenverantwortlichkeit.

Ein Positivfaktor ist die Gelassenheit. Kommen wir also zu der Situation des verschütteten Glases zurück. Was wäre hier die angemessene Reaktion gewesen? Machen Sie sich eines klar: Egal, ob Sie einen Wutausbruch bekommen, eine Moralpredigt halten oder eine Strafe aussprechen, das Glas wird dennoch verschüttet bleiben. Sie werden diese Situation nicht mehr rückgängig machen können. Verletzen Sie Ihr Kind daher nicht unnötig, demütigen Sie es nicht, sondern fordern Sie es auf, den Schaden eigenständig zu beheben. Ein größeres Kind schafft das alleine, ein kleines Kind bekommt natürlich Ihre Unterstützung. Dann wird Ihr Kind auch im späteren Leben die Dinge, die es falsch gemacht hat, alleine wieder in Ordnung bringen.

Dieses kleine Beispiel mag vielleicht banal klingen. Doch meist unterläuft uns Eltern der Fehler einer unangemessenen Reaktion, wie ein Wutausbruch oder jede andere Form der Demütigung, gleich mehrmals am Tag. Es ist die Summe unserer Reaktionen, die schließlich dazu führt, dass unser Kind sich seiner Verantwortung entzieht, um unsere Wutausbrüche zu umgehen. Immer öfter wird es auf Entschuldigungen und Ausreden zurückgreifen:

- *in der Schule:* »Die Lehrerin ist ungerecht, Sie hat uns nicht gesagt, dass diese Aufgaben auch geprüft werden.«

- *nach einem verlorenen Mannschaftsspiel:* »Der Schiedsrichter stand auf der Seite der anderen. Wir hatten von Anfang an keine Chance.«

- *bei Streit mit Freunden oder Geschwistern:* »Er hat angefangen. Ich hab doch gar nichts getan.«

Ihr Kind lebt intuitiv in der Angst, Sie könnten von ihm enttäuscht sein. Also schiebt es den Misserfolg anderen in die Schuhe. Es hat die aktive Kontrolle über sein Leben verloren. Es lebt nicht mehr eigenbestimmt, sondern fremdbestimmt. Helfen Sie Ihrem Kind, in ein aktives Dasein zurückzufinden. Auch wenn Flecken auf dem Teppichboden, zerbrochene Teller oder verschmutzte Toiletten ärgerlich sind, gilt die Grundregel: nicht schimpfen, sondern das Kind ermutigen, alles wieder in Ordnung zu bringen. Auch hier gilt: Verlassen Sie den Ort des Geschehens, wenn das Kind alt genug ist. Bleiben Sie freundlich, sodass Ihr Kind weiß, dass Fehler dazu gehören und es trotzdem geliebt wird. Es wird dann selbst schauen, wie es zukünftig die Situation besser meistert, damit das Gleiche nicht wieder passiert.

Vor ungefähr zwei Jahren bat ich unsere älteste Tochter Lilly, auf die damals dreijährige Nele aufzupassen. Als ich nach Hause kam, stürmte mir Nele freudig entgegen, um mir zu berichten, dass sie bald selbst »eine Mama sein« könne. Sie sprühte vor Begeisterung. Meine ältere Tochter gestikulierte im Hintergrund, doch ich verstand wenig und wartete die Schilderung ab: Lilly hatte im Kinderzimmer gelesen und nicht bemerkt, dass Nele in die Küche gerauscht war, um sich ein Müsli zuzubereiten. Als Lilly schließlich in die Küche kam, war bereits allerhand passiert. Der Joghurt war verschüttet und die Müslitüte war in der Mitte aufgeschnitten und lag auf dem Küchentisch. Da Lilly sehr geduldig ist, ließ sie sich kurzerhand von Nele erklären, was hier eigentlich passiert sei. Die Erklärung war von entwaffnender Logik: Nele hatte Lilly nicht beim Lesen stören wollen, und hatte deshalb alleine versucht, sich ein Müsli zuzubereiten. Lilly akzeptierte das ohne jede weitere Bemerkung und unterwies Nele nun freundlich, aber bestimmt, in häuslichen Aufräumarbeiten. Sie band ihr eine Schürze um, weil »richtige Mamas« auch immer Schürzen tragen, und los ging es. Lilly delegierte und Nele beseitigte ihr Chaos. Schließlich richtete Nele unter Lillys Anleitung zwei Müsli an, eins für Lilly und eins für sich. Als ich nach Hause kam, war alles wieder sauber, und Nele war trotz ihrer geleisteten Panne unendlich stolz auf sich, ihren Einsatz und das neu Gelernte. Ich wiederum war stolz auf Lilly. So viel Gelassenheit ist einfach beispielhaft. Diese fehlt uns Eltern leider oft genug im Alltag.

Helfen Sie Ihrem Kind, von klein auf die Verantwortung für sich und seine Taten zu übernehmen. Ein Kind muss spüren, dass es trotzdem geliebt wird, auch wenn es Gläser verschüttet, eine Fünf in Mathe schreibt oder mit neuen Kleidern in die Schlammpfütze fällt. Loben und bestärken Sie Ihr Kind, wenn es die Wahrheit gesagt hat, auch wenn die gute alte Vase der Uroma zu Bruch ging. Überlegen Sie anschließend gemeinschaftlich, wie der Schaden wieder behoben werden kann. So lernt Ihr Kind,

- sich zukünftig vorzusehen,
- besser aufzupassen und
- sich zu entschuldigen, für das, was es getan hat.

Denn genau das stärkt das Selbstbewusstsein des Kindes: einen Fehler zu akzeptieren, dazu zu stehen und die nötigen Konsequenzen daraus zu tragen.

Seien Sie wiederum das gute Vorbild! Schieben Sie nicht dem Wetter, der allgemeinen Wirtschaftslage, dem Chef oder gar Ihrem Kind die Schuld in die Schuhe, wenn es nicht nach Ihrem Wunsch läuft. Die Verantwortung für Ihr Leben tragen Sie alleine.

Selbstverantwortung

Selbstverantwortung entsteht nur aus der Entscheidungsfreiheit heraus. Überlassen Sie Ihrem Kind deswegen gemäß seines Alters immer mehr Entscheidungen. So lernt es, Verantwortung zu übernehmen und die Konsequenzen, positive wie negative, dafür zu tragen. Gestehen Sie Ihrem Kind Entscheidungsfreiheit zu. Nehmen Sie ihm gleichzeitig die Möglichkeit, anderen die Schuld zu geben. Ein Mehr an Freiheit bedeutet also ein Mehr an Verantwortung. Das Kind orientiert sich von der Fremdbestimmtheit hin zur eigenen Zuständigkeit. Dazu gehört auch die Entscheidung, wie es mit der Bewertung seines Verhaltens und seiner Person durch Dritte umgeht. Es muss lernen, selbst zu entscheiden, ob es wegen der

Aussagen anderer verletzt oder erfreut ist. Diese schwierige Übung will natürlich gelernt sein. Vor allem müssen wir uns und unserem Kind bewusst machen, dass letztendlich niemand die Macht besitzt, einen anderen Menschen zu verletzen. Ich treffe die Entscheidung dafür oder dagegen, mich verletzt zu fühlen. Wie gut mir das gelingt, hängt von meinem Selbstwertgefühl, meiner Selbstachtung und meinem Selbstbewusstsein ab. Auch Kinder müssen sich immer wieder klar machen, dass, unabhängig davon, wie schlecht jemand sie verbal behandelt, es erst ihre eigenen Gedanken sind, welche die erlebte Situation zu einer verletzenden werden lassen.

Hier gilt wie immer die Macht der Wiederholung: Versuchen Sie stets behutsam nachzuhaken, wenn Ihr Kind niedergeschlagen nach Hause kommt. Was ist los? Was ist passiert? Soll ich dir zuhören? Möchtest du sprechen? Die Gründe kennen wir: Peter, Klaus, Anna oder Laura haben mich geärgert, Joshua hat mich geschubst, Frau Schnell hat mich vor der ganzen Klasse lächerlich gemacht, und so weiter.

Erklären Sie Ihrem Kind, dass es lernen muss, seine Gedanken zu lenken. Es entscheidet selbst, ob es sich lohnt, sich über jemanden zu ärgern, sich traurig oder angegriffen zu fühlen. *Achtung:* Dies gilt natürlich nicht, wenn ein Kind körperlich oder sexuell misshandelt wurde. Dann müssen sie als Erwachsener sofort helfen und eingreifen!

Hier geht es vielmehr um die täglichen Bagatellen, die ein Kind im Laufe seines normalen Kinderlebens begleiten. Alle zusammengefasst entscheiden diese unzähligen Kleinigkeiten jedoch darüber, ob aus Ihrem Kind eine selbstbewusste Lotta oder ein Karlsson vom Dach wird, ein nach eigenen Angaben »schöner und grundgescheiter und gerade richtig dicker Mann in meinen besten Jahren.« Auch wenn alle anderen es anders sähen, nie käme ein Karlsson vom Dach dazu, sich selbst infrage zu stellen. Diese Kraft müssen wir auch unseren Kindern vorleben und vermitteln.

Selbstbestimmtheit

Ohne Selbstbestimmtheit ist keine Selbstverwirklichung im Leben möglich, so einfach lässt es sich zusammenfassen. Selbstbestimmtheit bedeutet, das gute Gespür dafür zu haben, was das Richtige für einen ist. Auf diese Weise folgt auf jeden Vorsatz auch das Gelingen. Ein selbstbestimmter Mensch lässt sich mit einem Ziel vor Augen nicht von Zweifeln und Ängsten oder der Meinung anderer beeinflussen. Sein Mittel ist die Diplomatie, die berühmte Ellenbogenmentalität ist ihm fremd. Er sucht nach einvernehmlichen Lösungen. Denn ein selbstbestimmter Mensch weiß: Ärger, den ich heute provoziert habe, kehrt früher oder später zu mir zurück. Kritik überprüft er stets auf wertvolle Hinweise. Für sein Tun übernimmt er die volle Verantwortung. Deshalb sollte hier unser Erziehungsziel liegen.

Erfahrungen möglich machen

Lassen Sie Ihr Kind Entscheidungen treffen. Natürlich braucht ein Baby oder ein Kleinkind intensive Zuwendung, aber beginnen Sie so früh wie möglich, ihm Entscheidungen zu überlassen. Wer drei Jahre alt ist, kann sehr wohl entscheiden, was er gerne essen möchte und was nicht. Kinder, die mit einer gesunden Mischkost von klein auf ernährt wurden, greifen keineswegs immer nur nach Süßigkeiten. Ein Kind ernährt sich, wenn es die richtigen Möglichkeiten hat, von Natur aus durchaus gesund.

Auch kann ein dreijähriges Kind entscheiden, was es gerne anziehen möchte, einen roten oder einen blauen Pullover, Rock oder Hose, T-Shirt oder Sweatshirt.

Das Temperaturempfinden meiner Kinder ist zum Beispiel ganz anders als mein eigenes. Sie ziehen sich fast immer dünner an, drehen die Heizung im Kinderzimmer runter, weil sie sich mehr bewegen und daher wohl weniger frieren.

Auch wenn Sie es manchmal »besser wissen«, halten Sie inne und überlegen Sie, ob es sinnvoll ist, von außen einzugreifen. Wer einmal bei Regen Sandalen anhatte, wird für das nächste Mal gelernt haben, Gummistiefel anzuziehen.

Versuchen Sie, solange die Sicherheit Ihres Kindes oder anderer nicht gefährdet ist, sich nicht einzumischen. Lernen kann man nur über die eigenen Erfahrungen. Selbstbestimmt leben bedeutet:

»Erzähl es mir – und ich werde es vergessen.
Zeig es mir – und ich werde mich erinnern.
Lass es mich tun – und ich werde es behalten.« (Konfuzius)

Selbstbestimmtheit fördern

Suchen Sie nie nach Fehlern, immer nach Lösungen. Auch wir Eltern neigen dazu, immer nach dem Schuldigen zu fragen. Wer hat den Teller herunter geworfen? Wer hat die Küche in Unordnung gebracht? Statt Vorwürfe zu machen, gilt jedoch ab sofort die Regel, nach Lösungen zu suchen.

Julius und Simon besitzen Spielzeug, mit dem sie ganze Landschaften aufbauen können. Damit spielen sie so gerne und ausgiebig, dass ihr Spiel immer wieder unsere anderen Kinder anzieht. Doch das führt auch schnell zu Streit. Dann kommen Julius und Simon meist zu mir und beschweren sich über das Chaos, das die anderen in ihrem Zimmer angerichtet hätten und das sie nun beseitigen müssten. Das sei ungerecht und unfair. An dieser Stelle frage ich stets: Welche Lösung schlagt ihr vor? So verhindere ich, dass es weitere Vorwürfe hagelt und ein Schuldiger benannt werden muss. Stattdessen richte ich den Blick sofort auf die Suche einer Lösung. Das Fa-

Beispiel

milienleben entspannt sich sofort, da sich nun alle um eine adäquate Lösungsstrategie bemühen. In diesem Beispiel bestand die Lösung darin, dass Julius und Simon Regeln für ihr Zimmer aufstellten. Wenn die anderen mitspielen wollen, müssen sie sich daran halten.

Petzen verboten. Ein Kind, das ständig zu seinen Eltern rennt und petzt, lernt zwei Dinge:

- erstens, anderen schnell die Schuld zu geben und
- zweitens, dass Mama es schon wieder richten wird.

Dieses Kind handelt fremdbestimmt. Es mag hart klingen, doch ein Kind muss lernen, seine Kämpfe selbst auszufechten. Deswegen lautet die richtige Antwort gegenüber der »Petze«: »Ich mag es nicht, dass du andere verpetzt. Wenn du nicht mit dem Verhalten von XY einverstanden bist, dann überlege dir, wie du reagieren kannst.« So lernen Kinder, die im Spiel entstehenden Probleme dauerhaft selbst zu lösen.

Eines der auffälligsten Merkmale an den Geschichten von Bullerbü ist, dass sich kein Erwachsener je in das Spiel der Kinder einmischt. Ärgern die Jungs die Mädchen, überlegen die sich, wie sie darauf reagieren können und umgekehrt. Erwachsene als Streitschlichter gibt es in Bullerbü nicht.

Vermeiden Sie Ausreden. Streichen Sie Sätze wie

- »Da hast du aber Pech gehabt.«,
- »Das ist noch viel zu schwierig für dich.«,
- »Das ist aber unfair von deiner Lehrerin.«,
- »Da bist du aber ungerecht behandelt worden.«

aus Ihrem Sprachgebrauch. Dabei handelt es sich um Ausreden, die keine Lösungen produzieren. Negative Erfahrungen sind normal, doch es ist wichtig, sie sofort zum Positiven zu wenden. Also sollten Sie Ihr Kind vielmehr anregen: »Du wirst immer wieder einmal Lehrer haben, die unfair oder ungerecht sind. Was kannst du tun, damit es für dich angenehmer oder leichter wird?«

Vorbild sein. Seien Sie auch hier ein gutes Vorbild für Ihr Kind. Schieben Sie nicht stets die Schuld auf andere.

Hilfe zur Selbsthilfe. Ein Kind, das jeden Morgen zu spät dran ist, lernt schnell aus Konsequenzen. Lassen Sie es ruhig einmal den Bus verpassen, anstatt es schnell mit dem Auto zur Schule zu fahren. Erarbeiten Sie mit Ihrem Kind dann ein Programm, wie es pünktlich aus dem Haus kommen kann. Daran halten muss es sich aber alleine.

Überlegen Sie auch bei Schwierigkeiten in der Schule, wie sinnvoll Nachhilfeunterricht ist. Neigt Ihr Kind zur Faulheit, dann ist es tatsächlich besser, es eine Klasse wiederholen zu lassen. Nur eigene Erfahrungen führen dazu, dass das Kind sein Verhalten positiv verändert. Geben Sie nur die Unterstützung, die es benötigt, um aus dem Vorfall selbstständig zu lernen.

Gerade in den Klassen sechs bis acht ist der Lernzuwachs der Kinder oftmals gering. Diese Zeit ist nicht ganz einfach. Die Pubertät sorgt dafür, dass das Gehirn der Kinder regelrecht »wegen Umbau geschlossen« zu sein scheint. In unserer Schule gilt während dieser Zeit eine einfache Regel: Wer ordentlich seine Hausaufgaben macht, muss wenig Zeit in der Schule absitzen. Wer seine Hausaufgaben unsorgfältig oder gar nicht erledigt, der verbringt viel Zeit in der Schule. Diejenigen erledigen ihre Aufgaben nämlich am Nachmittag in einer gemeinsamen Extrastunde mit dem Lehrer. Das Elternhaus hält sich dabei ganz raus. Ich schimpfe nicht, ich bewerte nicht und ich kommentiere nicht.

`Beispiel`

Jedes Kind strebt nach eigener freier Zeit. Außerdem bemerkt der Lehrer auf diese Weise schnell, wer tatsächlich Hilfe benötigt und wer schlicht faul ist. Beiden Kindern, den schwächeren und den faulen, wird gleichermaßen geholfen. Der eine arbeitet sein Lerndefizit auf, der andere merkt sich, dass es sinnvoll ist, das nächste Mal ordentlich zu Hause zu lernen, um den Nachmittag für sich zu genießen. Ich halte diese Vorgehensweise für sinnvoll. Sie erfordert natürlich viel Engagement der Lehrer, aber so wird den Kindern klar, dass sie nur für sich selbst und für ihr eigenes Leben lernen.

Kaufzwänge überdenken. Auch hier leben wir oft sehr fremdbestimmt. Lassen Sie das Diktat der Mode nicht ausufern. Fragen Sie Ihr Kind lieber, was ihm wirklich gefällt. Je mehr Selbstvertrauen ein Kind in seinen eigenen Geschmack gewinnt, umso weniger hängt es von der Anerkennung seiner Freunde ab. Loben Sie Ihr Kind, wenn es sich absetzt und seinen eigenen Geschmack unabhängig von der Meinung anderer lebt.

Ansporn zu Respekt. Das Thema Ungehorsam interessiert viele Eltern. Wichtig ist, dass Sie Ihr Kind achten. Verlangen Sie aber auch die gleiche Achtsamkeit Ihnen gegenüber. Dulden Sie keine Respektlosigkeit gegenüber Ihrer Person. Wenn Sie Ihr Kind zum Beispiel darum gebeten haben, das Bad zu putzen, und Ihr Kind kommt dem nicht nach, dann stellen Sie den Putzeimer in sein Zimmer. Es merkt: Ihnen ist es ernst. Seien Sie liebevoll, aber geben Sie nicht nach. Lassen Sie sich auf keine Diskussionen oder Streit ein. Senden Sie keine negativen Emotionen. Auch wenn es sich merkwürdig anhört: Bemühen Sie sich, königliche Würde auszustrahlen. Kommt es doch zum Streit, dann zeigen Sie keine Scheu. Dennoch muss die Auseinandersetzung von Ihrer Seite konstruktiv bleiben. Manipulationen und Abwertung des Kindes sind verboten. Verlangen Sie nachhaltig, dass die Aufgabe erfüllt wird. Sagen Sie Ihrem Kind, dass Sie davon überzeugt sind, dass es der Aufgabe gewachsen ist. Wie immer gilt: Verlassen Sie den Ort des Geschehens. Das Kind braucht Zeit zum Nachdenken.

Achtung einfordern und geben

Natürlich sind wir zwischendurch einmal die »saudoofen« Eltern. Doch glauben Sie mir: Kraftausdrücke sind letztendlich Liebesbekundungen. Kinder verwenden solche Worte nur dort, wo sie sich wirklich sicher fühlen. Zunächst können Sie heimlich ein bisschen erfreut sein, denn Ihr Kind hat so viel Vertrauen zu Ihnen, dass es wagt, mit Ausdrücken aufzuwarten, die es in der Öffentlichkeit niemals benutzen würde. Kraftausdrücke gegenüber den Eltern, insbesondere in der Pubertät, sind also tatsächlich ein Zeichen dafür, dass die Erziehung gelingt. Sie brauchen sich also keine Sorgen machen, dass gerade etwas »am Anbrennen« ist.

Dennoch: Ich schreite bei uns zu Hause ein, wenn Kraftausdrücke fallen. Auch Türen schlagen verbitte ich mir. Denn ich wünsche mir Achtsamkeit zwischen den Menschen. Das will früh geübt sein. Die Pubertät kann keine Entschuldigung für alles sein. Hier wären wir wieder beim Thema Ausreden. Es gilt wie immer, lösungsorientiert zu denken. Schlagen Sie Mittel zur Selbsthilfe vor:

- »Ich bin nicht die Zielscheibe für deine schlechte Laune, du bekommst auch meine schlechte Laune nicht ab.«
- »Ergründe die Ursachen deiner schlechte Laune und versuche, sie zu bekämpfen, anstatt sie an uns auszulassen. Du bist selbst für deine Laune verantwortlich.«
- »Wenn du schlechte Laune hast, dann ziehe dich zurück, höre schöne Musik oder geh eine Runde joggen!«

Achtsamkeit gegenüber dem anderen muss auch in schwierigen Lebenslagen beibehalten werden.

Neugierde

»Es hätte ruhig und friedvoll auf Katthult sein können, wenn Michel nicht dort gewesen wäre. ›Er macht immer nur Unfug, dieser Junge‹, sagte Lina. ›Und wenn er selbst keinen Unfug macht, passiert trotzdem noch genug mit Michel. So einen Bengel wie den hab ich noch nie gesehn.‹«

Die Rede ist von Michel aus Lönneberga. Michel ist mehr als neugierig, eigensinnig und sein Selbstbewusstsein ist geradezu ideal, um ständig einiges auszuprobieren. Mal zieht er seine kleine Schwester an der Fahnenstange hoch, damit sie den Nachbarort besser sehen kann, oder er fängt statt einer Ratte den großen Zeh seines Vaters. Dann wieder testet er dessen Stiefel auf ihre Wasserdichtheit und vergisst, das Wasser wieder auszuleeren. Er tut, was er will, denn die Hauptsache ist schließlich »dass Michel seinen Willen bekam, damit nahm er es genau.« Er führt ein durch und durch selbstbestimmtes Leben.

Michels Sicht der Welt führt dem Leser regelmäßig vor Augen, wie viel »Unfug« die Welt der Erwachsenen beinhaltet. Die Erwachsenen in seiner Welt wissen das nicht zu schätzen. Immer wenn er etwas angestellt hat, flüchtet er sich vor seinem zornigen Vater in einen Schuppen. Anstatt über seine Missetaten nachzudenken, nutzt er die Zeit jedoch, um kleine Holzfiguren zu schnitzen. Seine Sammlung von 98 Figuren zeigt, dass Michel in seinem kurzen Leben bereits eine stattliche Anzahl von »Katastrophen« zu verantworten hat. Genannt seien hier nur zwei Beispiele, die zeigen, welch gute Absicht und Kreativität meist hinter Michels Taten stecken:

- Michel versucht, den letzten Tropfen der leckeren Fleischsuppe aus dem Suppentopf auszuschlürfen. Leider bleibt er dabei mit dem Kopf in der Schüssel stecken. Nun steht die Familie vor einem Dilemma: entweder die vier Kronen teure Schüssel zu zerstören oder für zwei Kronen zum Arzt zu gehen.

● Michel verdient fünf Kronen und 74 Öre, indem er den Pferdefuhrwerken die Gatter öffnet. Mit diesem Geld ersteigert er auf einer Auktion ein Samtkästchen, einen Brotschieber, eine Feuerspritze und Hinke-Lotta, eine Legehenne. Michels Vater ist angesichts der Geldverschwendung fuchsteufelswild. Aber es zeigt sich, dass Michel sehr vorausschauend war. Mit der Feuerspritze beendet er eine fürchterliche Prügelei und kann sie danach an einen Katthult-Bauern für 50 Öre verkaufen, das Doppelte dessen, was er dafür gezahlt hatte. Auch bekommt er die Kuh Rölla geschenkt, die eigentlich erschossen werden sollte. Als Michel wieder auf Katthult eintrifft, ist er stolzer Besitzer einer Kuh und einer der besten Legehennen, als die sich Hinke-Lotta herausstellt. Seine Schwester Ida ist ganz entzückt von dem Samtkästchen, und die Mutter freut sich über den Brotschieber, denn ihr alter ging gerade entzwei.

So bringt Michel aus Lönneberga mit seiner ureigenen Sicht der Dinge und mit viel Mut die Welt so manches Mal in Ordnung, wenn er sie einmal wieder durcheinander zu bringen scheint.

Eines von Michels Erfolgsrezepten ist: nicht zu bremsende Neugierde. Er ist aufgeschlossen für Unbekanntes. Er traut sich viel, und Scheitern gehört in seinem Leben einfach dazu.

Zu Michels Leben gehört aber auch ein ganz besonderer Mensch: der Knecht Alfred. Er lässt keine Vorwürfe hageln, wenn Michel etwas angestellt hat, sondern er ist einfach für ihn da. Alfred mag Michel und Michel mag Alfred. Dieser zeigt nie den erhobenen Zeigefinger wie die anderen Erwachsenen, sondern begegnet Michel mit Verständnis und einer stillen Liebe. Alle wirklich neugierigen Kinder benötigen einen Menschen wie Alfred an ihrer Seite.

Leben bedeutet ständige Veränderung. Unsere Kinder müssen

auf diese Tatsache eingestellt sein. Ein Kind, das Wechsel und Wandel fürchtet, geht neuen Erfahrungen aus dem Weg, um Niederlagen zu vermeiden. Ein solches Kind, das nichts riskiert, wird es später jedoch schwer haben, mit dieser Welt zurecht zu kommen. Lehren Sie deshalb Ihr Kind, Neuem oder Veränderungen positiv zu begegnen. Vermitteln Sie ihm genügend Flexibilität, um sich auf neue Bedingungen einstellen zu können. Um dies zu schaffen, braucht ein Kind vor allem jede Menge Selbstbewusstsein und Vertrauen in sich selbst. Die ständige Angst vor Unbekanntem lähmt ein Kind und verhindert neue Ideen, Abenteuer, Erfindungen, Erfahrungen oder neue Bekanntschaften.

Lassen Sie Ihr Kind zu einem Michel aus Lönneberga werden, auch wenn es anstrengend sein mag. Gehorsame Kinder sind nicht mutig. Sie zweifeln eine Autoritätsperson und seine Ansichten zu diesem Leben nie an. Neugierige Kinder stellen grundsätzlich alles infrage. Lehren Sie Ihr Kind, auf vernünftige Art und Weise vorsichtig zu sein, aber niemals mit Scheuklappen durchs Leben zu laufen. Unbekanntes soll als Herausforderung empfunden werden.

Sicherheit und Neugierde unter einem Hut

Legen Sie einen Katalog an Sicherheitsregeln fest, die Ihnen persönlich wichtig sind. Wer allein unterwegs ist, ungefähr ab dem 7. Lebensjahr, für den gilt:

- Einhaltung der Straßenverkehrsregeln,
- Einhalten von abgemachten Uhrzeiten,
- Ab- und Anmelden beim »Chef« oder der »Chefin« (zum Beispiel Mutter, Tagesmutter, Au-pair, große Schwester); es gilt: Grundsätzlich weiß einer, wo das Kind sich aufhält, was es vorhat und wann es zurückkehrt,

- im Falle einer Verspätung: kurzer Anruf vonseiten des sich Verspätenden, um Bescheid zu geben – im Handyzeitalter dürfte dies kein Problem sein.

Der Katalog verändert sich jeweils bei kleineren und bei größeren Kindern. Hinzu kommt: Beurteilen Sie Ihr Kind nicht nach seinem Alter, sondern nach seiner wahren Reife.

Bei uns gibt es erhebliche Unterschiede in der Entwicklung der Kinder. Während unserer elfjährigen Maya teilweise das ein oder andere früher erlaubt war als ihrer älteren Schwester, darf unser Julius, der nur 18 Monate jünger ist als Maya, nicht annähernd so viel wie sie. Dafür hat der noch einmal jüngere Simon mit Julius fast gleichgezogen. Oftmals unterstutzen sich die beiden gegenseitlg. Zu zweit etwas zu wagen, ist manchmal einfacher und macht Mut, es beim nächsten Mal alleine zu versuchen. Unsere Nele ist fünf Jahre alt und »kann alles«. Eigentlich müsste sie Lotta heißen. Sie wagt viel und darauf bin ich sehr stolz. Genauso viel geht allerdings auch schief – da schlucke ich dann hin und wieder. Da wir mitten in der Großstadt wohnen, leite ich sie ganz besonders im Straßenverkehr an. Aus Sicherheitsgründen muss ich bei Nele immer wieder nach Kompromissen suchen, um ihre Neugierde und ihren Willen, Neues zu erobern, nicht zu untergraben, ihr Leben aber gleichzeitig nicht zu gefährden.

Beispiel

Wer nur das tut, womit er vertraut ist, wird sich in seinem Leben kaum weiterentwickeln. Albert Einstein entwickelte auch nur die Relativitätstheorie, weil er Dinge infrage stellte. Gerade Erfinder sind bereit, alles Bekannte über Bord zu werfen und sich in unbekannte Gebiete vorzuwagen. Wie immer gilt: Hinterfragen Sie zunächst Ihr eigenes Verhalten. Stehen Sie Unbekanntem offen gegenüber? Setzen Sie sich gerne mit Fremdem auseinander? Ihr Kind ist auch hier auf Ihr Vorbild angewiesen!

Strategien für die Neugierde

Hier stelle ich Ihnen Strategien vor, um das Neugierverhalten bei Ihren Kindern zu wecken und zu fördern.

»Eines Tages wollte Mama nicht, dass wir zum See gingen, weil Papa und Onkel Erik ein großes Loch in das Eis geschlagen hatten. Sie hatten Eis gehackt für unseren Eisschober, in dem das Eis zwischen Torfmull und Sägespänen bis zum Sommer aufbewahrt wird. Aber ich sagte:
›Wir sehen doch die Wacholderbüschel, die sie aufgestellt haben, sodass wir uns vor dem Loch in Acht nehmen können.‹
Und da durften wir gehen.
Manchmal ist Lasse doch sehr dumm. Vor allem, wenn er versucht, sich wichtig zu machen.
Das tat er jetzt. Er versuchte, so dicht wie möglich an das Eisloch heranzulaufen.
›Hier kommt der Großschlitterer aus Bullerbü!‹, schrie er. Und dabei fuhr er genau auf das Eisloch zu und schwenkte erst in der allerletzten Sekunde zur Seite.
›Lasse, du bist wohl völlig verrückt geworden!‹, sagte Ole.
Wir schimpften alle auf Lasse, aber das half nichts. Er fing sogar an, in Schlangenlinien und Kreisen um das Eisloch herumzusausen. Manchmal fuhr er rückwärts.
›Achtung‹, schrie er, ›jetzt kommt er, der Großschlitterer von Bullerbü!‹
Und das tat er wirklich. Er kam und schlitterte – plumps – rückwärts in das Eisloch, denn er war dem Rand zu nahe gekommen. Wir schrien. Und Lasse schrie auch, schlimmer als irgendeiner von uns. Wir hatten riesige Angst und dachten, Lasse würde ertrinken.«

Ein normales Maß an Vorsicht. Vor einer solchen typischen Gefahrensituation gilt es unsere Kinder zu beschützen. Das gelingt Ihnen, indem Sie über Gefahren vollständig, detailliert und in aller Sachlichkeit aufklären, ohne aber Angst zu schüren. Es sollte Kindern klar sein, warum sie nicht mit Fremden gehen dürfen. Dennoch sind nicht alle Fremden grundsätzlich schlecht, und manchmal müssen Kinder eine erwachsene Person ansprechen, um nach dem Weg oder nach der Uhrzeit zu fragen. Viele Kinder besitzen, wenn man Ihnen die Chance lässt, einen wachsamen Instinkt für gefährliche Situationen. Diese Kinder haben gelernt, auf ihre innere Stimme zu vertrauen, und reagieren wohlüberlegt auf eine Gefahrensituation. Ein überbehütetes Kind hat dagegen keine Möglichkeiten, Gefahren real einzuschätzen. Es ist überängstlich und reagiert verschreckt und verschüchtert. Ein solches Kind läuft viel schneller Gefahr, ein Opfer zu werden, als ein selbstbewusstes Kind mit einem wachsamen, lebenserprobten Blick. Erziehen Sie Ihr Kind zu einer guten Mischung aus Vorsicht und Mut. Leben bedeutet nun einmal Abenteuer.

Andere Kulturen und Glaubensrichtungen näher bringen. Nutzen Sie jeden denkbaren Ansatzpunkt, um Ihrem Kind andere Geschmacksrichtungen, fremde Ideen, abweichende Lebensgewohnheiten und neue Kulturen zu eröffnen:

- Besuchen Sie doch einmal eine Moschee oder eine Synagoge, beziehungsweise andere Gebetsstätten von verschiedenen Konfessionen.
- Gehen Sie auf Menschen anderer Kulturkreise zu. Begegnet man Menschen mit Offenheit, erzählen sie gerne von sich, ihren Bräuchen und helfen dabei, Ihrem Kind einen Blick in fremde Welten zu ermöglichen.
- Testen Sie fremde Esskulturen: Ob Pizza, Döner, chinesisches oder indisches Essen – die Gastronomie bietet eine breite Vielfalt.
- Laden Sie Klassenkameraden Ihrer Kinder ein, die aus anderen Ländern stammen. Bitten Sie sie, von ihren Heimatländern zu erzählen. Sie können eine richtige Bereicherung für Ihr Kind sein.

Ermutigen Sie Ihr Kind, auch in religiöser Hinsicht eigene Wege zu gehen. Junge Menschen sollten alle Glaubensideen kennen lernen. Nur so können sie zu einer eigenen ethischen Meinung finden. Auch wenn Sie seit Generationen katholisch sind, sollten Sie die Offenheit besitzen, Ihr Kind im entsprechenden Alter eine eigene Entscheidung treffen zu lassen.

Wenn Sie das nötige Geld für Urlaubsreisen ins Ausland besitzen, dann fahren Sie bitte nicht vom Flughafen direkt in die Ferienanlage und verbleiben dort für den Rest des Urlaubs. Planen Sie stattdessen auch Ausflüge, um das Land auf eigene Faust kennen zu lernen. Leben bedeutet Abenteuer – seien Sie Vorbild!

Entdecker gesucht! »Die ganze Welt ist voll von Sachen, und es ist wirklich nötig, dass jemand sie findet.« Wie Recht Pippi Langstrumpf doch hat! Schüren Sie die Entdeckerfreude Ihres Kindes schon im Kleinkindalter. Folgende Sätze sollten Sie dabei unbedingt meiden:

- »Nein, lass das sein!«
- »Das darfst du nicht!«
- »Ich will nicht, dass Du das anfasst.«
- »Das ist verboten!«

Kinder, die dies ständig zu hören bekommen, werden schnell aufhören, die Welt entdecken zu wollen. Machen Sie Ihre Wohnung für die kurze Zeit des Kleinkinddaseins kinderfreundlich, sodass Ihr Kind mit Freude Dinge ausprobieren kann, ohne dass Sie ständig verärgert und genervt sind. Erziehen Sie Ihr Kind früh dazu, Ausdauer zu entwickeln. Geben Sie bereits Ihrem Baby die Gelegenheit, Spielzeug eigenständig zurückzuholen oder sich um etwas zu bemühen. Helfen Sie so wenig wie möglich.

»Alleine machen« – das sagen fast alle Kinder so lange, bis die Umwelt Ihren Forscherdrang zerstört hat. Eltern retten ständig etwas, bringen »Wichtiges« bei oder wissen alles besser. Kalle Blomquist formulierte es einmal so: »Wenn erwachsene Leute sich vornehmen mit Kindern zu spielen, dann kann sie nichts daran hindern (...).« Entwickeln Sie ein Gefühl dafür, wann Sie wirklich gebraucht werden und wann Sie stören. Hindern Sie Ihr Kind so wenig wie möglich und so viel wie gerade nötig. Auch wenn Sie vielleicht das ein oder andere »Desaster« gemeinsam mit Ihrem Kind beseitigen müssen, es wird sich auf Dauer auch für Sie lohnen. Tun Sie es der Bullerbü-Welt nach. Dort spielen und spielen die Kinder, während die Erwachsenen ihren eigenen Angelegenheiten nachgehen. Legen Sie sich mit einem guten Buch auf das Sofa und genießen Sie es, dass Ihr Kind für zwei Stunden ganz alleine in seinem Zimmer spielen kann.

Lehren in Maßen. Beantworten Sie die Fragen Ihrer Kinder. Bildung ist wichtig. Doch übertreiben Sie bitte nicht. Heute Museum, morgen Grubenfahrt, um den Bergbau kennen zu lernen, Kunstkurs für die Kreativität, Opernkonzert, Segelkurs, Kino, Stadtbibliothek – all das ist schön und gut, aber behalten Sie die Worte Pippi Langstrumpfs fest im Kopf: »Zu viel Gelehrsamkeit kann selbst den Gesündesten kaputt machen.« Zu viel des Guten macht Ihr Kind nervös, unausgeglichen und lässt Stress anstelle der natürlichen Neugierde entstehen.

Auf gleicher Augenhöhe. Alles hat zwei Seiten. Beharren Sie nicht ständig auf Ihrem Recht. Nur weil Sie älter sind, wissen Sie es nicht zwangsläufig besser. Es ist durchaus sinnvoll, ein Problem aus verschiedenen Perspektiven zu betrachten. Eingebürgerte Sitten und Gebräuche machen manchmal tatsächlich keinen Sinn mehr, stattdessen gilt es, sie zu hinterfragen.

Hüten Sie sich davor, Ihren Kindern blinden Gehorsam vor Autoritätspersonen beizubringen. Kinder sollen lernen, alles und alle zu hinterfragen, dazu gehören Lehrer, Nachbarn, der Pfarrer, Großeltern und auch die eigenen Eltern. Kinder decken mit einer unglaublichen Sicherheit unsere Schwachstellen und schlechten Gewohnheiten auf. Lernen Sie daraus, anstatt auf Ihrem vermeintlichen Recht zu beharren. Eltern sein heißt nicht perfekt zu sein, sondern sich mit seinem Kind zu entwickeln und zu wachsen. Wenn Sie etwas verändern, was Ihr Kind als ungut erachtet hat, wird dies Ihre Position nicht schwächen. Auch geht das Selbstbewusstsein des Kindes erheblich gestärkt dabei hervor. Ihr Kind spürt, dass es tatsächlich ein wichtiger Teil der Familie ist und Verantwortung trägt.

Träume zulassen. Unterstützen Sie auch Pläne, die Ihnen unrealistisch erscheinen. Das Schlimmste, was passieren kann, ist, dass Ihr Kind seine Lebenspläne noch einmal neu überdenken muss. Doch wenn Sie von vornherein sagen: »Das wirst du nicht schaffen! Was soll das? Bist du bescheuert – bei diesen Schulleistungen!«, wird Ihr Kind aufgeben, bevor es angefangen hat. Geben Sie ihm die Möglichkeit, am Leben zu wachsen.

Das Schöne an unserer Welt ist auf Menschen zurückzuführen, die gute Ideen hatten. Bis heute wird immer wieder Neues entdeckt, werden großartige Fortschritte in Medizin und Technik erzielt. Meist dauern die Forschungsarbeiten lange und die Wissenschaftler brauchen viel Geduld und Ausdauer, um ein Problem zu lösen. Auch steht der Zufall Entdeckern oft hilfreich zur Seite, wie etwa bei der Entdeckung des Penicillin. Sie können nicht voraussagen, ob Ihr Kind später einmal mit einer großartigen Geschäftsidee, einer tollen Entdeckung oder einem Bestseller Erfolge feiern wird. Doch durch die Auferlegung geistiger Schranken können Sie die Wahrscheinlichkeit sehr wohl mindern. Spornen Sie Ihr Kind an, sich hohe Ziele zu setzen. Ermutigen Sie Ihr Kind dazu, den schwierigeren Weg zu wählen.

Versuch und Irrtum. Glück ist ein Gefühl, das von innen kommt. Ihr Kind soll die Herausforderung als Lebensfreude wahrnehmen. Das Erreichen des Flow und nicht das Jagen nach Bestleistungen sollte das Ziel sein. Also überfordern Sie Ihr Kind nicht mit:

- »Gib alles!«
- »Besieg sie alle!«
- »Sei der Beste!«

Mit der natürlichen Neugierde eines Kindes, Neues zu probieren, hat dies nichts zu tun. Belassen Sie es das nächste Mal bei einem ruhigen: »Versuch es doch einfach einmal!« Danach können Sie gemeinsam verfolgen, wie sich der Plan entwickelt.

An Niederlagen wachsen. Nur wer in seinem Leben Niederlagen eingesteckt hat, weiß letztendlich, wie sich der ganz große Erfolg anfühlt. Das Motto lautet: ohne Niederlage keine Glücksgefühle. Niederlagen sind wichtig, weil wir aus ihnen lernen. Dieser Lernprozess ermöglicht es wiederum, dass wir im Leben überhaupt vorankommen.

Nehmen Sie Ihrem Kind die Angst vor der Niederlage. Niemals bedeutet sie nämlich das Scheitern als Mensch. Wenn Ihr Kind scheitert, soll es lernen wieder aufzustehen, sich den Staub von den Schultern zu klopfen und einfach weiterzumachen. Nur so gelangt es zu Erfolg.

Vermischt sich allerdings der Wert als Mensch mit den sichtbaren Erfolgen, dann ist eine Niederlage tatsächlich mehr als schmerzhaft. Das Kind spürt, dass es nur geliebt wird, wenn es gute Zeugnisse bekommt, wenn es Siege beim Tennis einfährt, wenn es die Hauptrolle im Theaterstück ergattert. Diese Kinder erhalten elterliche Liebe in direkter Abhängigkeit vom Erfolg. Stellt sich dieser nicht ein, reagieren die Eltern mit Liebesentzug. Aus solchen Niederlagen lernt ein Kind nichts. Sie tun nur weh und führen in letzter Instanz zu Minderwertigkeitsgefühlen. Aus diesen Kindern werden nie glückliche Erwachsene.

Hier möchte ich Ihnen einige Mittel zur Hand geben, wie Sie Ihr Kind am besten unterstützen:

- Ermutigen Sie Ihr Kind dazu, Lernen wichtiger zu nehmen als Noten. Viele Schüler wählen in der Oberstufe extra Fächer, die besonders leicht sind, um eine gute Abschlussnote zu bekommen. Viele schummeln, um noch ein bisschen besser zu werden. Wieder andere lehnen bestimmte Lehrer ab und die nächsten dopen sich mit Aufputsch- oder Beruhigungsmitteln, um Erfolg zu haben. Dies ist der falsche Weg.
- Ermutigen Sie Ihr Kind dazu, anspruchsvolle Lehrer zu wählen. Diesen gelingt es, den Unterrichtsstoff interessant aufzubereiten und für das Leben zu lehren.
- Ermutigen Sie Ihr Kind dazu, die Fächer zu wählen, die es wirklich interessieren und die ihm Spaß machen – auch wenn es Gefahr läuft, eine schlechtere Note zu bekommen.

Machen Sie Ihrem Kind also Mut, einen anspruchsvollen Weg zu gehen. Selbst wenn der Abiturdurchschnitt etwas schlechter wird, ist der Stolz, den Ihr Kind nach vollbrachter Leistung in sich tragen wird, der größere Erfolg. Es wird selbstbewusst und gestärkt seine Zukunft planen, da es weiß, dass es Herausforderungen annehmen und bestehen konnte. Davon hat Ihr Kind mehr als von einer mit leichten Fächern erreichten besseren Abiturnote.

Keine Zurechtweisung in der Anwesenheit Dritter. Mütter neigen oftmals dazu, ihr Kind in Anwesenheit anderer zurechtzuweisen. Das wird bewirken, dass sich das Kind in der Gegenwart fremder Menschen zukünftig nicht mehr äußert. Auch stört es nachhaltig das Urvertrauen zwischen Mutter und Kind. Enttäuscht und verbittert wird das Kind sich auf Dauer von der Mutter abwenden. Der Mensch, dem es voll ganz vertrauen wollte, hat es verraten. Die Kommunikation zwischen Mutter und Kind wird fortan gestört und schwerfällig verlaufen. Schließlich muss das Kind auf der Hut sein, wann seine Mutter ihm das nächste Mal in den Rücken fällt. Das Kind wird zunehmend still und zurückhaltend. Suchen Sie deswegen immer das Gespräch unter vier Augen! Das wird sich auch auf die Antworten Ihres Kindes auswirken.

Kinderglück ohne Angst, Druck und Stress

»Glück ist der Sinn und Zweck des Lebens, das eigentliche Ziel der menschlichen Existenz.« Dieser weise Satz stammt von Aristoteles. Nur wenigen Menschen gelingt es, gewohnheitsmäßig Glück zu empfinden. Die meisten von uns leben in einem Dauerzustand der Sorge. Wir sorgen uns um unseren Arbeitsplatz, um unsere Gesundheit, um die Zukunft unserer Kinder und um Vieles mehr. Das war anders, als wir noch Kinder waren. Damals empfanden wir eher wie die Kinder aus Bullerbü. Wir lebten einfach frei von Angst und Zukunftssorgen, in einem inneren Zustand der Ruhe und der Ausgeglichenheit.

Sorgen Sie dafür, dass Ihre Kinder sich diesen Zustand der inneren Ruhe ein Leben lang bewahren können. Frei von Angst zu sein bedeutet, das Dasein positiv anzunehmen, es zu genießen und in Harmonie zu leben. Die Zerstörer der Harmonie verstecken sich in den Angstgefühlen und davon gibt es gleich drei Sorten:

1. Schuldgefühle,
2. Stress,
3. Sorgen.

Schuldgefühle

Schuldgefühle entstehen immer dann, wenn Erwachsene bei Kindern ein Gefühl des Unbehagens entstehen lassen. Eltern lösen sie aus, wenn ihr Kind etwas Unerwünschtes getan oder gegen ihren Willen gehandelt hat. Eltern benutzen Schuldgefühle, um ihr Kind besser kontrollieren und manipulieren zu können.

Meiden Sie diesen Mechanismus während der gesamten Kindheit und Jugendzeit Ihres Kindes! Denn Schuldgefühle setzen sich fest. Sie führen zu Angst, mangelnder Selbstachtung und nagen heftig am Selbstbewusstsein. Schuldgefühle, die Sie beim Kind heraufbeschwören, werden jedes gelebte Kinderglück zerstören. Einmal verwurzelt, können sie weit in das Erwachsenenalter hinein Schaden anrichten. Folgende Aussagen sind typische Auslöser für Schuldgefühle:

● *Im Kleinkindalter:* »Wenn du das jetzt nicht erledigst, dann ist Mama unglücklich.«

● *Im Jugendalter:* »Was, du hast nur eine Vier in der Mathearbeit? Jetzt bin ich aber frustriert, wo ich doch so viel mit dir geübt habe.«

● *Im jungen Erwachsenenalter:* »Ich bin völlig enttäuscht über deine Berufswahl. Nun werde ich nachts kein Auge mehr zudrücken können, weil ich mir ständig Sorgen mache.«

Es ist eine eigene Form der Bestrafung, die Eltern hier, wenn auch oft unbewusst, wählen. Alles, was Eltern missbilligen, wird das Kind auf Dauer abstellen, weil es in seinem Inneren ein Unwohlsein spürt und aufgrund dessen ein Angstgefühl entwickelt. Ihr Kind wird aus Fehlern nicht lernen, weil es damit negative Gefühle verbindet. Stattdessen lernt es, jenes Unwohlsein zu vermeiden. Hinzu kommt, dass Sie das Kind programmieren, denn die negativen Empfindungen bleiben. Diese Programmierung ist von Dauer, denn was Eltern ihrem Kind im Rahmen von Schuldgefühlen vermitteln, lebt noch lange in dem Kind weiter, auch wenn es längst nicht mehr zu Hause lebt.

In einem Kind Schuldgefühle auszulösen, ist der wohl nachhaltigste Schritt, um einen Menschen ins Unglück zu schicken. Denn diesem Kind bleibt die Chance auf freie Entwicklung ohne innere Schranken verwehrt. Es wird sich immer in einem engen Möglichkeitsrahmen bewegen, es wird nichts wagen, nichts riskieren und freiwillig keine größeren Hürden zu überwinden versuchen, um jenes Unwohlsein in der Magengrube zu umgehen. Auch wird es schnell anderen zum Opfer fallen, die es, wie einst die Eltern, zu manipulieren wünschen. Nur schwache Eltern, die selbst weder Selbstbewusstsein noch Selbstachtung besitzen, setzen dieses Mittel ein, um ein Kind zu erziehen.

Werden Sie sich der Wirkung Ihrer Worte bewusst! Es ist besser, die Finger von einer solch gefährlichen Manipulation eines Menschen zu lassen. Haben Sie Respekt vor Ihrem Kind. Gehen Sie stets konstruktiv mit Situationen um, sodass Ihr Kind aus Fehlern lernen kann. Unterläuft Ihrem Kind ein Fehler, dann geben Sie ihm Liebe, statt ihm das Gefühl zu vermitteln, dass es sich in Ihren Augen dumm verhält. Ebenso gilt: Erinnern Sie Ihr Kind nicht an vergangene Fehler. Stattdessen lautet die Regel: Neue Chance, neues Glück.

Am hilfreichsten ist es auch hier wieder, sich selbst zu beobachten. Versuchen Sie auch, eigene Schuldgefühle abzubauen. Wenn Ihre Mutter Ihnen am Telefon wieder einmal ein schlechtes Gewissen einredet, weil Sie am Geburtstag Ihres Vaters keine Zeit haben, dann verbieten Sie ihr das. Wehren Sie sich konsequent gegen Menschen, die Sie mit ihren eigenen Wünschen manipulieren wollen.

Stress

Angstgefühle entstehen auch, wenn sich jemand selbst unter Druck setzt. Dieser innere Druck erzeugt Unruhe. Entgegen der Vorstellung der meisten Menschen sind nicht äußere Begebenheiten der Grund für Stress, sondern vielmehr die Gedanken, die wir uns über eine spezielle Situation machen. Auch bei einem Kind bedeutet Stress, dass es eine falsche Einstellung zu diesem Leben hat.

Die Merkmale stressgeplagter Kinder

Ein Kind, das unter ständigem Stress steht:

- klagt über Kopf- und Bauchschmerzen,
- stottert,
- zieht sich zurück,
- lacht nicht mehr,
- hat Hautausschläge,
- leidet häufig unter Übelkeit,
- ist manchmal Bettnässer,
- jammert ständig und
- hat generell nur wenig Spaß an diesem Leben.

Natürlich treten dieses Merkmale selten alle gleichzeitig auf. Doch das Zusammentreffen vieler dieser Faktoren oder die starke Ausprägung eines einzelnen Merkmals verweisen meist auf ein gestresstes Kind. Achten Sie darauf, dass Ihr Kind

- lacht,
- Spaß hat,
- entspannen kann,
- albern ist,

- ein bisschen verrückt sein kann oder
- auch einmal über die Strenge schlägt.

Es sollte fröhlich sein und das Leben so richtig genießen können.

So bekämpfen Sie Stress richtig

Lehren Sie Ihr Kind, seine »innere Mitte« zu finden. Hier kann ein Yogakurs weiterhelfen. Meditieren Sie regelmäßig mit Ihrem Kind, damit es lernt, seine innere Ruhe wiederherzustellen. Zu den richtigen Entspannungsmethoden gehört jedoch auf keinen Fall das Relaxen vor dem Fernseher!

Ein Kind, das sich zu entspannen weiß, entwickelt weitaus weniger Ängste und ist viel besser in der Lage, mit Anspannungen im Leben klarzukommen. Dieses Kind erkennt die Symptome von Hektik und Stress und kann aktiv gegensteuern. Lehren Sie Ihr Kind, dass Stress auf einer inneren Einstellung beruht. Der Druck ist meist »hausgemacht«. Ihr Kind muss lernen, sich selbst zu kontrollieren und sich von diesen destruktiven Gedanken zu befreien. Das bedarf einer regelmäßigen Übung unter Ihrer Anleitung.

Sorgen

Eltern neigen dazu, sich immer Sorgen zu machen. Kinder übernehmen oftmals diese Geisteshaltung. Wir machen uns gerne heute Gedanken über das Morgen, über Dinge, von denen wir annehmen, dass wir sie nicht unter Kontrolle haben. Das führt zu Angst. Sorgen macht sich *der* Mensch, der sich seiner eigenen Leistungen nicht sicher ist.

Kinder, die sich sorgen, haben gelernt, ihrem Ruf mehr Bedeutung als ihrem Charakter beizumessen. Sie wollen gewinnen, um im Vergleich zu anderen besser dazustehen und daraus ihren Selbstwert zu bereichern. Kein Gewinn bedeutet wiederum keine Wertigkeit für die eigene Person. Sich Sorgen zu machen bedeutet, Energie und Kraft in etwas Fiktives zu stecken. Diese Kraft fehlt dann an anderer Stelle. Sich Sorgen zu machen bedeutet auch, nicht in der Gegenwart zu leben und dennoch im Hier und Jetzt Ängste zu verspüren. Nehmen Sie Ihrem Kind den Druck, der auf seiner Seele lastet. Sprechen Sie mit ihm über das, was es belastet, und lösen Sie seine Sorgen konstruktiv auf.

Der Bullerbü-Coach: Handwerkszeug für starke Familien

Es gibt bestimmte Werkzeuge, die Sie einsetzen sollten, damit Ihr Familienleben ein glückliches wird. Diesen Tools widmet sich dieses Kapitel. Nutzen Sie sie, um Ihre Familie zu stärken!

Die Grundlagen

Eigentlich sollten die Grundlagen, die ich im Folgenden vorstellen möchte, selbstverständlich sein. Dennoch wird in zu vielen Familien der gute Ton schnell vergessen. Um diesen drehen sich die meisten dieser Grundlagen. Zuletzt sollen Eltern einmal nachdrücklich daran erinnert werden, dass gebrochene Versprechen schwere Folgen haben können – und das es doch gar nicht so schwer ist, diesem Dilemma zu entgehen. Hier nun also die Basics, die Sie für ein glückliches und stressfreies Familienleben verinnerlichen sollten.

Kleinigkeiten wertschätzen. Benutzen Sie die Wörter »Danke« und »Bitte«. Fragen Sie zwischendurch, »Brauchst du meine Hilfe?« Solche scheinbar kleinen Gefälligkeiten können die zwischenmenschliche Beziehung zwischen Ihrem Kind und Ihnen vertiefen, weil das Kind Ihre innige Liebe ständig spürt. Es sind nicht Ihre großen Taten, die das Kind prägen werden. Es sind die vielen täglichen Kleinigkeiten, die Ihre Persönlichkeit ausmachen. Das unterschätzen wir Eltern oftmals. Nehmen Sie sich zum Beispiel bewusst vor, Ihr Kind täglich zu loben. Denken Sie auch daran, Ihr Kind täglich mehrmals zu umarmen. Es gilt das Gebot der Höflichkeit. Sind Sie aufgrund der täglichen Arbeit schlecht gelaunt, nehmen Sie sich zunächst eine Auszeit. Denn andauernde schlechte Laune vergiftet schnell das Familienklima.

Es war wieder einmal einer dieser hektischen Tage. Der Kühlschrank leer, die »Noch-zu-erledigen-Liste« übervoll und die Zeit, die mir für all meine Besorgungen blieb, war richtig knapp. Schnell wollte ich noch ein vorbestelltes Buch abholen. Meine kleine Tochter verbreitete aus dem Kinderwagen heraus schlechte Laune. Statt des Abholscheins reichte ich der Buchhändlerin den Kassenzettel der Apotheke, in der ich gerade Medikamente abgeholt hatte. »Ist nicht so schlimm!«, *meinte die Buchhändlerin und fragte nach dem Buchtitel. Da kam der Blackout. Erst gestern hatte ich das Buch bestellt, doch nun wollten mir weder Titel noch Autor oder Verlag einfallen. Selbst auf die Frage nach meinem Namen wusste ich nicht sofort Antwort!* »Ich hätte mit knapp 40 Jahren nicht noch ein sechstes Kind bekommen sollen.«, *schoss es mir durch den Kopf. Doch der Buchhändlerin gelang es selbst in dieser verworrenen Situation, das richtige Buch zu finden. Völlig entnervt gelangte ich nach Hause. Die Tür ging auf und es kam mir vor, als öffnete sich mir eine andere Welt. Meine älteste Tochter eilte mir entgegen und nahm mir das Baby ab, meine zweitälteste Tochter kümmerte sich um unsere Einkäufe. Mein neunjähriger Sohn lief in die Küche und stellte die Kaffeemaschine an.* »Mama ist in einem solch verheerenden Zustand, da braucht sie erst einmal einen Kaffee«, *meinte er. Wie Recht er hatte. Ich brauchte nicht mehr als meinen müden Körper bis ins Wohnzimmer auf das Sofa zu schleppen, den Rest erledigten meine Kinder. Sie räumten die Einkäufe aus und servierten mir meinen Kaffee mit einem Stück Schokolade. Sie deckten den Abendbrottisch und jedes meiner Kinder packte mit an, während ich auf dem Sofa gemütlich meinen Kaffee schlürfte.*

Das ist einer dieser unbeschreiblichen Momente, der uns Eltern allertiefste Glücksgefühle beschert. Es ist einer dieser Augenblicke, der einem schenkt, was man gegeben hat. Er erweckt die Erinnerung daran, dass es sie tatsächlich noch gibt, die bedingungslose Liebe zwischen Menschen. Es ist einer dieser Momente, der mir zeigt, dass auch Eltern absolut unperfekt sein dürfen und dennoch von ihren Kindern abgöttisch geliebt werden.

Kinder geben Ihnen zurück, was Sie ihnen gegeben haben, vergessen Sie das nie! Sorgen Sie für ein Wohlfühlklima in Ihrer Familie und für eine achtsame Kommunikation, sodass sich alle geliebt und geschätzt fühlen.

Lernen, sich zu entschuldigen. Auch Eltern machen Fehler. Das Wichtigste dabei ist, dass Sie sich bei Ihrem Kind entschuldigen. Viele Eltern glauben, dass sie das Gesicht verlieren, wenn sie einen Fehler einräumen, also eine »Schwäche« eingestehen müssen. Doch genau das Gegenteil ist der Fall. Sie sind nicht der allmächtige Gott, also auch nicht unfehlbar. Doch wenn Sie einen Fehler machen, dann übernehmen Sie dafür die volle Verantwortung und entschuldigen Sie sich bei Ihrem Kind. Es lernt dadurch, dass Sie klare moralische und ethische Werte vertreten, und dass Sie diese zur Grundlage Ihres Handelns machen.

Tratschen verboten. Reden Sie nicht schlecht über ein Familienmitglied, das gerade nicht anwesend ist. Sonst nehmen alle wahr, dass sie es im Grunde nicht ehrlich meinen. Wenn Sie über ein abwesendes Kind oder über Ihren Ehepartner meckern, schaden Sie am allermeisten sich selbst. Denn das wirft ein eindeutiges, nicht sehr vertrauenswürdiges Bild auf Ihren Charakter. Das Kind wird sich schnell die Frage stellen, was Sie hinter seinem Rücken so alles erzählen. Damit erzeugen Sie eine große Portion Unsicherheit bei allen Familienmitgliedern. In Familien, deren Vokabular ein hohes

Maß an Zynismus aufweist, ist diese Verhaltensweise des Lästerns hinter dem Rücken eines anderen eine übliche Taktik. Brechen Sie mit dieser Gewohnheit.

Keine Versprechen brechen. Nichts ist schlimmer für ein Kind, als wenn es sich voll und ganz auf Ihr Wort verlässt und Sie es dann nicht halten. Dies ist ein echter Vertrauensbruch. Kommt das häufiger vor, wird Ihre Beziehung zueinander leiden. Ihr Kind wird Ihren Worten nur noch wenig Glauben schenken. Es wird Ihnen, sollte Ihnen das öfter passieren, misstrauen. Wenn es Ihnen schwer fällt, Versprechungen zu halten, hier ein guter Tipp: Geben Sie besser keine Versprechen mehr ab. So halte ich es bei meinen Kindern. Bei sechs Kindern ist zu schnell etwas vergessen oder es kommt zu schnell etwas dazwischen. Selbst wenn ich es möchte, kann es passieren, dass ich das Versprochene nicht einhalten kann. Die wenigen Versprechen, die ich noch abgebe, halte ich dann auch ein. So wissen meine Kinder, dass das Versprechen, welches ich ihnen gebe, auch einen wirklichen Wert besitzt.

Das Familienleitbild

Jede Familie ist einzigartig. Jede Familie kämpft auch mit ihren ureigenen Problemen. Deswegen gilt auch hier die wichtige Grundregel: Vergleichen Sie nicht!

Anstatt ständig nach rechts und nach links zu schauen, sollten Sie sich bewusst machen, dass Ihre Familie einmalig ist. Lieben Sie die Familienmitglieder so, wie sie sind, und wünschen Sie sich nicht ständig eine »Optimierung« nach dem Vorbild von Meyers oder Schulzes. Jede Familie muss ihre eigenen Probleme bewältigen, nach außen dringt meist nur die gut polierte Fassade. Nur selten haben wir die Möglichkeit, hinter die Kulissen zu schauen.

Egal wie groß oder klein Ihre familiären Probleme derzeit sind, ich werde Ihnen ein paar Möglichkeiten zeigen, wie Sie zu einem zufriedenen und glücklichen Familienleben kommen können. Dabei heißt die nächste Grundregel: Investieren Sie in das Fundament Ihrer Familie, nicht in die Fassade! Entwickeln Sie mit Ihrer Familie eine Vision. Dabei ist es einerlei, wo Sie heute stehen und wie schwer die Probleme gerade auf Ihnen lasten. Ihre Vision wird bewirken, dass Ihr Blick fortan in die Zukunft gewandt ist. Formulieren Sie gemeinsam, wo Sie hin möchten. Welche Ziele, welche Werte, welche Ideale strebt die Familie in Zukunft an? Diese Vision bildet die Grundlage Ihres Familienleitbilds. Dieses Leitbild lässt sich mit dem Stern von Bethlehem vergleichen. Wenn alle Familienmitglieder es gemeinsam entwickelt und formuliert haben, wird es Ihnen in schwierigen Situationen immer einen Halt geben. Die Familie wird ihm folgen, wie einst die heiligen drei Könige ihrem Stern. Verlieren Sie angesichts der Vielfalt der alltäglich anfallenden Aufgaben die Orientierung, besinnen Sie sich und schauen Sie, was die Familie einst als Vision erarbeitet hat.

Behalten Sie Ihr Ziel fest im Auge und geben Sie niemals auf! Ihnen steht das gleiche Recht zu, das wir auch den Kindern einräumen: Gelernt wird in der täglichen Praxis über den Fehler. Lernen Sie, Folgendes zu akzeptieren:

1. Wir können nicht alles voraussehen oder vorausplanen. Bleiben Sie offen für Überraschungen. Leben bedeutet Veränderung.

2. Alle Kinder haben ihre Probleme. Die einen werden öfter krank, die anderen haben Probleme in der Schule, die nächsten geraten immer wieder in irgendwelche Schwierigkeiten. All das ist normales Leben. Davor können und sollten wir auch unsere Kinder nicht bewahren.

3. Wir machen selbst Fehler, manchmal ganz unbewusst, und unsere Kinder werden sich über uns aufregen. Auch das gehört

dazu. Niemand kann von uns erwarten, dass wir alles richtig machen.

4. Eltern sind normale Menschen. Wir sollten stets bereit sein dazuzulernen.

Vorüberlegungen für Ihr Familienleitbild

Da Sie sich von Ihrer Unfehlbarkeit nun verabschiedet haben, können Sie sich an die Zukunftsplanung wagen. Falls Sie als Familie neu starten wollen, sollten Sie sich zunächst mit Zielen beschäftigen:

● Wo will die Familie hin?
● Was will sie in Zukunft erreichen?
● Welche Werte sollen das gemeinsame Leben bestimmen?

Warum ist diese Orientierung so wichtig? Oft genug verkünden die Medien, dass die heutigen Kinder orientierungslos und zerrissen sind, sich ohne Ziel treiben lassen und keine wahre Motivation zeigen, weder in der Schule noch später in der Berufsausbildung. Doch sind es wirklich nur die Kinder, die dieses Verhalten zeigen? Spiegelt das kindliche Verhalten nicht vielmehr unsere Gesellschaft wider? Sind es nicht die Erwachsenen, die sich schwer tun, ein Leben in innerer Erfüllung zu leben?

Unsere Zeit ist hektisch und wir werden von äußeren Faktoren getrieben. Wir Erwachsenen haben existenzielle Ängste und Selbstzweifel. Oft fühlen wir uns ausgebrannt. In diesem zerrissenen Zustand gelingt es nur mit viel Mühe, eine Orientierung an ein Kind weiterzugeben. Wenn wir selbst nicht mehr wissen, welche Werte eigentlich unser Leben bestimmen, was uns wichtig ist, was uns Sicherheit und Halt gibt, was uns Zuversicht und Vertrauen schenkt, wo wir Geborgenheit und Zufriedenheit finden, dann können wir unseren Kindern keine Wurzeln geben. Aber diese benötigt ein Kind, um später seinen ureigenen Weg ohne Angst gehen zu können.

»Heute liegt wie in früheren Zeiten die wichtigste und schwierigste Aufgabe der Erziehung darin, dem Kind dabei zu helfen, einen Sinn im Leben zu finden. Dazu sind viele Wachstumserfahrungen nötig. Das Kind muss in seiner Entwicklung lernen, sich selbst immer besser zu verstehen, dann vermag es auch andere zu verstehen und schließlich befriedigende und sinnvolle Beziehungen mit ihnen herzustellen.«

So formulierte es einst der bekannte Kindertherapeut Bruno Bettelheim. Erziehung beginnt also zuerst einmal bei uns selbst. Erst wenn wir uns über uns selbst im Klaren sind, besitzen wir die nötige Kraft, um Einstellungen, Werte und auch Spiritualität an unsere Kinder weiterzugeben. Erst dann besitzen wir die Kraft, auch mit Leid und Problemen vernünftig umzugehen. Ein Familienleitbild kann in verworrenen Augenblicken, wenn der rote Faden in der Erziehung der Kinder gerade verloren scheint, neue Kraft und erneute Klarheit bewirken.

Alle Kinder einer Waldorfschule müssen in der dritten Klasse ein Haus bauen. Gemeinsam mit meinem Mann machte sich Julius ans Werk. Er hatte ein klares Bild von seinem Werk. Sie fertigten zunächst eine Zeichnung an und verbesserten diese noch ein paar Mal, bis Julius alles gefiel. Dann erstellten sie richtige Baupläne. Was muss wie ineinander greifen, damit auch wirklich alles passt? In welcher Reihenfolge muss gebaut werden, damit das Haus auch stehen bleibt? Wie muss sein Fundament aussehen, seine Wände, sein Dach? Es galt viele Fragen zu klären. Als die ersten Wände gestellt waren, fiel Julius auf, dass er doch nicht 100-prozentig zufrieden war. Er plante noch einmal kräftig um. Als schließlich alles fertig war, genau wie er es sich einst vorgestellt hatte, zeigte er sein Werk stolz in der Schule.

Genauso funktioniert es auch mit Ihrem Familienleitbild. Die Vision dient der Orientierung und wird nach und nach Wirklichkeit. Ihr Familienleitbild wird Ihnen das Gefühl geben, dass Ihre Familie, so wie sie jetzt ist, großartig und einmalig ist. Sie erreichen gemeinsam, was Sie sich vorgenommen haben, es gelingt Ihnen gemeinsam, etwas zu bewegen, Sie sind gemeinsam glücklich, weil Sie einander haben. Auch die Kinder aus Bullerbü kennen dieses Gefühl. Als sie nach dem Krebsefangen am frühen Morgen ihre Heimat in der Ferne liegen sehen, ist die Freude groß:

»Plötzlich schrie Lasse: ›Jetzt sehe ich den Rauch von Bullerbü!‹

Und wir alle sahen den Rauch, der über dem Wald aufstieg. Es war der Rauch aus drei Schornsteinen. Da wussten wir, dass sie wach waren im Nordhof und im Mittelhof und im Südhof. Und als wir noch ein kleines Stück gegangen waren, sahen wir das ganze Bullerbü. Die Sonne schien auf die Fensterscheiben, und das sah wunderschön aus.

Ich sagte zu Inga: ›Mir tun alle Menschen leid, die kein Zuhause haben.‹

Und Inga sagte: ›Mir tun alle Menschen leid, die nicht in Bullerbü wohnen.‹«

Diese Zufriedenheit und dieses Glücksgefühl sollten bei Ihnen zukünftig präsent sein, wenn Sie an Ihr Familienleben denken.

Entwerfen Sie Ihr Familienleitbild

Versuchen Sie und Ihre Familienmitglieder, folgende Fragen zu beantworten. Ich befürworte immer, dass zunächst alle sich alleine ihre Gedanken machen und sich die Familie erst im zweiten Schritt zusammensetzt. Jedes Kind der Familie darf ab seinem fünften Lebensjahr als voll stimmberechtigte Person mitwirken.

- Was bedeutet für uns das Wort »Familie«?
- Wann möchten wir uns als Ganzes sehen, wann möchten wir uns lieber als Individuen sehen?
- Was wünschen wir uns heute, morgen, übermorgen?
- Was ist uns in unserem Leben wirklich wichtig?
- Wie viele Regeln braucht unsere Familie und welche?
- Wenn unsere Kinder groß sind, welche Lebensqualifikationen sind uns wichtig?
- Was ist unseren Kindern wichtig?
- Wo möchten wir Eltern später stehen?
- Welche moralischen, ethischen, sozialen Werte sind uns wichtig?
- Brauchen wir eine Hausordnung?
- Welche Atmosphäre wollen wir im Umgang miteinander haben?
- Was machen wir bei Meinungsverschiedenheiten?
- Wie kann jedes Kind seine Talente voll entfalten?
- Was soll unser Zuhause ausstrahlen?
- Wann kommt man gerne nach Hause?
- Wer möchte welche Fähigkeiten einbringen?
- Wie tun wir was?

Diese Liste ließe sich noch weiter fortsetzen. Nehmen Sie sich ruhig Zeit für die Erstellung. Lassen Sie die Familie regelmäßig zusammenkommen. Allein die dabei entstehenden Diskussionen sind wertvoll, zeigen aber bereits, wie unterschiedlich die Vorstellungen sein können.

Der Entstehungsprozess ist also genauso wichtig wie das Leitbild selbst. Denn später werden sich nur die Familienmitglieder daran halten, die bei der Entstehung ihre Ideen, Wünsche und Visionen einbringen konnten – diejenigen also, die ein Stück ihres Selbst darin finden. Kinder blühen regelrecht auf, wenn sie merken, dass ihre Meinung bei der Gestaltung der Familie gefragt ist. Sie achten ihre Persönlichkeit, wenn Sie ihren Wünschen Respekt zollen und ihnen keine fertigen Entscheidungen vorsetzen. Dadurch entwickelt ein Kind automatisch eine Verantwortung gegenüber der Familie. Niemand kann sich mehr auf die Ausrede berufen: »Das alles war doch deine Idee. Ich wollte das nie.«

Um Missverständnissen vorzubeugen, hören Sie stets gut zu und wiederholen Sie mit eigenen Worten, was der andere gesagt hat. Wenn alle Ideen gesammelt wurden, versuchen Sie dem Leitbild eine Schriftform geben. Dabei gibt es viele Möglichkeiten. Als Mutter einer Großfamilie empfinde ich die Formulierung in der Wir-Form am besten. Hier fühlen sich dann wirklich alle angesprochen, es stärkt den Gemeinschaftssinn und im besten Fall schweißt es alle zusammen. Hat Ihre Vision Schriftform erlangt, lautet das Motto: Ausnahmslos alle halten sich daran! Ihr Familienleitbild ist sozusagen die Familienverfassung.

Die Anti-Streit-Strategie

»Freud und Leid reichen einander die Hand – manche Tage sind schwarz und voller Trübsal und sie können kommen, wenn man es am wenigsten erwartet«, schrieb Astrid Lindgren einmal. Streit ist das Element, das am meisten an den Nerven einer Familie zehrt. Wir Eltern wünschen uns Frieden, Beschaulichkeit und Ruhe – eben wie in Bullerbü. Daher ist es wichtig, dass wir uns ebenso wie unsere Kinder in Selbstdisziplin üben, damit wir zivilisiert miteinander umgehen und lernen, aufeinander Rücksicht zu nehmen. Über Folgendes müssen sich Eltern dabei im Klaren sein:

1. Wir können nicht von unseren Kindern erwarten, dass sie uns gegenüber liebenswürdig und nett sind, während wir uns ihnen schlecht gelaunt, reizbar und unbeherrscht zeigen.
2. Wir können nicht von unseren Kindern erwarten, dass sie Ruhe bewahren, während wir sie anbrüllen.
3. Wenn wir unseren Kindern kein harmonisches und friedliches Leben bieten können, werden sie sich auch nicht zu angenehmen und friedliebenden Menschen entwickeln.

Sie merken, es gilt wie immer: Fangen Sie bei sich selbst an. Halten Sie für einen Moment inne und überdenken Sie Ihre eigene Haltung. Wann kommt es zum Streit zwischen Ihnen und Ihrem Kind? Wie verhalten Sie sich dann? Provozieren Sie Streit, weil Sie sich über Ihr Kind geärgert haben?

Machen Sie es sich zur Pflicht, Ihr Kind in einer friedvollen Umgebung aufwachsen zu lassen. Wut sollte nicht Ihren natürlichen Ausdruck darstellen. Auch sollten Ihre Gefühle nicht völlig unkanalisiert auf Ihr Kind prallen, nur weil es Ihnen an Selbstdisziplin mangelt.

Legen Sie Wert auf die Problemlösung. Menschen, die anstehende Probleme kontinuierlich »abarbeiten«, in denen staut sich gar kein Ärger an, der sich unkontrolliert entladen könnte. Solange Sie an Ihrer Ausgeglichenheit arbeiten, kann Ihr Kind noch so viel emotionalen Druck auf Sie ausüben, er wird Ihnen nichts anhaben können.

Streitsituationen erkennen

Vergegenwärtigen wir uns einmal, was Streit eigentlich bedeutet:

- Ihr Kind fühlt sich mehr als unwohl, es ist unglücklich, es ist verletzt, es ist gekränkt.

- Streit ruft immer Leid hervor, weil er bei den Kindern Spuren hinterlässt.
- Ein Streit bedeutet, dass Ihr Kind morgen die Taktiken, die Sie heute verwendet haben, gegen Sie richten wird.
- Streit ist nie nützlich, weil er keine Lösungen hervorbringt.

Typische Konflikte eskalieren an folgenden bekannten Sätzen:

1. »Du hast dein Zimmer schon wieder nicht aufgeräumt!«
2. »Du hast den Müll nicht hinaus getragen!«
3. »Wie benimmst du dich mir gegenüber eigentlich?«
4. »Schrei hier nicht so rum!«
5. »Nimm mehr Rücksicht!«
6. »Du hast dich verspätet!«

Diese Liste könnten wohl alle Eltern unendlich verlängern. Doch wenn Sie es ehrlich meinen, dann sollten Sie diese Konfliktsituationen einmal näher hinterfragen, um sie schließlich ganz abzubauen.

Streitsituationen lösen

Haben Sie den brenzligen Moment erst einmal erkannt, werden Sie auch leichter eine Lösung finden. Hier sind die Grundlagen für die Entschärfung einer Streitsituation:

1. Viele Konflikte entstehen aus der eigenen Überzeugung, um den alleinig gültigen Weg zu wissen. »Mach es so, wie ich es mache, dann bin ich zufrieden.« Oder: »Warum kannst du es nicht so machen, wie ich es seit 20 Jahren mache?« Das bedeutet: »Werde so wie ich, dann bin ich zufrieden.« Schrauben Sie Ihre Erwartungen herunter. Jeder Mensch ist einzigartig! Lernen Sie, die Menschen zu akzeptieren, wie sie eben sind.

2. Man wird im Leben immer so behandelt, wie man es anderen gestattet. Ihr Kind nimmt überhaupt keine Rücksicht auf Sie und provoziert ständig einen Streit nach dem anderen? Überlegen Sie, welche Signale Sie aussenden oder in der Vergangenheit ausgesendet haben, die das Kind zu einem solchen Angriffsverhalten veranlassen. Überdenken Sie Ihre Opferrolle und stellen Sie – Ihrem Kind *und* anderen gegenüber – klar, dass Sie es sich verbitten, so mit Ihnen umzuspringen.

3. Es gilt: nicht reden, sondern handeln. Sie können lange Reden halten, doch ich bin immer noch der Überzeugung, dass Kinder am schnellsten begreifen, wenn man deutliche Signale setzt. Die Wäsche liegt nicht im Wäschekorb, also wird sie nicht gewaschen. Vermeiden Sie lange Diskussionen, sie führen zu nichts. Was jedoch für das Kind sichtbar ist, nämlich keine saubere Wäsche mehr im Schrank zu haben, leuchtet von ganz alleine ein. Legen Sie *einmal* die Regeln fest, danach handeln Sie nur noch. So lernt Ihr Kind am schnellsten, Verantwortung zu übernehmen.

4. Bleiben Sie auf dem Boden der Tatsachen. Ich kenne viele Eltern, die einen Gegenstand höher als ihr Kind bewerten. Wie oft brüllt eine Mutter ihr Kind an, weil es etwas zerbrochen hat? Überlegen Sie genau, ob etwas Materielles einen Streit wert ist. Selten macht ein Kind etwas absichtlich kaputt. Suchen Sie lieber gemeinsam nach einer Lösung, damit der Schaden wieder ins Lot kommt. Noch wichtiger ist auch hier das Festlegen von Regeln. Niemand kann sich vorstellen, wie schnell meine Kinder Füller, Radiergummi und Bleistifte verbummeln. Würde ich immer alles neu kaufen, wäre ich pleite. Bei uns gilt die Regel: Ich kaufe pro halbes Jahr einen Satz, mehr nicht. Verlieren sie etwas, müssen sie nach eigenen Lösungen suchen.

5. Menschen sind Individuen. Akzeptieren Sie einfach die Unterschiedlichkeit, und verbuchen Sie diese unter der Vielfalt des

Lebens. Kinder kann man nicht immer verstehen, genauso wenig wie uns und unsere Reaktionen. Lassen Sie diese Tatsache doch einfach stehen, soweit das möglich ist.

6. Jeder von uns kennt das: An einer langen Schlange im Supermarkt kommt ein Typ, der sich vordrängelt und meint, auch noch im Recht zu sein. Schnell ist der schönste Streit ausgebrochen. Wirklich selbstbewusste Menschen haben so etwas nicht nötig. Sie schüren keine Konflikte. Menschen, die sich selbst achten, reduzieren ihre Person nicht auf Streiten, Schreien oder Wutausbrüche. Arbeiten Sie also an Ihrer Selbstachtung!

Sie werden hingegen ganz sicher einen Wutausbruch bei Ihren Kindern provozieren, wenn Sie:

- nach Problemen suchen statt nach Lösungen,
- bei Ihrem Kind immer nur die Fehler hervorheben,
- Ihr Kind als minderwertigen Menschen behandeln, nur weil es nicht volljährig ist,
- Ihr Kind in Unselbstständigkeit halten und sein Leben verwalten,
- Konkurrenz zwischen den Geschwistern entfachen,
- Ihr Kind ständig mit anderen Kindern vergleichen,
- zu viel und Dinge, die nicht gemäß seines Alters sind, von Ihrem Kind verlangen; das löst nur Frustration aus,
- sich wie ein Diktator verhalten. Überlegen Sie genau, wer mit dem Kopf durch die Wand will: Sie oder Ihr Kind?

Die Liste ließe sich sicherlich noch eine Weile verlängern. Sie kennen Ihre Schwächen am besten. Nehmen Sie diese in die Liste auf. Dann bemühen Sie sich, die oben genannten Dinge abzustellen. So bewahren Sie Ihre Familie vor dauernd wiederkehrendem Familienkrach.

Kommt es doch zum Wutanfall, dann reagieren Sie am besten folgendermaßen:

- Mischen Sie sich nicht ein. Versuchen Sie nicht, Ihr Kind zur Vernunft zu bringen. Atmen Sie tief durch, arbeiten Sie an Ihrer Gelassenheit, und warten Sie, bis der Anfall vorüber ist. Erst wenn das Kind wieder ansprechbar ist, können Sie es zum Gespräch auffordern.
- Bei Wut hat Ihr Kind in seinem eigenen Zimmer zu verbleiben.
- Bedingungen sollten immer im Voraus festgelegt sein.
- Antworten Sie auf die schlechte Laune Ihres Kindes mit Fröhlichkeit und Humor. So kann es Sie nicht in einen Streit mit hineinziehen.
- Wut bedeutet, dass Ihr Kind nicht nach einer Lösung gesucht hat. Machen Sie ihm das immer wieder klar. Probleme sind dazu da, sie zu lösen.

Ein friedliches Familienleben zu führen, ist ein Prozess, der Übung verlangt und nicht von heute auf morgen bewerkstelligt werden kann. Lernen Sie zuerst, sich nicht in alles hineinzusteigern, wenn sich die Situation wieder einmal zuspitzt.

Verantwortung

Das Motto der Bullerbü-Erziehung lautet: vorbereiten statt behüten. Für mich als Mutter einer Großfamilie verbirgt sich dahinter der Gedanke, dass meine Kinder immer selbstständiger werden, während wir Eltern immer weniger machen müssen. Während wir ein Kleinkind noch zu fast 100 Prozent kontrollieren müssen, soll diese Kontrolle zugunsten von Freiheit und Verantwortung mit Zunahme der Lebensjahre immer weiter abnehmen. Natürlich liebt es jedes Kind, auch einmal verwöhnt zu werden. Kein Problem – aber die Grundregel sollte lauten: Helfen Sie Ihrem Kind, immer mehr Verantwortung zu übernehmen, während Sie sich immer stärker zurücknehmen.

Auf diese Weise entsteht eine sogenannte Win-win-Situation: Beide Seiten gewinnen letztendlich mehr Freiheit. Für das Kind ist damit ein Mehr an Rechten, ein Mehr an Privilegien, aber auch ein Mehr an Pflichten verbunden. So sind unsere Kinder gefordert, sich von Jahr zu Jahr mehr eigene Gedanken zu machen und ihr eigenes Urteilsvermögen zu entwickeln.

Der gute Tipp: das Geburtstagsjahrbuch

Ein Geburtstagsjahrbuch bietet sich an, wenn Sie konsequent am Verantwortungszuwachs Ihres Kindes arbeiten möchten. Schreiben Sie von Jahr zu Jahr um die Zeit des Geburtstags auf, welche neuen Rechte nun dazukommen und welche neuen Privilegien das Kind hat. Es macht auch Sinn, dies schriftlich zu fixieren, da jedes Kind sich freut, wenn seine Freiheiten sichtbar mehr werden. Sein Leben wird noch reicher und bunter, es darf noch mehr Wagnisse eingehen. Kleine Kinder haben daran genauso viel Spaß wie größere.

Teilen Sie Ihrem Kind aber auch mit, was Sie zukünftig von ihm erwarten. Legen Sie auch vorab die Konsequenzen fest, die eintreten, wenn diese Erwartungen nicht erfüllt werden. Ist Ihr Kind bereits älter (sieben bis acht Jahre alt), dann schließen Sie schriftliche Verträge mit ihm ab und hängen Sie diese im Kinderzimmer auf. Schließlich hilft auch uns Erwachsenen eine To-do-Liste, um uns an noch zu Erledigendes zu erinnern. Verträge, die sichtbar im Zimmer hängen, vereinfachen das tägliche Leben und machen Diskussionen unmöglich, da sie gemeinsam mit dem Kind erarbeitet wurden.

Überlegen Sie jeweils, welche neuen Schritte Sie für Ihr Kind für sinnvoll erachten. Achten Sie dabei nicht auf das Alter des Kindes, sondern beurteilen Sie es nach seinem wahren Entwicklungsstand. Bleiben Sie flexibel und behalten Sie immer vor Augen, dass auch Fehlschläge erlaubt sind. Dann haben Sie sich eben verschätzt. Folgendes sollten Sie berücksichtigen, wenn Sie Regeln und Konsequenzen festlegen:

1. *Weniger ist mehr.* Halten Sie das Regelwerk so kurz wie möglich. Es muss für das Kind überschaubar bleiben und darf nicht wie ein riesiger Berg an Aufgaben wirken, den es noch abzuarbeiten gilt. Halten Sie auch die Liste an Konsequenzen so klein wie möglich.

2. *Zeitnähe.* Lassen Sie zwischen Handlung und Konsequenz wenig Zeit verstreichen. Hierbei gilt: je kleiner Ihr Kind, umso zeitnäher die Konsequenz.

3. *Gut nachdenken.* Vergessen Sie nicht Ihren gesunden Menschenverstand: Konsequenzen müssen Sinn machen.

4. *Zusammenhänge immer erklären.* Das Kind muss begreifen, warum es diese Regel gibt, welchen Wert Sie damit vermitteln wollen, und warum dafür ein bestimmtes Verhalten notwendig ist.

Betonen Sie immer den positiven Mehrwert, der entstehen wird, und unterstreichen Sie nicht das negative Verhalten Ihres Kindes. Es sollte immer primär um die Frage gehen: Was brauchst du für dein Leben, um prima klarzukommen? Denken Sie daran, dass ein solches Regelwerk nur Sinn macht, wenn das Kind dadurch tatsächlich etwas für das Leben lernt und dies auch erkennt.

Doch was kann und darf ich in welchem Alter ungefähr verlangen? Orientieren Sie sich an folgendem Überblick:

- *Ab 2 Jahre:* Nimm Rücksicht auf deine Mitmenschen. Komme zu mir, wenn du etwas willst.
- *Ab 3 Jahre:* Sei freundlich zu deinen Mitmenschen. Lerne, mit anderen zu teilen.
- *Ab 4 Jahre:* Sei hilfsbereit. Übernimm eine feste Aufgabe in der Familie.
- *Ab 5 Jahre:* Übernimm die Verantwortung für deine eigenen Sachen. Lerne aufzuräumen.
- *Ab 7 Jahre:* Sei ehrlich und sage die Wahrheit.
- *Ab 8 Jahre:* Lerne, dich fair zu verhalten. Sorge dafür, dass du gegenüber deinen Freunden und deiner Familie gerecht handelst.
- *Ab 9 Jahre:* Sei achtsam und befolge Familienregeln völlig selbstständig.
- *Ab 10 Jahre:* Lerne dich zu beherrschen. Stehe morgens selbstständig auf und mache dich für die Schule fertig.
- *Ab 12 Jahre:* Lerne, dir deine Zeit klug einzuteilen.
- *Ab 14 Jahre:* Trage die Verantwortung für dein Leben. Putze einmal pro Woche dein Zimmer und wasche deine Wäsche selbstständig.
- *Ab 15 Jahre:* Das Motto lautet: kein Alkohol, keine Drogen, kein Rauchen – dafür darfst du ohne einen Erwachsenen ausgehen.
- *Ab 16 Jahre:* Lerne, dein Urteilsvermögen zu stärken. Sei autark gegenüber deiner Peer-Group.
- *Ab 17 Jahre:* Übernimm soziale Tätigkeiten.
- *Ab 18 Jahre:* Sei komplett selbstständig. Regle dein Leben alleine.

Um all diese Dinge gut bewältigen zu können, benötigt das Kind Disziplin, um die es im Folgenden gehen wird.

Selbstdisziplin

Nun sind wir bei einem heiklen Thema angelangt. Denn Diszi-plin riecht nach Zwang, Druck, Bestrafung und scheint im krassen Gegensatz zu dem zu stehen, was wir über die Bullerbü-Erziehung bisher hörten. Dennoch ist Disziplin heute ein Verhalten, das wir uns sehnlichst von unseren Kindern wünschen. Doch die Skepsis bleibt: Wir glauben, Disziplin beinhalte etwas Negatives für unser Kind. »Du solltest ›disziplinarische Maßnahmen‹ ergreifen, damit dein Kind pariert!« Bei diesen Worten gruselt es uns, verheißen sie doch seelische Qualen für unser Kind, damit es sich endlich in die Hierarchien dieser Welt einfügt. Doch diese Form der Disziplin ist hier nicht gemeint. Disziplin, die von außen kommt, ist nicht echt. Sie wird dem Kind ähnlich einer Bestrafung übergestülpt und führt dazu, dass das Kind sich weiterhin disziplinlos verhält. Denn wie wir bereits wissen, meiden wir Dinge, die wir mit unangenehmen Gefühlen verbinden

Doch Disziplin ist ein notwendiges Mittel, um ein Ziel zu errei-chen. Dazu müssen wir Eltern sie jedoch in einen anderen Zusam-menhang stellen.

»Ich bekam später noch mehr Geld in meine Sparbüchse, denn ich half beim Rübenverziehen. Das taten wir alle, alle Kinder in Bullerbü. (…) Wir bekamen für jede Reihe, die wir verzogen, Geld: vierzig Öre für die langen und zwanzig für die allerkürzesten. (…)

Am ersten Tag, als wir Rüben verzogen, war es am lustigsten. Später wurde es etwas langweiliger, aber wir mussten trotzdem weitermachen, denn die Rüben mussten ja verzogen werden. (…)

Ich verdiente neun Kronen und vierzig Öre mit dem Rübenverziehen und steckte alles in meine Sparbüchse, denn ich spare für ein Fahrrad.«

Zunächst haben die Kinder aus Bullerbü Spaß an ihrer Tätigkeit, der ihnen später vergeht. Trotzdem ziehen sie die Sache weiter durch. Am Ende warten zwei Erfolgserlebnisse auf die Kinder:

1. Es ist ihnen gelungen, ihre Aufgabe bis zum Ende durchzuhalten.
2. Sie haben etwas für sich persönlich erreicht. So kann Lisa zum Beispiel mehr Geld für ihr Fahrrad beiseite legen.

Diese Disziplin ist positiv, und unsere Kinder müssen lernen, sich an der inneren Belohnung, die am Ende einer Tätigkeit steht, zu erfreuen. Erlernt ein Kind, Aufgaben mit Disziplin durchzuziehen, erwächst in ihm nach und nach das Gefühl, dass es sein Leben wirklich kontrollieren kann. Es merkt, dass es einer Aufgabe von A bis Z gewachsen ist. Dies stärkt das Selbstvertrauen eines Kindes enorm. Es fühlt sich nicht mehr hilflos. Zur passiven Reaktion gesellt sich nun das befreiende Agieren.

Echte Disziplin erkennen und fördern

Wie es um die Disziplin von Kindern steht, lässt sich sehr gut bei einem Freiarbeitsprojekt in der Schule erkennen. Es lassen sich folgende Typen beobachten:

1. *Die selbstdisziplinierten Kinder:* Sie machen sich sofort an die gestellten Aufgaben, konzentrieren sich darauf, stellen dem Lehrer gegebenenfalls Fragen und bleiben so lange am Ball, bis die Aufgabe erledigt ist.
2. *Die abgelenkten Kinder:* Sie machen sich zwar an die Aufgabe, verlieren aber zwischendurch den Faden und können sie nicht bis zum Schluss durchziehen. Diese Kinder sind aber immerhin schon auf einem guten Weg.
3. *Die undisziplinierten Klassenclowns:* Am schlimmsten sind aber die Kinder, die der Ansicht sind, immer Quatsch machen zu müssen, sobald der Lehrer ihnen den Rücken zudreht. Sie sind

von irgendeiner Form der Selbstdisziplin weit entfernt. Denn ihnen muss eine Autoritätsperson ständig sagen, was nun zu tun und zu lassen ist. So kann wahre innere Disziplin gar nicht erst entstehen.

4. *Die fremddisziplinierten Kinder:* Sie bekommen von ihren Eltern Disziplin aufgedrängt. Sie erledigen alles mit der nötigen Disziplin, da ihre Eltern diese mit Nachdruck einfordern. Ihre Disziplin ist von außen gesteuert. Selbstdisziplin werden auch diese Kinder nicht lernen. Sie fallen auch dadurch auf, dass sie die erste Abwesenheit ihrer Eltern nutzen, um großen Unsinn zu machen. Denn wegen der fehlenden Eigendisziplin ist es ihnen unmöglich, mit der plötzlichen Freiheit umzugehen. Freiheit bedeutet für sie, alles tun und lassen zu können, was ihnen gerade einfällt. Das Freiheit im Gegenteil die Übernahme von Verantwortung bedeutet, werden diese Kinder frühesten im Erwachsenenalter lernen – meist über die schmerzliche Erfahrung des mehrfachen Versagens.

Der Aufbau innerer Disziplin bedeutet, dass das Kind eine eigene moralische Instanz aufbaut. Bekommt es zum Beispiel an der Supermarktkasse zu viel Wechselgeld zurück, dann steckt es dieses nicht erfreut ein, sondern gibt zurück, was ihm nicht gehört.

Dieses Kind wird auch nicht klauen, und zwar nicht, weil es Angst hat erwischt zu werden, sondern weil es ein solches Verhalten innerlich ablehnt. Es entsteht vor dem inneren Auge des Kindes ein Weltbild über die Dinge, die man tun sollte, und über die, die man unterlassen sollte.

Diese moralische Instanz sieht in erster Linie das Gute im Menschen und bejaht die positiven Seiten. Lehren Sie Ihr Kind, was man warum tun sollte, welche Vorschriften wichtig sind und warum.

Echte Selbstdisziplin kommt aus der Eigenerkenntnis heraus. Wenn ein Kind zum Beispiel sein Geschwisterchen schlägt, ist es natürlich nötig und richtig, dass die Eltern eingreifen. Fordern Sie von Ihrem Kind eine Erklärung, warum es sein Schwesterchen oder sein Brüderchen nicht schlagen soll. Richten Sie den Blick wie immer auf das positiv formulierte Ziel. Das schlechte Benehmen erwähnen Sie dann nicht mehr.

Wichtig ist: Was will die Familie erreichen? Wo wollen wir hin? Das »Mantra« könnte in etwa lauten: Wir wollen uns alle lieb haben und uns gegenseitig tolerieren. Hypnotisieren Sie Ihr Kind in die richtige Richtung. Das Ziel ist klar formuliert: Die Liebe steht an erster Stelle. Sprechen Sie mit fester Stimme, und schauen Sie Ihr Kind dabei an. Ich halte es gerade bei kleinen Kindern für vorteilhaft, sich zu bücken, um Auge in Auge mit ihnen zu sprechen. Das Wichtigste bei einer solchen Auseinandersetzung ist jedoch: Schüren Sie keine Angst! Bei einem Satz wie: »Wenn du sie noch einmal schlägst, bekommst du von mir eine Ohrfeige«, haben Sie verloren. Jetzt folgt bei Ihrem Kind folgender Gedankengang: »Wenn ich meine Schwester das nächste Mal schlage, darf Mama mich dabei auf keinen Fall erwischen.« Damit haben Sie also die falsche Form von Disziplin gestärkt und das Gegenteil von dem erreicht, was Sie wollten. Wenn Sie von Kindern Disziplin fordern und gleichzeitig Angst einflößen, haben Sie für die Zukunft alle Grundlagen dafür gelegt, dass das Kind Sie belügen wird. Es wird sich und seine Träume hinter Ihrem Rücken ausleben. Es wird sich selbst erlauben, was Sie verboten haben. Sie werden schnell den Zugang zu Ihrem Kind verloren haben. Der Verhaltenskodex, nach dem Ihr Kind nun lebt, entzieht sich Ihrer Kenntnis.

Wieso? Weshalb? Warum? Je klarer und verständlicher Sie die Gründe für Ihr Verhalten benennen und erklären, umso wahrscheinlicher ist es, dass Ihr Kind Ihren moralischen Vorstellungen folgen wird. Das Kind entwickelt innere Disziplin über seine Einsicht. Bringen Sie ihm also bei, warum es lernen soll, was es lernen soll, und warum es wichtig ist, sich an gewisse Vorschriften zu halten. Schaffen Sie eine gute Lernatmosphäre.

Lerndisziplin spielerisch aufbauen

Wir sind wieder beim Spiel angelangt. Denn Selbstdisziplin lernt ein kleines Kind am besten spielerisch.

»Eines Tages kam Britta auf den Einfall, dass wir uns unsere eigene kleine Hütte in einer Spalte zwischen ein paar großen Felsblöcken bauen sollten.

Oh, machte das Spaß! Wir richteten sie wundervoll ein und es war die schönste kleine Hütte, die wir je gehabt hatten. Ich fragte Mama, ob wir nicht einen kleinen Flickenteppich mitnehmen dürften. Das durften wir. Den legten wir auf den glatten Steinboden und da sah es noch mehr wie ein Zimmer aus. Dann holten wir Zuckerkisten und stellten sie als Schränke auf und die größte Kiste stellten wir in die Mitte als Tisch. Britta lieh sich ein kariertes Kopftuch von ihrer Mutter, das legten wir als Decke auf den Tisch.

Wir holten uns noch jeder eine Fußbank zum Sitzen. Ich brachte auch mein hübsches rosa Puppenservice mit und Inga ihre kleine geblümte Saftkaraffe mit den Gläsern.

Wir stellten das alles in die Zuckerkiste, natürlich nachdem wir sie zuerst mit Schrankpapier ausgelegt hatten. Zuletzt pflückten wir einen Strauß Glockenblumen und Margeriten, die wir in Wasser in ein Einmachglas mitten auf den Tisch stellten. Nein, war das schön!«

Dieses Beispiel zeigt uns zweierlei:

- Kinder können Ordnung halten, wenn sie es wollen.
- Kinder können an einer Sache solange dran bleiben, bis alles perfekt ist.

Britta und Lisa haben sich eine Hütte gebaut, sie gestaltet und schön eingerichtet. Im Spiel haben sie nicht mehr gemacht, als ihr zukünftiges Leben in der eigenen Wohnung schon einmal geübt.

Nicht stören

Soll Ihr Kind Konzentration und Selbstdisziplin beim Lernen erreichen, dann lautet für uns Erwachsene die Grundregel: Bitte nicht stören!

Lehren Sie Ihr Kind von klein auf, sich mit sich selbst zu beschäftigen. Schon ein wenige Monate altes Baby kann ganz versunken spielen. Stören Sie es nicht, indem Sie es unterbrechen oder ablenken. Leisten Sie bei entstehenden Schwierigkeiten nur Hilfe zur Selbsthilfe. Natürlich müssen wir unser Kind hin und wieder aus seinem Spiel reißen. Dennoch sollten wir dies nur tun, wenn es unbedingt nötig ist. Denn die Ursache für die meisten Konzentrationsstörungen bei Kindern ist heute, dass sie eben von klein auf unterbrochen oder gestört werden. Dabei kann es sich um Telefon- oder Handyklingeln, die Türglocke, den Fernseher im Nachbarraum, ein überlautes Radio, die brummende Dunstabzugshaube und vieles mehr handeln. Gerade hat sich das Kind voll und ganz vertieft, da kommt die Mutter und bläst hektisch zum Aufbruch. Der Tagesablauf vieler Kinder ist leider derart gestaltet, dass sie kaum eine Möglichkeit haben, über einen längeren Zeitraum konzentriert einer Sache nachzugehen. Schuld daran sind leider oft wir Eltern, weil wir diese Phasen des vertieften Spiels viel zu wenig achten.

Nicht ablenken

Eng verwandt mit der Störung ist die Ablenkung. Lehren Sie Ihr Kind, alles mit seiner gesammelten Aufmerksamkeit zu tun: Zuhören, Malen, Spielen, Werken, Basteln, Reden und so weiter. Stellen Sie deswegen ablenkende Dauerberieselungen ab. In vielen Elternhäusern läuft ständig ein Radio oder der Fernseher. Stellen Sie einmal den Anrufbeantworter an. Besinnen Sie sich wieder auf eine alte Grundregel: »In der Ruhe liegt die Kraft!«

Dies wird auch Ihnen gut tun. Die Evolution hat unser Gehirn darauf trainiert, seine Aufmerksamkeit zu teilen. Hätte der Urmensch eine Gefahr lediglich wahrnehmen können, ohne gleichzeitig nach Fluchtwegen Ausschau zu halten, hätte es die Menschheit wohl nie so weit geschafft. Deshalb müssen wir Eltern unserem Kind helfen, sich auf nur eine einzige Sache einzulassen. Wie wir an den Kindern aus Bullerbü sehen, läuft dieser Prozess zunächst im Spiel ab: Sie bauen eine Hütte, richten diese schön ein, und das alles macht auch noch richtig Spaß.

Finden Sie heraus, welches Spiel Ihrem Kind am meisten liegt. Erfindet es sich am liebsten neue Welten in seinem Kinderzimmer? Werkelt es gerne in der freien Natur? Liebt es Puzzlespiele? Geben Sie Ihrem Kind die Möglichkeit, seiner Persönlichkeit gerecht zu werden.

Nicht beschäftigen

Viele Kinder, die ihren Eltern als anstrengend erscheinen, werden von Mutter oder Vater systematisch bei Laune gehalten. Doch damit beginnt sich eine gefährliche Spirale zu drehen. Das Kind hat Langeweile und schon fühlen sich die Eltern für die Abwechslung zuständig. Es wird von den Eltern »bespielt« oder zu irgendwelchen Freizeitaktivitäten animiert. Nun wird es, ehe man sich versieht, immer schlimmer. Das Kind findet schon den Zugang zu einem Spiel nicht mehr, es kann nichts durchhalten, alles endet in der Langeweile. Die Kinderzimmertür wird aufgerissen, das Kind ist unwillig und schlecht gelaunt. Es möchte spielen und kann es nicht. Die Eltern wiederum glauben, ihr Kind benötige Abwechslung und schon erstellen sie schnell ein Nachmittagsprogramm: drei Uhr Spielplatz, fünf Uhr Kinderturnen und so weiter. Wir kennen das alle.

Das ist keine Hilfe zur Selbsthilfe! Dieses Kind wird sich später in der Schule nur mit allergrößter Mühe konzentrieren können, denn es hat gelernt, dass Abwechslung prompt serviert wird, wenn es ein Problem hat, sich langweilt oder nicht auf eine Sache besinnen kann. Nach zehn Mathematikaufgaben folgen aber leider noch zehn weitere und keinerlei Abwechslung. Spätestens jetzt ist dieses Kind innerlich zum Bersten angespannt. Es wird entweder seinen Nachbarn bereits gestört oder die erste Ermahnung des Lehrers abbekommen haben.

Wir wissen bereits, dass wahrhafte Freiheit bedeutet, von klein auf Verantwortung für sein eigenes Leben zu übernehmen. Diesem Kind wurde jegliche Freiheit verwehrt, denn es wurde zeitlebens von außen angeleitet und gesteuert. Nun hat es keine Möglichkeiten, mit dem Leben zu spielen, weil es nie gelernt hat, sich über das lange versunkene Spiel Techniken anzueignen, die ihm in dieser Unterrichtssituation weiterhelfen könnten.

Hilfe zur Selbsthilfe bedeutet: Ein Kind muss von klein auf lernen, sich alleine zu beschäftigen und aus der Langeweile heraus zur Kreativität zu finden.

Der Lernprozess beginnt schon beim Baby. Wer acht Monate alt ist, sollte bereits eine Weile, vielleicht 15 Minuten, ganz für sich allein spielen und sich beschäftigen können.

Langsam kommen immer mehr Minuten hinzu, bis wir bei der erwähnten Kindergartenregel sind, über die viele Eltern heute erschrecken: Zwei Stunden am Stück sollte sich ein Kindergartenkind allein in seinem Zimmer beschäftigen können.

Heute Ballett, morgen Geigenunterricht, übermorgen »Englisch für Kids« im Vorschulalter, dann noch Hockey oder Tennis – wir Eltern wollen unseren Kindern möglichst früh etwas bieten und meinen, sie damit zu fördern. Überlegen Sie sich gut, was Sie dem Kind damit beibringen. Kleine Kinder, die es gewohnt sind, Nachmittag für Nachmittag zum Spielen und Lernen irgendwohin chauffiert zu werden, können sehr oft mit ihrer späteren häuslichen Lernumgebung, nämlich ihrem eigenen Zimmer, nichts anfangen.

Ein bisschen Abwechslung ist sicher eine feine Sache, aber ein Kind sollte im Vorschulalter in erster Linie lernen, sich zu konzentrieren. Das gelingt ihm am schnellsten und am besten über das Spiel. Beim Spielen lernt es, sich zu sammeln und seine ganze Aufmerksamkeit einer Tätigkeit zu schenken. Dieses Kind ist innerlich verbunden mit sich selbst. Ablenkende Gedanken treten immer mehr in den Hintergrund. Selbst das »Ich« tritt zurück und macht einer gesunden Selbstvergessenheit Platz. Die Zeit scheint stillzustehen. Ist dieser glückselige Zustand einmal gelernt, wird das Kind bemüht sein, ihn auf fast alle Lebenssituationen zu übertragen. Deswegen plädiere ich dafür, in der Vorschulzeit das Hauptaugenmerk nicht auf den Wissenszuwachs zu legen, sondern an den Elementen der Selbstdisziplin zu arbeiten. Denn sind die Grundlagen einmal gelegt, ist Faktenlernen für die Schule ein Kinderspiel. Doch das »Lebenslernen« ist und bleibt die Aufgabe des Elternhauses.

Disziplin üben

Wie lange sollte sich ein Kind nun beschäftigen können? Hier eine Faustregel zur Orientierung: Ein Kind im Kindergartenalter sollte gelernt haben, zwei Stunden am Stück etwas mit sich selbst anfangen zu können, ohne eine erwachsene Person zu benötigen.

Seien Sie wie immer Vorbild! Leben auch Sie mit Disziplin und dem Blick für »das eine«. Gerade wir Mütter besitzen das Talent, mehrere Sachen gleichzeitig zu machen. Wir unterbrechen ständig unsere Arbeit, um das Telefon zu beantworten oder die Tür zu öffnen. Wir bügeln beim Fernsehen und fragen beim Spülen Vokabeln ab. Wenn Sie das nächste Mal mit Ihrem Kind gemeinsam die Spülmaschine ausräumen, lautet das Motto: Von Anfang bis zum Ende gönnen Sie Ihre Aufmerksamkeit nur der Spülmaschine und sonst nichts. Sie zupfen nicht dazwischen welke Blätter vom Blumenstock auf der Fensterbank oder kehren schnell die Küche durch.

Kinder und auch wir haben keinen Schalter im Kopf, der uns die Möglichkeit gibt, auf volle Konzentration umzuschalten. Üben Sie mit Ihrem Kind. Versuchen Sie immer wieder, einen Flow auszulösen. Die Aufgabe darf nicht zu schwer sein oder sehr viel Zeit beanspruchen. Zu einfach darf die Tätigkeit jedoch ebenso wenig sein, da sich das Gehirn Ihres Kindes sonst schnell neue Reize sucht. Das Kind muss mit Freude »am Ball bleiben«. Steht am Ende der Erfolg, spürt das Kind das Glück einer inneren Disziplin.

Die Zeit

Zeit bestimmt unser Leben zu einem hohen Maße. Wir lassen uns von dem Gedanken treiben, jede Minute »sinnvoll« nutzen zu müssen. Doch sind auch unsere Kinder in dieser Nutzung unseres Zeitkontos berücksichtigt? Viel zu wenig, das ist meine Ansicht. Deswegen möchte ich im Folgenden beschreiben, wie viel Zeit unser Kind wirklich braucht und warum wir uns mit dem Begriff »Qualitätszeit« nur etwas vormachen.

Geplante und ungeplante Zeit

Eltern sein kostet Zeit. Auf der einen Seite der Zeitwaage befindet sich die fest eingeplante Zeit für die Kinder. Legen wir sie mit zehn Kilogramm fest. Dies ist in meinen Augen der einfache Teil des Elterndaseins: morgens aufstehen, das Kind für die Schule oder den Kindergarten vorbereiten, gemeinsame Frühstückszeit, gemeinsames Mittagessen oder nachmittägliches Abholen, gemeinsames Abendessen, ins Bett bringen. Der andere Teil der Zeitwaage, die ungeplante Zeit, variiert täglich zwischen zehn Gramm und 100 Kilogramm. Das ist der Teil des Elterndaseins, der pausenlos Überraschungen bereithält. Er bedeutet Abenteuer, eigenes Wachstum, erfordert ständige Kreativität und verlangt fortwährendes Neuplanen oder Umdenken von uns Eltern.

Ich hatte mich gerade einmal mit einem guten Buch und leckerem Tee in der Badewanne entspannt, als aufgeregtes Rufen aus einem der Kinderzimmer ertönte: »Mama, ich habe einen Pickel!« *Das war Nele. Fünfjährige, die einen Pickel haben, stellen keine größere Anforderung dar – anders sieht es bei 14-jährigen Teenagern aus. Hier kann ein einziger Pickel zu einem abendfüllenden Problem werden. Ich entspannte mich wieder, als Nele ein weiteres Mal rief:* »Mama, ich habe noch einen Pickel!« *Gut, zwei Stück, dachte ich mir. Dann folgte jedoch die Botschaft, die meinem Wannenbad blitzartig ein Ende setzte.* »Mama, ich habe überall Pickel, und die jucken!« »Windpocken!«, *durchzuckte es mich.*

Beispiel

Solche Episoden lösen im Nu einen Dominoeffekt aus, den auch der beste Topmanager dieser Welt nicht beherrschen würde. Denn Kinderkrankheiten haben die merkwürdige Eigenschaft, immer dann aufzutauchen, wenn Papa und Mama eigentlich überhaupt keine Zeit haben. Nur wer wahrhaftig liebt, behält in diesem Augenblick die Nerven, den Überblick und verfällt nicht in Panik, sondern versucht mithilfe seines gesunden Menschenverstands, die Dinge in den Griff zu kriegen. Unberechenbare Kinderkrankheiten können allerhand unangenehme Folgen haben: Chef und Kollegen müssen davon überzeugt werden, dass die Teilnahme an dieser wichtigen Konferenz leider unmöglich ist. Mitten in der Nacht noch eilen Sie zum Kindernotdienst, um gegen das schreckliche Jucken das entsprechende Mittelchen zu organisieren. Auch eine Apotheke will gefunden sein, die Nachtdienst *und* das Mittel hat. Außerdem müssen Sie ein völlig verzweifeltes Mädchen trösten, das morgen Geburtstag hat und sechs kleinen Mädchen die Feenparty absagen muss. Außerdem juckt seine Haut und leichtes Fieber hat es auch noch.

So ist das mit dem Elterndasein. Die meisten Dinge sind einfach nicht planbar. Wir brauchen stets Zeit für unsere Kinder,

- um sie zu versorgen, wenn sie krank sind,
- um sie zu beruhigen, wenn sie etwas bekümmert,
- um sie zu ermutigen, wenn ihnen etwas nicht gelungen ist,
- um Spaß mit ihnen zu haben,
- um etwas mit ihnen zu unternehmen,
- um sie aufzumuntern, wenn sie aufgeben wollen, oder
- um sie zur Rede zu stellen, wenn sie Mist gebaut haben.

Ein kleines Kind kennt keine Hetze. Es hat immer Zeit. Wir Eltern müssen lernen, dies zu akzeptieren. Wie oft höre ich im Kindergarten von Müttern oder Vätern: »Mach schnell, wir müssen noch einkaufen«, oder »Lass mich die Schleife machen, das geht schneller.« Gerade Mütter und Väter, die im Berufsleben stehen, müssen ganz bewusst lernen, mit ihrer Zeit wieder anders umzugehen. Sie müssen sich vergegenwärtigen, dass ein Kind Zeit benötigt, um zu wachsen und zu gedeihen. Wer mit seinem Kleinkind zu Fuß geht, sollte viel Zeit einplanen. Schließlich muss der Hund des Nachbarn begrüßt, der Müllabfuhr hinterhergeschaut, die Schnecke auf dem Gehweg schnell noch umgesetzt werden. All diese Dinge sind im Leben eines Kindes wichtig. Natürlich gibt es Momente, in denen Eile geboten ist. Doch wir müssen akzeptieren, dass kleinen Kindern jegliches Zeitgefühl fehlt. Sie begreifen nicht, warum Mama Stress verbreitet. Lernen Sie, Ihre Zeit so zu planen, dass Sie Ihrem Kind und seinen Kinderaktivitäten immer genügend Platz einräumen. Öffnen Sie sich dieser Geschäftigkeit. Schauen Sie durch die Augen Ihres Kindes, so bringen Sie Ihre vielleicht verkümmerten

Sinne wieder auf Vordermann. Ihr Kind kann noch über eine Pusteblume in Entzücken verfallen. Es wird Ihnen beibringen, die Welt wieder als beglückend und erfüllend zu empfinden, weil es den Blick auf die vielen schönen Kleinigkeiten lenkt.

Echtzeit und Qualitätszeit

Seit einiger Zeit sind diese beiden Begriffe immer wieder im Gespräch. Insbesondere Eltern, die viel arbeiten, behaupten, dass letztendlich nicht die Quantität, sondern die Qualität der gemeinsam verbrachten Zeit entscheidet. Dem widerspreche ich. Unsere Kinder brauchen mehr als nur kurze Phasen der intensiven Zuwendung. Vieles von dem, was im täglichen Leben erlernt werden muss, erfordert dass dauernde Engagement der Eltern. Denn wie bereits erwähnt, lernen Kinder am besten, am schnellsten und am meisten durch unser Vorbild. Doch wie soll das funktionieren, wenn das Vorbild durch Abwesenheit glänzt? Auch gilt es, dass beide Eltern diese Vorbildfunktion wahrnehmen. Kinder müssen die Möglichkeit haben, sowohl männliches als auch weibliches Verhalten studieren zu können. Überlegen Sie genau:

1. Wie viel Geld benötigt die Familie tatsächlich?
2. Lohnt es sich, eher auf etwas zu verzichten, als über zusätzliches Geld zu verfügen?
3. Wie viel Zeit kann der Vater und wie viel Zeit kann die Mutter für das Kind erübrigen?
4. Ist die Betreuung in einer Krippe, einem Hort oder einer sonstigen Tagesstätte tatsächlich die richtige Lösung? Gibt es Alternativen?

Wägen Sie alle Punkte genau ab. Auch wenn Sie es an dieser Stelle nicht gerne hören werden: Die Erwachsenen, die am besten im Leben vorankommen, hatten in der Regel Eltern, die präsent waren. Erinnern Sie sich noch an die Worte von Astrid Lindgren über ihre Mutter Hanna? »Sie war da, wenn wir sie brauchten.« Stürme im Leben kann Ihr Kind am besten überstehen, wenn seine Kindheit von Geborgenheit geprägt war. Geborgenheit geben bedeutet: anwesend zu sein, sein Kind Tag für Tag zu lieben, zu führen, anzuleiten und zu unterstützen. Deswegen lautet mein Plädoyer: Wirkliche Zeit ist wichtiger als »Qualitätszeit«, auch wenn die wirkliche Zeit nicht immer ideal genutzt wird.

Zuhören

Der Psychologe Michael P. Nichols schreibt in seinem Buch *Die wiederentdeckte Kunst des Zuhörens*:

»Zuhören ist eine Kunst, die der Offenheit für die Einzigartigkeit des anderen und der Toleranz gegenüber der Verschiedenartigkeit bedarf. Die größte Gefahr für das Zuhören in der Familie sind rigide Rollen, festgefahrene Erwartungen und Anpassungsdruck.«

Bullerbü-Eltern zu sein bedeutet, seinem Kind gut zuhören zu können. Das ist jedoch einfacher gesagt, als schließlich in die Tat umgesetzt. Meist müssen Sie eine Weile üben, bevor Sie es wirklich beherrschen.

Trainieren Sie das Zuhören

Probieren Sie, zunächst einmal nur für einen Tag, möglichst wenig zu reden. Hören Sie stattdessen genau hin, was die anderen Familienmitglieder, aber auch Kollegen, Nachbarn oder Freunde mitzuteilen haben, und versuchen Sie es wirklich aufzunehmen. Wenn Sie das öfter wiederholen, werden Sie unerwartet schöne Seiten am

Zuhören entdecken. Zuhören bedeutet, Interesse und Verständnis zu zeigen. Ihr Kind spürt, dass es Ihnen wichtig ist, seine Ansichten und Gedanken anzuhören und zu begreifen. Außerdem ermutigt Ihr offenes Ohr Ihr Kind, sich mehr zu öffnen und mitzuteilen, was Sie beide einander näher bringen wird. Interessiertes Zuhören intensiviert die Kommunikation, sie wird vertraulicher, inniger und nachhaltiger. Zuhören vermittelt Ruhe und Sicherheit.

Studien haben bewiesen, dass gute Zuhörer auch keinen Hang zu übertriebenen Reaktionen zeigen. Kleinigkeiten bringen sie nicht aus dem Takt, und sie legen auch nicht jedes Wort auf die Goldwaage. Menschen, die gut zuhören können,

- sind gelassener, denn sie müssen sich nicht ständig einmischen,
- zeigen mehr Respekt, denn sie empfinden keinen Drang, alles zu kommentieren,
- ziehen keine voreiligen Schlüsse, da sie nicht ständig vorausdenken.

Diese Menschen ruhen in sich. Ich erachte dies für eine sehr bewundernswerte Eigenschaft, denn wer schafft es heute schon, ein Fels in der Brandung zu sein?

Doch Zuhören kann man lernen. Versuchen Sie es! Beginnen Sie beim nächsten Gespräch, und üben Sie es wieder und immer wieder. Auf Dauer werden Sie bemerken, dass Ihnen früher vieles entgangen ist. Wer schweigt, ist nicht unbedingt ein passiver Mensch. Er hat freie Kapazitäten, um neue Dinge zu beobachten. Als Zuhörer werden Ihnen Körperhaltungen auffallen, die Ihnen zuvor entgangen sind. Sie werden an der Mimik erkennen, wie es Ihrem Kind gerade geht. Wer gut zuhören kann, wird einfühlsamer, weil er Gefühle wahrnimmt, Schmerz und Frust spüren kann. Doch auch Begeisterung und Freude können Sie besser aufnehmen und genießen. Orientieren Sie sich bei Ihren Übungen an folgenden Faktoren:

1. *Hinhören ist nicht gleich Zuhören.* Lernen Sie diesen Unterschied kennen. Hören Sie zunächst nur zu, ohne das Gehörte zu bewerten.

2. *Geduld üben.* Konzentrieren Sie sich, bis Ihr Kind zu Ende gesprochen hat. Die Versuchung ist enorm groß, ihm ins Wort zu fallen, es zu unterbrechen oder einen Kommentar abzugeben, noch ehe es zu Ende gesprochen hat.

3. *Gut hinsehen.* Da Sie nicht mehr darauf bedacht sind, stets »Ihren Senf« dazu zu geben, können Sie sich nun mehr auf Mimik und Körperhaltung konzentrieren. Diese werden Ihnen zusätzlich helfen, das Gehörte richtig zu interpretieren.

Ich kenne ein Kind, das so langsam spricht, dass es mich regelmäßig richtig nervös macht. Ich muss mich zusammenreißen, um es nicht zu unterbrechen oder seinen Satz zu Ende zu sprechen. Weil ich weiß, dass dies respektlos ist, verkneife ich es mir. Da dieses Kind viel Zeit bei uns verbringt, ist es zu einer richtigen Herausforderung für aktives Zuhören für mich geworden. Besonders wenn ich angespannt bin oder unter Zeitdruck stehe, nehme ich mir für diesen jungen Mann bewusst Zeit, setze mich auf einen Stuhl und höre zu.

Zuhören ist ein Lernprozess. Ob in der Familie oder im Berufsleben: Wer zuhören kann, liegt im Vorteil. Er verfügt über eine geschärfte Wahrnehmung, ist offener und strahlt eine positive Kraft auf andere aus.

Öffnen Sie die Ohren für Ihr Kind

Wann hatten Sie das letzte Mal das Gefühl, dass Sie sich mit Ihrem Kind wirklich von Herz zu Herz ausgetauscht haben? Ist es lange her? Dann sollten Sie unbedingt einen Neuanfang in dieser Hinsicht wagen. Tasten Sie sich wieder vorwärts, behutsam, Schritt für Schritt. Es gibt keine vorschriftsmäßige Struktur, wie so ein Gespräch verlaufen sollte. Es gibt keine richtige oder falsche Vorgehensweise. Folgen Sie einfach Ihrem Gefühl.

Autofahrten nutzen. Nach meiner Erfahrung sind Autofahrten für Gespräche zwischen Ihnen und Ihrem Kind sehr gut geeignet. Warum das so ist, kann ich nur vermuten. Vielleicht fühlt sich das Kind Ihnen in einem Auto gleichgestellt. Auch trägt das Sitzen in einem kleinen überschaubaren Raum, der in sich abgeschlossen ist, sicher positiv zur Gesprächsatmosphäre bei. Außerdem können wir Eltern unserem Kind nicht in die Augen schauen, und die Kinder haben die Möglichkeit, aus dem Fenster zu blicken, während sie sich öffnen. Wenn Sie merken, dass dies auch auf Ihr Kind zutrifft, nutzen Sie diese Zeit.

Stimmungen nachspüren. Es wird Ihnen nicht gelingen, Ihr Kind dazu zu drängen, sich Ihnen zu öffnen. Dieser Vorgang braucht oftmals Zeit und geschieht meist ganz »nebenbei«. Am häufigsten geht Ihr Kind einen Schritt auf Sie zu, wenn Sie es gerade gar nicht erwarten. Versuchen Sie zu erspüren, wann ihr Kind glücklich, traurig, besorgt oder erfreut ist. Wann immer Sie es für wichtig erachten, suchen Sie das Gespräch. Auch die nonverbale Kommunikation ist nicht zu vernachlässigen. Lernen Sie, auf die Körpersprache, auf den Tonfall oder auf andere versteckte Botschaften Ihres Kindes zu achten.

Zeit muss sein. Nehmen Sie sich Zeit für ein Gespräch. Prüfen Sie immer wieder, dass Sie nicht unverschämt, übergenau, demütigend oder angriffslustig werden. Wenn doch, lehnen Sie sich zurück und halten Sie inne – schließen Sie kurz die Augen, sammeln Sie sich, rufen Sie sich in Erinnerung, worum es Ihnen im Innersten geht, und starten Sie schließlich einen neuen Versuch. Seien Sie geduldig, nicht nur mit Ihrem Kind, sondern auch mit sich selbst.

So wird auch Ihr Kind ein guter Zuhörer

1. Lehren Sie Ihr Kind, dass Sie gerne bereit sind, mit ihm zu sprechen, dass es dafür aber nicht nötig ist, durch zwei Wände hindurch nach Ihnen zu brüllen.
2. Lehren Sie Ihr Kind, dass immer nur einer spricht, und jeder zu Ende spricht, ehe der nächste beginnt. Niemand wird unterbrochen. Auch wenn jemand ins Stocken gerät, soll Ihr Kind nicht helfend einspringen. Denn auch das ist unhöflich.
3. Lehren Sie Ihr Kind, verantwortungsvoll mit der Sprache umzugehen. Ihr Kind sollte lernen, andere nicht mit seinen Worten abzuwerten.
4. Auch ein kleines Kind sollte lernen, sich kurz zu fassen. Gerade die Kinder, die gerne ohne Unterlass plappern, sollte man schon früh in der Kunst unterweisen: In der Kürze liegt die Würze.

Das Jetzt

Kinder werden heute fast immer dazu erzogen, in die Zukunft zu schauen. In ihrem Leben geht es immer um Dinge, die nicht im Heute, sondern im Morgen liegen: um Arbeiten, die geschrieben werden, um Zeugnisnoten, die angestrebt werden, um einen Schulabschluss, um eine Berufsausbildung. Von klein auf konditionieren wir unsere Kinder auf diesen Zukunftsblick. Wir möchten, dass sie einmal ihr eigenes Geld verdienen und im Leben bestehen können. Das ist unser Erziehungsziel und alles richtet sich danach aus. Dabei verhindern wir jedoch, dass sie die Gegenwart voll ausschöpfen.

Im Spiel leben die Kinder im Jetzt. Sie sind in der Lage, alles um sich herum zu vergessen. Ein spielendes Kind weiß noch, dass das Leben – und zwar das gegenwärtige – etwas Phantastisches ist. Wenn unsere Kinder geboren werden, tragen sie diesen wichtigen Teil des Urwissens noch in sich. Kinder erleben das Jetzt als einen magischen Punkt in ihrem Leben. Besonders kleine Kinder sind in der Lage, jeden Moment ihres Lebens voll auszuleben.

Unsere Aufgabe als Eltern ist es dafür zu sorgen, dass diese wichtige Fähigkeit in unseren Kindern nicht verloren geht. Doch leider beherrschen es nur noch die wenigsten Erwachsenen, sowohl körperlich als auch geistig im Hier und Jetzt zu leben. Das Wunder des Augenblicks zu genießen, haben die meisten von uns im Laufe der vielen Jahre ganz schlicht verlernt. Nutzen wir die Chance, gemeinsam mit unseren Kindern zurück zu unseren Wurzeln zu kehren. In der Gegenwart bewusst zu leben bedeutet natürlich nicht, dass Pläneschmieden oder Zielsetzung plötzlich verboten sind. Es handelt sich vielmehr um eine Art Einstellung zum Leben. Sein Abitur zu erreichen ist ohne jeden Zweifel etwas sehr schönes. Doch die Zeit bis dahin sollte ebenfalls so gestaltet sein, dass sie viel Spaß sowohl innerhalb als auch außerhalb der Schule verspricht.

Wenn Sie Ihr Kind bedingungslos lieben, dann sollte es Ihnen leicht fallen, es im Jetzt zu akzeptieren, völlig unabhängig von dem, was einmal kommen wird. Sie werden Ihren Kindern eine größere Unterstützung sein, wenn Sie mit ihnen in der Gegenwart leben und über das Heute mit ihnen sprechen. Denn die Sorgen und Probleme Ihres Kindes finden in der Gegenwart statt. Wenn Sie Ihren Blick ständig darauf richten, was einmal sein wird, wenn das Kind Ihre Erwartungen erfüllt hat, vermitteln Sie Ihrem Kind folgende Botschaft: »Wenn du groß bist, werde ich in dir einen vollwertigen Menschen sehen, der im Leben mitreden kann. Doch bis dahin musst du erst einmal zeigen, was du kannst.«

Wir sollten damit aufhören, unsere Kinder auf das zukünftige Leben vorbereiten zu wollen. Das Leben findet heute statt. Diese veränderte Einstellung wird dazu führen, dass Sie Ihr Kind *jetzt* wahrnehmen und sich *jetzt* voll und ganz an ihm erfreuen. Es ist eine traurige Wahrheit, dass Eltern diese Erkenntnis oftmals erst kommt, wenn sie mit dem nahenden Tod oder einer schweren Krankheit konfrontiert werden oder wenn ihrem Kind etwas zustößt. Erst dann werden sie sich der Einzigartigkeit ihres Kindes bewusst.

Beispiel

Es ist schon einige Jahre her, da erkrankte eine Mutter aus unserem Freundeskreis schwer an Brustkrebs. Zwei lange Jahre kämpfte sie gegen die Krankheit, danach kapitulierte sie. Sie spürte, dass der Krebs sie besiegt hatte, und beschloss, noch ein letztes Mal das Leben zu feiern. Es war ihr 40. Geburtstag. Im Laufe dieser Feier verabschiedete sie sich von uns allen und hielt eine beeindruckende Rede, die eine große Wirkung auf mich erzielte. Sie erzählte uns von ihren Sehnsüchten, die sie gelebt hatte: Sie legte ihr Abitur ab, um zu studieren. Sie studierte, um ihren Beruf zu erlernen. Sie machte in einer beeindruckenden Zeit Karriere. Neben der Karriere heiratete sie und bekam Kinder. Dennoch stieg sie schnellstmöglich wieder in den Beruf ein, und es gelang ihr, Beruf und Familie zu vereinbaren. Zuletzt sprach sie davon, dass sie all das niemals so gemacht hätte, wenn sie gewusst hätte, nicht älter als 40 Jahre zu werden.

Sie wollte uns klar machen, dass wir jeden Tag so genießen sollten, als wäre es unser letzter. Sie starb nur wenige Wochen nach diesem Tag in dem Bewusstsein, ihr Leben nicht ausgeschöpft zu haben.

Auch wenn es hart klingen mag: Versuchen Sie Ihr Leben einmal so zu leben, als stünde das Ende kurz bevor. Sie werden Ihre Kinder plötzlich mit ganz anderen Augen sehen. Sie werden es automatisch unterlassen, Ihnen im Affekt noch schnell eine Kritik mit auf den

Weg zu geben. Sie werden sich stets bewusst und mit einer großen Wertschätzung füreinander verabschieden. Sie werden Ihr Kind plötzlich nicht mehr als Selbstverständlichkeit, sondern als ein Geschenk betrachten. Erst, wenn wir mit unserer Vergänglichkeit konfrontiert werden, wird uns der Wert unserer eigenen Familie klar.

Wenn es Ihnen gelingt, Ihr Leben um dieses Perspektive zu erweitern, werden Sie lernen, anders zu leben. Ihre Geduld und Gelassenheit werden wachsen, und Sie werden anstehende Probleme nicht überbewerten. Die nächste Mathearbeit Ihres Kindes wird an Bedeutung verlieren. Sie haben gelernt, im Heute und im Jetzt zu leben und das Leben in seiner ganzen Schönheit zu genießen. Ihr Weg zur persönlichen Erfüllung ist plötzlich gepflastert mit Aktivitäten, die Ihnen und Ihrem Kind wirklich Spaß machen.

Eignen Sie sich einen beständig positiven Blick auf das Leben an. Dieses Beispiel mag verrückt klingen, aber Sie können es auch genießen, den Müll zum Mülleimer zu bringen. Denn selten genug machen wir uns klar, was es eigentlich bedeutet, Müll zu produzieren. Seien Sie glücklich, dass Sie zu den Menschen gehören, deren Leben auch Abfall, also Überschüssiges hervorbringt, und überlegen Sie beim nächsten Gang zum Mülleimer, wie vielen Menschen dieser Luxus nicht vergönnt ist.

Die Familiendemokratie

Wenn Sie ein ruhiges und entspanntes Familienleben genießen möchten, erscheint mir die Herrschaftsform der Demokratie mit einer eigenständigen Familienverfassung als eine solide Grundlage. Dennoch plädiere ich, anders als im alten Griechenland, nicht für eine reine Volksdemokratie, sondern für die demokratische Staatsform mit einem Oberhaupt. In der Familie sollten die Eltern die Position des Oberhaupts innehaben.

Führen Sie Ihre Familie. Wenn alle tun und lassen, was sie wollen, kann eine Familie nicht funktionieren. Eine Verfassung (ihr Familienleitbild) darf nicht nur aufgestellt, sie muss auch gewahrt werden. Gerade wenn die Kinder älter werden, nimmt das Familienleben manchmal eine merkwürdige Form des Nebeneinanderlebens an. Die Kinder leben zu Hause, sie gehen zur Schule, treffen ihr Freunde. Doch ansonsten fühlen sie sich für absolut nichts verantwortlich. Doch damit sind sie schlecht auf ein eigenständiges Leben vorbereitet.

Eine Familie funktioniert gut, wenn sie eine Einheit bildet. Dann ist sie auch in der Lage, eine Krise wie etwa Arbeitslosigkeit zu meistern. In einer Familie, die geführt wird, ohne dass einer dominiert, halten alle gerne zusammen. Denn jedes Familienmitglied kann eine Zielgerichtetheit und eine Orientierung erkennen. Kinder übernehmen in einer solchen Familie eine wichtige Rolle. Sie haben ihre eigenen Verantwortungsbereiche, sie sind selbstsicher und sie wissen genau, wo sie stehen. Sie sind Teil eines Ganzen und fühlen sich gebraucht. Die Eltern beziehen die Kinder in Diskussionen ein. Die endgültige Planung und wichtige Entscheidungen stehen jedoch den Eltern zu, nachdem sie alle Fakten abgewogen haben. Die Kinder können sich darauf verlassen, dass die Eltern nach bestem Wissen handeln. Führen bedeutet: die Verantwortung für die elementaren Bedürfnisse der Familie zu tragen. Dazu gehört:

- die Budgetplanung,
- die Einteilung der Ressourcen,
- die Organisation der täglich wiederkehrenden Arbeiten,
- die allgemeinen Verwaltungsarbeiten,
- die Planung der Familienzeit sowie die Einteilung des Rhythmus und
- die Sorge für die Gesundheit der Familienmitglieder.

Freiheit im Denken kann nur aus der Sicherheit und der Geborgenheit der Familie heraus entstehen. Die »Bürger« der Familie müssen die Gewissheit haben, dass ihre »Staatsoberhäupter« gut für sie sorgen. Ihre besonnene Planung muss Ihren Kindern die Freiheit zugestehen, in Ruhe zu wachsen.

Die Hypnose zum Glück

Warum sind eigentlich so viele Erwachsene unglücklich? Haben Sie sich diese Frage schon einmal gestellt? Schauen Sie sich einmal in Ihrem Bekanntenkreis um, und zählen Sie die Menschen auf, von denen Sie glauben, dass sie ganz und gar in sich ruhen. Sie schütteln den Kopf? Ihnen fällt keiner ein? Wir leben zwar in einem der reichsten Länder dieser Welt, aber dennoch wird jede dritte Ehe geschieden. Jeder vierte von uns greift regelmäßig zu Alkohol oder Tabletten, um Krisen zu überstehen. Eine stetig wachsende Anzahl an Kindern, Jugendlichen und Erwachsenen begeben sich in psychiatrische Behandlung, weil sie nicht mehr weiter wissen.

Schauen wir noch einmal zu den Kindern aus Bullerbü. Inga und Lisa beschließen eines Tages, dass sie fortan Menschen glücklich machen wollen. Das Ganze erweist sich aber als ein weitaus schwierigeres Unterfangen, als sie zunächst angenommen hatten.

»Als die Schule im Herbst wieder angefangen hatte, sagte die Lehrerin eines Tages, wir sollten uns immer bemühen, andere Menschen glücklich zu machen. Niemals aber sollte man etwas tun, wovon Menschen unglücklich werden könnten.

Am Nachmittag saßen Inga und ich auf unserer Küchentreppe und sprachen darüber. Und da beschlossen wir, sofort damit anzufangen, Menschen glücklich zu machen. Das Schlimme war nur, dass wir nicht genau wussten, wie wir es anstellen sollten. Wir wollten es daher erst einmal mit Agda, unserem Hausmädchen, versuchen. Wir gingen zu ihr in die Küche. Sie scheuerte gerade den Fußboden.

›Trampelt nicht auf dem Fußboden herum, wenn er noch nass ist‹, rief sie.

›Agda‹, sagte ich, ›kannst du uns etwas nennen, was wir tun könnten, um dich glücklich zu machen?‹

›Ja, das kann ich! Wenn ihr sofort aus der Küche verschwindet und mich in Ruhe scheuern lasst, dann macht mich das unglaublich glücklich!‹

Wir gingen wieder hinaus. Aber wir fanden es nicht besonders erfreulich, Menschen auf diese Art glücklich zu machen. Und so hatte es Fräulein Lundgren wohl auch nicht gemeint.«

Nun probieren die beiden Mädchen es bei Lisas Mutter. Doch diese antwortet: »Du brauchst nichts weiter zu tun, als auch weiterhin mein kleines, liebes Mädchen zu bleiben. (…) Dann bin ich vollkommen glücklich.« Nun ist Lisa ganz frustriert, gar ein wenig ärgerlich. Wie funktionierte denn nun die Sache, andere glücklich zu machen? Schließlich probieren sie es beim Großvater. Sie führen ihn spazieren und glauben, dass er nun glücklich sein müsste. Doch als sie diesen fragen, meint er, dass der glücklichste Moment des heutigen Tages ausgerechnet der war, als der Spaziergang beendet war. So versuchen sie es immer weiter, bis sie schließlich aufgeben. Die Lehrerin muss sich geirrt haben. Eines Tages erkrankt ein Mädchen aus Lisas Schulklasse schwer, und Inga und Lisa beschließen spontan, es zu besuchen und bringen ihm eine Puppe und ein Buch mit.

»Niemals habe ich einen Menschen so glücklich gesehen, wie Märta es wurde, als wir Bella und das Märchenbuch auf ihre Bettdecke legten und sagten, Bella und das Märchenbuch seien für sie. Oh, oh, oh, wie wurde sie glücklich! Sie drückte Bella und das Märchenbuch an sich und strahlte. Und dann rief sie ihre Mutter, sie solle kommen und sich das ansehen.

Als wir wieder draußen vor der Tür standen, sagte ich zu Inga: ›Ja, aber – jetzt haben wir einen Menschen glücklich gemacht, ohne dass wir daran gedacht haben!‹«

Diese Bullerbü-Episode zeigt: Glück lässt sich niemandem von außen aufzwingen, Glück muss von innen heraus kommen. Das war wohl die wichtigste Lektion, die Lisa und Inga lernen konnten. Uns Eltern muss bewusst sein, dass wir unsere Kinder nicht glücklich machen, indem wir ihnen ihre Wünsche erfüllen, schon gar nicht, wenn es sich nur um die materiellen Wünsche handelt. Auch das Glück unserer Kinder kommt von innen, aus ihnen selbst. Wir Eltern können jedoch den Beitrag leisten, dem Positiven mehr Gewicht zu verleihen. Auch Ihnen fällt das schwer? Dann wurden auch Sie als Kind von Ihren Eltern »falsch hypnotisiert«. Haben Sie ständig folgende oder ähnliche Sätze gehört:

- »Oh, was bist du faul!«
- »Du bist so dumm, bei dir ist wirklich alles verloren.«
- »Das wirst du später bereuen!«
- »Du bist ein Blödmann!«
- »Lass das lieber, das kannst du nicht.«

Die Liste ließe sich beliebig erweitern. Die meisten Kinder in unserem Breitengrad hören solche oder ähnliche Aussagen immer wieder. Meist sind sich ihre Eltern überhaupt nicht bewusst, dass diese Respektlosigkeiten im Unterbewusstsein des Kindes bis in alle Ewigkeit abgespeichert werden. Lernen Sie, dieses Verhaltensmuster abzulegen. Bleiben Sie am Ball, auch wenn es Ihnen schwer fällt. Drei Dinge werden nun passieren:

1. Ihr Familienleben wird sich in nur wenigen Wochen entspannen, weil Sie ab sofort die richtigen Worte wählen.

2. Sie werden ein glückliches Kind hervorbringen, das mit sich und der Welt zufrieden ist.

3. Sie werden selbst von Tag zu Tag immer glücklicher werden.

Halten Sie in allen möglichen Situationen nach dem kleinen oder großen Glück im Leben Ausschau. Sie werden stets etwas Positives finden, worauf Sie sich konzentrieren können. Wird das zu Ihrer ganz normalen Wahrnehmungsweise, wird es Ihnen fast unmöglich sein, sich wegen all der kleinen Ärgernisse aufzuregen.

Hypnotisieren Sie mit den richtigen Worten

Entschärfen Sie Stresssituationen, indem Sie sich bewusst bremsen und versuchen, das Positive in der Angelegenheit zu finden. Wo könnte sich in dem ganzen Dilemma ein Lichtblick verbergen? Allein diese umgekehrte Denkrichtung bewirkt, dass Sie Abstand gewinnen und sich neu ausrichten. Achten Sie dabei besonders darauf, wie Sie sich ausdrücken. Denn allein durch die richtige Art der Kommunikation können Sie viel bewirken.

Du-Botschaften

Lernen Sie, richtig zu formulieren. Alle Sätze, die ein »Du« beinhalten, müssen positiv sein. Beherzigen Sie diese Regel und vergessen Sie diese nie wieder. Denn Du-Sätze sind die Sätze, die Ihr Kind unter der Kategorie der Selbsteinschätzung abspeichert. Das sind die Fragen des Kindes nach der Identität – »Wer bin ich eigentlich?« Sie geben als Eltern täglich die Antwort darauf, indem sie dem Kind sagen:

- »Du bist wunderbar!«
- »Das hast du gut bewältigt!«
- »Das hast du zu meiner vollsten Zufriedenheit erledigt.«

Nun hat unser Kind aber gerade Mist gebaut. Da ist es logisch, dass solche Formulierungen fehl am Platze wären.

Ich-Botschaften

Nun sollten Sie auf das »Ich« zurückgreifen. Machen Sie klar, dass Sie eine bestimmte Lösung von Ihrem Kind erwarten:

- »Ich erwarte von dir, dass du das Zimmer aufräumst.«
- »Ich möchte, dass du den Küchentisch abräumst.«

Ich-Botschaften beinhalten immer eine Lösung, sie weisen nicht mehr auf das Problem hin. Sie können nicht verletzen, sondern zeigen dem Kind einfach nur den richtigen Weg.

Eltern, die wahre Glückskinder hervorbringen, stammen meist wiederum von Eltern ab, die die Welt ebenfalls positiv betrachteten. Die Wirkung positiver Gedanken ist unbestreitbar. Wenn Sie Ihren Kindern beibringen, sich im wahrsten Sinn des Wortes glücklich zu denken, werden Sie feststellen, dass Ihr Kind auch weitaus weniger krank sein wird.

Glückliche Gedanken führen dazu, dass der Körper Glückshormone ausschüttet, die uns beleben und Kraft geben. Wut, Trauer oder Sorge hingegen erzeugen Stress, und dieser zerstört letztendlich den Menschen selbst. Er wird krank und kraftlos. Spielen Sie mit Ihrem Kind immer wieder kleine Gedankenspiele, die ihm helfen, das Positive in seinem Leben zu sehen.

Affirmationen oder Gedankenspiele machen einen Menschen aus seiner eigenen Kraft heraus stark. Auch Kinder wachsen mit der Wirkung positiver Glaubenssätze, denn positive Gedanken geben Kraft.

So könnte Ihr Kind sich folgende Affirmation immer wieder vorsagen: »Ich bin ein glücklicher Mensch. Ich stehe der Welt positiv gegenüber. Ich habe Vertrauen zu mir selbst. Ich glaube an meinen Erfolg. Ich bin liebenswürdig. Ich übernehme Verantwortung für mein Leben. Ich bin gesund.«

Prüfen Sie das Umfeld Ihres Kindes

Sie können sich zu Hause die allerbeste Mühe geben, aus Ihrem Kind ein wahres Glückskind zu machen. Doch Sie werden scheitern, wenn die Kindergärtnerin, die Lehrerin, die Oma oder die Tagesmutter nicht am gleichen Strang ziehen. Früher dachte ich immer, dass ein Kind bestimmte Situationen »durchmachen« müsse, diese Erfahrung würde es für sein Leben stählen. Heute weiß ich: Schickt man sein Kind durch die Hölle, kommt ein gebrochener Mensch dabei heraus.

Beispiel

Drei Jahre lang war unsere Lilly aufgeschlossen, temperamentvoll, neugierig und glücklich, aber eben auch anstrengend. Ich war froh, als der katholische Kindergarten mir einen Platz für die Vormittage zusagte. Ich registrierte eine etwas altmodische Kindergartenleiterin, die für »Zucht und Ordnung« sorgte. Alles wirkte, als wäre der Kindergarten irgendwo in den fünfziger Jahren stehen geblieben. Ich nahm es wahr, handelte jedoch nicht. Die Veränderungen erfolgten fast unmerklich, aber sie waren da. Lilly wurde schüchterner, ruhiger und zurückhaltender. Erst als ich zwei Jahre später meinen kleinen Sohn Julius mitnahm, um gemeinsam Laternen zu basteln, platzte mir der Kragen. »Ach bitte, gib mir doch dein schönes Händchen!«, sagte die Kindergartenleiterin zu meinem linkshändigen Sohn. Ich suchte einen neuen Kindergarten. Hier war nicht der richtige Platz für meine Kinder. Doch Lilly war geprägt. Die Grundschulzeit verlief nicht schlecht, also folgte die Gymnasialempfehlung. Dennoch: Ein glückliches Kind hatte ich nicht an meiner Seite. Ausgerechnet mit dem Übergang zum Gymnasium folgte die Trennung von Lillys Vater. Ihre Noten im Halbjahreszeugnis waren in Ordnung, sie hatte den Übergang gut gepackt. Doch ihre Gesamtentwicklung bekümmerte mich. Hinzu kamen Lehrer, die ganz klar nicht in den Schuldienst gehörten. Ein Elternsprechtag genügte, um mir bewusst zu machen, dass ich mir eine andere Lösung für mein Kind suchen musste. Ungefähr die Hälfte aller Lehrer, mit denen ich sprach, hatten ein Vokabular, das negativer nicht mehr sein konnte. Ein Elternsprechtag mag sicherlich eine anstrengende Angelegenheit sein, aber dennoch sollte man in der Lage sein, Worte kontrolliert und überdacht auszusprechen. Gelingt dies einem Lehrer nicht einmal gegenüber einer erwachsenen Person, was passiert erst, wenn er einer 30 Mann starken pubertierenden Klasse gegenüber steht? Einer der Gründe, warum ich schließlich Lilly und auch alle anderen Kinder in die Waldorfschule gab, war, dass alle meine Kinder fortan Lehrer haben, die meine Kinder mit einem positiven Blick wahrnehmen. Gleichzeitig bewahren sie sich auch selbst einen positiven Blick auf das Leben. Diese Lehrer glauben an die Fähigkeiten und an das Gute in meinen Kindern, sie lieben und unterstützen sie. Sie prägen meine Kinder positiv für dieses Leben.

Grundregel Nummer eins: Es gibt viele wunderbare Lehrer, Kindergärtnerinnen und andere Betreuungspersonen. Suchen Sie so lange, bis Sie das Richtige gefunden haben. Haben Sie den Mut zu wechseln, wenn Sie ein ungutes Gefühl haben.

Grundregel Nummer zwei: Achten Sie genau auf die Sprache der Person, die Ihr Kind betreut. Bleibt diese Person auch unter Stress freundlich und gelassen? Ist ihr Blick auf das Leben positiv? Ist ihr Blick auf Ihr Kind positiv? Beim Elternsprechtag erkennen Sie einen guten Lehrer beispielsweise daran, dass er Ihnen erst einmal aufzählt, was Ihr Kind bereits alles kann. Zunächst sollte immer eine Liste der positiven Dinge erstellt werden. Das gibt den richtigen Ansporn, um weiter zu lernen.

Grundregel Nummer drei: Je kleiner das Kind, umso weniger Kompromisse sollten Sie eingehen. Drei Jahre Kindergarten oder vier Jahre Grundschule können das Selbstbewusstsein Ihres Kindes zerstören. Wenn seine Selbstachtung täglich über mehrere Stunden mit Füßen getreten wird, werden Sie auch zu Hause chancenlos bleiben. Ein Lehrer, der heute noch demütigt, gehört nicht in den Schuldienst. Die Achtung vor der Person Ihres Kindes steht an allererster Stelle. Der Respekt und die Achtung, die ein Lehrer von Ihrem Kind verlangt, muss er ihm selbst erst einmal entgegenbringen. Das ist auch die Erfolgsformel aller PISA-Siegerländer.

Humor

Humor ist etwas Besonderes. Er bewirkt in spannungsgeladenen Situationen eine blitzartige Entschärfung. Wer sich angewöhnt, dem täglichen Kinderchaos mit einem gesunden Sinn für Humor zu begegnen, macht sich weniger anfällig für Frustrationen.

Sind Sie nicht in der Lage, über sich selbst zu lachen, liegt ein langer, leidvoller Weg vor Ihnen. Sie müssen in Ihrer Familie und mit Ihren Kindern ständig Kämpfe ausfechten, weil Sie stets in die Verteidigung gehen müssen, wenn Ihr Kind Sie reizt und Ihre Schwächen benennt. Sowohl die kleinen als auch die großen Kinder schaffen es immer im ungünstigsten Augenblick, Ihren Eltern deren »Macken« auf dem Präsentierteller zu servieren. Kleinigkeiten können ohne Humor schnell eskalieren.

Die beste Waffe gegen pubertierende Teenager ist, ihren oft abstrusen Worten und konfusen Taten mit Witz und Charme zu begegnen. Eltern, denen das gelingt, haben meist viel, viel Spaß mit ihren Kindern, auch wenn diese sich gerade in schwierigen Entwicklungsphasen befinden. Lachen ist und bleibt die beste Medizin für alle Familienmitglieder.

Die Bullerbü-Agenda: Entspannt in der Familie leben

Nun haben wir gehört, dass wir für Kinder Zeit, Zeit und noch einmal Zeit benötigen. Wie sollen wir das aber mit unserer Arbeit in Einklang bringen? Schließlich muss sich die Familie auch geldlich absichern – hier entsteht ein sichtbarer Widerspruch. Meist arbeiten heute beide Eltern. Die finanzielle Sorge der Familie wird auf zwei Rücken aufgeteilt. Jedes Paar muss für sich überlegen, wie die Aufgabenlast in der Familie am besten und fairsten verteilt wird, damit keiner von beiden zu kurz kommt. Im Folgenden stelle ich einige Faktoren vor, die die Organisation erleichtern können.

Arbeit – Entspannung durch Teamwork

Planen Sie genau, wer was wann tut. Je genauer die Aufgabenverteilung und je klarer die Strukturen, umso besser wird es funktionieren. Fertigen Sie dazu einen Plan an, der zeigt, was täglich, wöchentlich und monatlich zu tun ist. Nur ein strukturierter Alltag macht Entspannung möglich. Ihr Plan sorgt dafür, dass Sie die Hausarbeit nicht ständig neu überdenken und organisieren müssen. Sie entwickeln einmal ein Schema und danach gehen Sie vor. Haben Sie etwa festgelegt, dass donnerstags das Bad geputzt wird, bleibt es dabei. Anderenfalls erledigen Sie es womöglich erst, wenn es in Ihr Blickfeld gerät, also dann, wenn das Bad heillos verschmutzt ist. Doch in dem Moment haben Sie dann sicher keine Zeit und fragen lieber Ihren Mann, ob er sich nicht schnell des Bades annehmen kann. Der hat seine kostbaren Minuten aber ebenfalls anders verplant und lehnt dankend ab. Nun schaukeln sich die Gefühle schnell hoch. Denn vom Dreck genervt, putzen Sie schließlich doch, obwohl Sie eigentlich keine Zeit haben. Mit einer riesigen Wut im Bauch schrubben Sie die Wanne. Hören Sie damit auf! Hier liegt die größte Ursache für immer wiederkehrende Streits in der Familie.

Auch wenn es sehr altmodisch klingt: Ihr Problem lässt sich auf Dauer nur mit der Regelmäßigkeit und der Präzision eines Schweizer Uhrwerks bekämpfen. Alle Aufgaben im Haushalt – vom Entleeren des Mülleimers über das Fensterputzen bis zum Bügeln – haben einen festen Tag und eine feste Person, die dies erledigt. Das wird in einem großen Plan festgehalten, an dem sich jeder orientieren kann. Nun weiß jeder, was er zu tun hat, wann er es erledigen muss und wie seine Aufgabe genau aussieht. Damit kann auch ein Kind etwas anfangen.

Einige Familien halten es auch so, dass sie sich am Wochenende kurz treffen und alle die Planung für die kommende Woche kurz diskutieren. Das Besprochene wird schriftlich festgehalten und ist für alle verbindlich.

Beispiel

Mit unserem Wochenplan fallen Diskussionen über Alltägliches ganz weg. Ich befürworte immer, dass sich jedes Familienmitglied aussucht, was er oder sie gerne erledigt. Bei sieben Personen (ohne das Baby) ist unser Haushalt durch die wöchentliche Planung immer sauber und ordentlich – nicht übertrieben, aber so aufgeräumt, dass sich jeder wohl fühlt. Bei uns haben alle Kinder Vorlieben. Simon saugt gerne, Maya kauft ein, Lilly führt unseren Hund Gassi, Julius ist ein perfekter Babysitter, und auch wenn ich Nele um etwas bitte, klappt es prima. Der Trick ist, dass alle

Aufgaben im Grunde schnell zu bewältigen sind. Jedes Kind weiß, dass Spiel- oder Freizeit nicht lange warten müssen. Manch einer bei uns, der keine Lust auf Hausaufgaben hat, fragt auch schon einmal an, ob nicht etwas im Haushalt zu erledigen wäre.

Fertigen Sie also keine langen To-do-Listen. Die Regelmäßigkeit ist der wichtigste Faktor. »Mama, ich will helfen!« Nehmen Sie solche Angebote immer dankend an, auch wenn das Putzen oder Kochen nun länger dauern wird. Dieser Satz ist Gold wert, auch wenn er aus dem Mund eines zweijährigen Kindes kommt. Bewahren Sie Ihrem Kind diese Lust zu helfen. Wenn Sie Ihre Kinder im Kleinkindalter von jeglicher Hausarbeit fern halten, werden Sie sie als Zehnjährige nur noch schwer motivieren können. Legen Sie die Basis zum Erfolg also schon früh.

Sorgen – Entspannung durch Offenheit

Sorgen kommen in den besten Familien vor. Oft denken wir Eltern dann, es sei unsere Pflicht, diese von den Kindern fern zu halten. Doch das wird uns nicht gelingen, denn je schlimmer die Sorgen drücken, umso mehr Signale werden wir aussenden, dass etwas nicht in Ordnung ist. Besonders wenn es um geldliche Probleme geht und Ängste um die Existenz der Familie wachsen, erzeugt dies schnell eine angespannte Atmosphäre. Die Regel lautet: Keine Heimlichkeiten entstehen lassen, aber auch keine Angst schüren! Finanzielle Engpässe können natürlich vorkommen. Oft sind plötzliche Arbeitslosigkeit, eine Scheidung oder unvorhergesehen viele Ausgaben die Auslöser.

Kinder spüren, wenn etwas nicht stimmt. Bleiben Sie deswegen authentisch und sagen Sie die Wahrheit. Nun weiß Ihr Kind, woran es ist. Schweigen würde nur zu Unsicherheit führen. Vermeiden Sie es aber, albtraumhafte Zukunftsperspektiven zu schüren. Sprechen Sie auch über Ihre Gefühle. Sagen Sie ruhig, dass Sie traurig sind, aber verweisen Sie dann auch auf Ihre Zuversicht für die Zukunft. Dies wird auch Ihrer Psyche gut tun. Geht nicht gibt es nicht! Manche Lösungen müssen nur ein bisschen länger gesucht werden. Soll Ihr Kind aus dieser Lebenssituation etwas lernen, dann zeigen Sie ihm, wie Sie Lösungen aufspüren und was Ihnen schon alles eingefallen ist. Natürlich gilt auch für Sie das gleiche Recht, wie für Ihr Kind: Nicht jeder Lösungsweg ist auch automatisch der richtige. Wichtig ist, dass Ihr Kind Ihre Kreativität spürt.

»Du schaffst das schon!« verliert durch den gemeinsamen Einsatz jegliche Banalität. Für meine fünf ersten Kinder ist dieser Satz zu einem Schlüsselsatz geworden. Sie haben mit mir eine Scheidung erlebt und einen Vater, der plötzlich nicht mehr für sie sorgen konnte. Es folgten abgrundtiefe finanzielle Löcher. Doch darüber haben sie und auch ich an Selbstbewusstsein gewonnen. Wir haben zusammen gekämpft und gewonnen. Darauf sind wir heute alle stolz, denn jeder hat etwas dazu beigetragen.

Bedenken Sie, eine Krise kann Ihre Familie zusammenschweißen, wenn Sie ehrlich miteinander umgehen. Eine Krise kann Ihnen ganz neue Seiten an Ihren Kindern zeigen, die Sie zu schätzen lernen. Aus einer Krise kann Ihre Familie gestärkt hervorgehen.

Kinderbetreuung – Entspannung durch Information

Kaum ein Thema wird in Deutschland so heiß diskutiert wie Kinderbetreuung. Soll und kann ich mein Kind schon früh allein lassen? Mit dieser Frage quälen sich viele Mütter und so mancher Vater. Wobei das Wort »allein« an dieser Stelle sicherlich schon falsch ist, lediglich die Anzahl der Betreuungs- und Bezugspersonen steigt für das Kind.

Zunächst einmal sollten wir uns von jeder Form der Etikettierung innerlich befreien. Keine Mutter ist eine Rabenmutter, nur weil sie beschließt, wieder in die Berufstätigkeit einzusteigen, und keine Mutter ist ein ausgemachter Faulpelz, nur weil sie für sich entschieden hat, noch eine Weile bei ihrem Kind zu bleiben. Jede Familiensituation ist ganz individuell, und genau so sollte entschieden werden. Spezifisch für jede einzelne Familie.

Inzwischen weisen Psychologen und Soziologen darauf hin, dass wir gerade in Deutschland hinsichtlich der Erziehung von Kleinkindern die ausschließlich mütterliche Betreuung überbewerten. Durch die Erweiterung des Betreuungskreises kann man einem Kind neue Entwicklungsimpulse geben. Dabei sollte man aber beachten, dass das Kind eine sichere und tiefe Mutter-Kind-Bindung im ersten Lebensjahr entwickelt hat und diese zeitlebens ihre außerordentlich wichtige Bedeutung behält.

Andererseits ist der Mensch ein soziales Wesen, er braucht, um sich gut zu entfalten, auch neue soziale Lernerfahrungen. Ein afrikanisches Sprichwort lautet nicht umsonst: »Um ein Kind richtig aufzuziehen, braucht man ein ganzes Dorf.«

In vielen groß angelegten Studien haben Wissenschaftler weltweit versucht herauszufinden, ob eine frühe außerfamiliäre Betreuung einem Kind schadet oder nicht. Dabei hat sich folgendes herausgestellt: Unabhängig von jeder Betreuungsform erweist sich die Sensibilität einer Mutter gegenüber ihrem Kind als mächtigster Faktor. Mütter, die feinfühlig auf die Bedürfnisse des Kindes eingehen, die ihm zugewandt sind und einen liebevollen Umgang interfamiliär pflegen, haben Kinder mit einer gesunden Entwicklung, auch bei voller Berufstätigkeit der Mutter. Umgekehrt hat jede mangelnde Sensitivität auf die Entwicklung eines Kindes negative Folgen. Kommt also neben einer schon nicht gerade einfühlenden Mutter noch eine Betreuungsperson hinzu, der ebenfalls das Einfühlungsvermögen für die Bedürfnisse des Kindes fehlt, wird hier ein echter Störenfried groß gezogen, aus Mangel an Liebe und Zuwendung.

Hier schließt sich der Kreis zu Astrid Lindgrens Forderung »Gebt den Kindern Liebe!«. Denn diese Forderung gilt genauso für den Bereich der Kinderbetreuung. Erfährt ein Kind dort, wie zu Hause, Liebe und Zuneigung, geht man auf seine Bedürfnisse und Anliegen ein, steht einer guten Entwicklung nichts im Wege.

Die Qualität von Kinderbetreuung in Deutschland ist allerdings sehr unterschiedlich. Seien Sie also sehr wählerisch. Man sollte beachten: Je kleiner das Kind, umso dosierter sollte die Fremdbetreuung sein. Sie kann dann mit dem Alter des Kindes immer stärker erweitert werden.

Überlegen Sie genau, welche Betreunungsform für Ihr Kind die richtige sein könnte, und was Sie sich finanziell leisten können. Suchen Sie so lange, bis Sie intuitiv fühlen: Hier ist mein Kind gut aufgehoben.

In vielen Städten gibt es lange Wartelisten für die Aufnahme von Kleinkindern in Krippen. Doch behalten Sie im Hinterkopf, nur weil Sie einen Platz in einer Einrichtung ergattert haben, muss diese Einrichtung für Ihr Kind noch lange nicht die richtige sein.

Prüfen Sie den Personalschlüssel, wie viele Kleinstkinder werden von einer Person betreut, wie oft wechselt die Bezugsperson, wer trägt die Hauptverantwortung für ihr Kind? Wie sind die Betreuerinnen: liebevoll, aufgeschlossen, aufmerksam, einfühlsam? Welches Klima herrscht in der Einrichtung. Schauen Sie sich die anderen Kinder an. Wie verhalten sie sich, wie viel Kinderlachen hört man, wie laut ist es in der Einrichtung, sind die Kinder in einem Spiel- und Beschäftigungsfluss? Besuchen Sie die von Ihnen ausgewählte Einrichtung spontan und ohne Voranmeldung. Ergibt sich das gleiche harmonische Bild?

Beachten Sie die Phase der Eingewöhnung in den regelmäßigen Krippenbesuch: Gute Einrichtungen fordern die Mütter dazu auf, für eine ganze Zeit bei ihrem Kind zu bleiben. So ist der Start in die neue Umgebung weniger belastend, und die tägliche Aufenthaltsdauer kann langsam gesteigert wird. Einrichtungen oder Tagesmüttern, die dies ablehnen, sollten Sie skeptisch gegenüberstehen. Das Argument ist meist, dass es den täglich wiederkehrenden Rhythmus der Einrichtung stört. Diese Argumentation lehne ich persönlich ab, das Seelenleben Ihres Kindes hat die absolut oberste Priorität. Prüfen Sie auch, wie Ihr Kind auf Sie wirkt, wenn Sie es abholen. Ist es zufrieden und ausgeglichen oder gestresst und überdreht?

Wichtig ist mir an dieser Stelle, auch einen Punkt zu erwähnen, der oftmals in der Pro- und Contra-Diskussion um die Kinderbetreuung übersehen wird: Die meisten Eltern sind heute zutiefst verunsichert, was die Erziehung und Entwicklung ihres Kindes anbelangt. Oftmals haben wir über viele Jahre während unserer Berufsausbildung und unserer Berufstätigkeit keinen Kontakt zu Kindern mehr gehabt. Auch bekommen die meisten Familien heute nur noch ein, maximal zwei Kinder. So sind Kinder und ihr Verhalten uns meistens fremd. In vielen Kindertagesstätten ist die Einbindung und aktive Mitarbeit der Eltern üblich geworden und wird gerne angenommen. Aus der Kindertagestätte wird dann ein Familienzentrum, in dem sich auch die Eltern geborgen fühlen. Viele Fragen können dann dort mit den Betreuern besprochen und beantwortet werden, Erfahrungen gegenseitig ausgetauscht werden. Die Kindertagestätte kann also auch ein Wohlfühlort für die Eltern werden, in denen Sie sich die nötige Sicherheit für die Erziehung Ihres Kindes holen. Kinder spüren, wenn sich auch die Eltern dort, wo sie sich den ganzen Tag aufhalten und betreut werden, wohl fühlen.

Wenn eine Kindertagesstätte also ein Ort für Kinder *und* Eltern ist, an dem sich alle Beteiligten gerne aufhalten, hat man den Idealzustand erreicht.

Patchwork-Familien – Entspannung durch Konsens

»Deine Kinder, meine Kinder«, »unsere Kinder«, »mein Papi, dein Papi«, »du bist aber nicht meine Schwester«, »lass meinen Bruder in Ruhe, dem hast du nichts zu sagen« – dies alles sind normale Gesprächsfetzen in einer Patchwork-Familie.

Toleranz, Geduld, Nachsicht, Rücksicht, Klugheit, Besonnenheit und sehr viel Selbstbeherrschung sind notwendig, um in einer Patchwork-Familie glücklich zu werden. Am besten sollte man sich die gesamte Palette an Eigenschaften aneignen, die zur hohen Kunst der Menschenführung gehören. Ex-Partner, die kommen und gehen, Kinder, die einmal da und einmal weg sind. – Auch ich erwischte mich kürzlich dabei, wie ich zählte, welche unserer Kinder überhaupt anwesend sind. Ich hatte den Überblick verloren. Dabei sind wir keine klassische Patchwork-Familie. Ich habe fünf Kinder mit in die Ehe gebracht und gemeinsam haben wir noch ein weiteres Kind bekommen.

Eine Patchwork-Familie kann, wenn sie gut geführt wird, eine wirkliche Bereicherung für alle sein. Wichtig sind dafür aber Regeln und deren Einhaltung. Am stärksten ziele ich hier auf Kommunikationsregeln und Umgangsformen ab. Stimmen diese, dann funktioniert das Zusammenleben auch.

Beispiel

Unsere Kinder sagen zu beiden Vätern Papa. Erst wenn sie durcheinander geraten, wird noch ein Vorname dazu genannt, damit klar ist, von wem sie gerade sprechen. Ansonsten haben wir auf Regelungen vollständig verzichtet. Die Kinder entscheiden selbst, was sie wollen. Hauptwohnsitz ist bei mir, aber sie können ihren Vater jederzeit besuchen. Drei Jahre lang koordinierte ich alle Termine. Inzwischen regeln sie alles selbst. Unsere Kinder genießen beide Väter, weil sie in ihren Persönlichkeiten sehr unterschiedlich sind. Ihnen ist klar, was sie an ihrem Stiefvater haben und was er sie lehrt. Dennoch ist ihnen ihr Vater genauso wichtig.

Bringen beide Partner Kinder mit in die Beziehung, dann mag diese sehr freie Regelung für ein vernünftiges Familienleben nicht funktionieren. Um Klarheit und Rhythmus zu bekommen, sind feste Besuchszeiten sicherlich sinnvoller. Das Motto muss jedoch stets lauten: Wir akzeptieren die verschiedenen Persönlichkeiten, aber gemeinschaftlich bemühen wir uns, an einem Strang zu ziehen. Eine der wichtigsten Regeln für die leiblichen Eltern lautet wiederum: Benutzen Sie nie Ihre Kinder, um ein Problem mit Ihrem Ex-Partner auszutragen.

Liebe und die Bereitschaft zu geben sollten die Schlüsselkompetenzen einer Patchwork-Familie sein. Die liebevolle Annahme des neuen Partners und auch seiner Kinder sind eine Grundvoraussetzung für gutes Gelingen. Dazu gehört die Verpflichtung, das Leben seines Partners und seiner Kinder genauso ernst zu nehmen, wie das eigene Leben mit seinen Kindern. Auch die Wertvorstellungen, Bedürfnisse und Ziele, die nun gemeinsam in der neuen großen Gesamtheit abgesprochen werden, sind Teil des neuen Ganzen.

Was ist aber, wenn die Erziehungsvorstellungen auseinander driften? In den meisten Patchwork-Familien lautet dann das Motto: Zurück zu seinen Wurzeln. Nun entscheidet das jeweils leibliche Elternteil, der hinzugekommene Elternteil muss sich raushalten. Ich befürworte jedoch, dass sich die »Patchwork-Partner« zusammensetzen und einen gemeinsamen Erziehungskonsens für alle Kinder erarbeiten. Das garantiert ein viel höheres Maß an Gleichheit und gibt den Kindern ein starkes Gefühl für Gerechtigkeit. Wenn sich alle Mitglieder einer Patchwork-Familie achten und respektieren und die Würde eines anderen Mitglieds nicht verletzen, dann kann dieser »Flickenteppich« zu einer wunderbaren Einheit werden. Alle Formeln der Bullerbü-Erziehung funktionieren auch ganz wunderbar in einer Patchwork-Familie. Betrachten Sie das Bereichernde an Ihrer neuen Familie: Viele Menschen bedeuten Lebensvielfalt, von der alle lernen und profitieren können.

Entwicklung – Entspannung durch Wissen

Ein entspanntes Familienleben kann auch bedeuten: einfach wissen, was mit meinen Kindern gerade los ist. Wie oft fragen wir Eltern uns, ob das Verhalten oder die Entwicklung unseres Sprösslings gerade »normal« ist. Bewahren Sie stets Gelassenheit. Kinder sind immer für eine Überraschung gut. Um Ihnen die Einschätzung ein wenig zu erleichtern, möchte ich Ihnen jedoch einige Meilensteine in der Entwicklung Ihres Kindes nennen.

Das Baby ist da!

Wir sind erschöpft und dennoch absolvieren die Glückshormone einen Freudentanz. Es sind wunderschöne Minuten in unserem Leben, die wir zutiefst genießen sollten. Die erste Stunde ist die wichtigste im Leben eines Babys. Die Bindung, die nun entsteht, ist prägend. Zum ersten Mal lernt es die äußere Welt, Mama und Papa, vielleicht auch seine Geschwister kennen. In dieser Phase des Bondings gilt nur eine einzige Grundregel: lieb haben! Schmusen Sie mit Ihrem Baby, legen Sie es sich an die Brust und erfreuen Sie sich an Ihrem neuen Familienmitglied.

Null bis vier Monate

Unser Baby ist noch ganz auf unsere Hilfe angewiesen. Mama und ihr Baby bilden eine feste Einheit, was bei stillenden Müttern noch verstärkt wird. Schreien bedeutet: »Mir fehlt etwas!« Die Grundregel lautet: Das Baby bekommt alles sofort! Lassen Sie es nicht schreien und warten Sie nicht ab. Das gilt für den Tag und auch für die Nacht. Denn so spürt Ihr Baby Ihre innige Liebe und die vollkommene Annahme und entwickelt sein Urvertrauen. Sprechen Sie viel mit ihm, kuscheln Sie ausgiebig und ruhen Sie sich aus, wenn das Baby schläft.

Vier bis neun Monate

Die ruhigen Zeiten sind nun vorbei. Ihr Baby beginnt zunächst zu rollen, krabbelt dann und ist schließlich im Wechsel mit kurzen Ruhephasen ständig in Bewegung. Ausnahmslos alles wird nun in den Mund gesteckt. Das erste Zähnchen zeigt sich. Nun braucht Ihr Baby neben der Milch seine erste feste Nahrung. Gestillte Babys schlafen meist noch nicht durch.

Neun bis zwölf Monate

Die Zeit des Stillens nähert sich seinem Ende. Das Baby bekommt immer mehr feste Nahrung. Für stillende Mütter ist dies eine Art Abschied von der gewohnten innigen Nähe. Ihr Baby kommuniziert nun in seinen eigenen Wortlauten und liebt das Spiel mit den Geschwistern. Nun bricht eine Zeit an, in der es fast pausenlosen Schutz und Aufsicht benötigt, da seine Neugierde nicht zu bremsen ist.

Zwölf bis 18 Monate

Nun wird es richtig turbulent, denn Ihr Baby fängt an zu laufen. Es beherrscht nun schon die ersten Wörter. Es folgt Ihren Anweisungen und Fragen achtsam. Seinen Körper kontrolliert es immer besser, es ist schnell und rennt seinen Eltern gerne davon. Daher gilt immer noch die höchste Aufmerksamkeitsstufe. Einfache Anweisungen wie »Stopp!«, »Komm!«, »Vorsicht!« begreift es am besten.

18 bis 24 Monate

Ihr Kind ist nun selbstbewusst. Es weiß, was es will und was es nicht will. Es ist aufgebracht, wenn es seinen Willen nicht durchsetzt. Wenn etwas nicht klappt, ist es schnell frustriert. Ihr Kind testet aus, wie es Gefühle einsetzen kann, um eine gewünschte Wirkung zu erzielen. Geduld ist hier vonseiten der Eltern gefragt. Disziplin ist in diesem Alter noch kein Thema. Dafür sollten Sie Ihr Kind sanft führen und ihm nach wie vor viel Schutz bieten.

Zwei Jahre

Das »Ich« und das »Du« entstehen. Sie dürfen Ihren ersten Einsatz nicht verpassen: Verwenden Sie nun konsequent Ich- und Du-Botschaften. Ihr Kind kann nun morgens, mittags und abends unterscheiden und sollte jetzt nachts durchschlafen. Kleine Aufgaben im Haushalt lösen Begeisterung aus. Es ist auch eine Zeit der Unausgeglichenheit. Viele sprechen in dieser Phase vom »Trotzalter«. Das Kind benötigt viel Liebe, Aufmerksamkeit und sanfte Führung.

Drei Jahre

Nach der anstrengenden Zeit des zweiten Lebensjahrs kommt Ihnen nun alles perfekt vor. Ihr Kind ist eine reizende Person, es wirkt gereift und vollkommen. Es strahlt mit dieser Welt um die Wette, ist neugierig und hilfsbereit. Es übernimmt gerne die ersten echten Aufgaben im Haushalt. Einige Dinge müssen trainiert werden, so auch das Verhalten gegenüber anderen Menschen. Die ersten schönen Gespräche über das, was das Kind denkt, sind möglich. Eine Zeit des Genießens auf Spielplätzen, Bauernhöfen oder in Zoos liegt vor Ihnen.

Vier Jahre

Es wird gespielt, gespielt und noch mehr gespielt. Die ersten echten Freundschaften entstehen, Ihr Kind ist zu einer kleinen Persönlichkeit gereift. Es versteht jetzt Regeln und setzt diese um. Gefühle und Gedanken können Sie bereits mit ihm diskutieren. Nun gilt es, Ihr Kind dabei zu unterstützen, Konzentration zu erlernen. Leben bedeutet für Ihr Kind, voll und ganz glücklich zu sein. Jeder Tag bietet viele bunte Anregungen, und der Spielkreis Ihres Kindes wird erweitert. Die ersten Freiheiten entstehen.

Fünf bis sechs Jahre

Die Schule rückt näher. Ihr Kind ist bereit, die große weite Welt zu erkunden. Es spürt Begeisterung für ganz vieles in sich, ist offen, experimentiert mit menschlichen Beziehungen und manipuliert noch ein wenig die Wahrheit. Ihr Kind benötigt nun viel körperliches Konditionstraining, um seine Sinne zu schulen. Bei Niederlagen braucht es Ihre Unterstützung und Ermutigung für das nächste Experiment. Die Beziehung zu Ihnen als Eltern ist von höchster Wichtigkeit. Nehmen Sie sich viel, viel Zeit für Ihr Kind, da es Ihnen ständig erzählen muss, was es gerade Neues erlebt hat. In dieser Phase müssen Sie sehr präsent sein.

Sieben Jahre

Das Lernen nimmt neue Formen an und das Denken weitet sich aus. Ihr Kind kann Dinge nun etwas analytischer angehen. »Wer bin ich?« – die großen Fragen dieser Welt werden interessant. Gerade in dieser Lebensphase entscheidet sich, ob Sie ein Glückskind oder einen Pechvogel hervorbringen. Formulieren Sie positiv, loben Sie authentisch, und hypnotisieren Sie ihr Kind in die Glücksrichtung. Beobachten Sie Ihr Kind Tag für Tag. Wie wirkt es auf Sie? Ist es glücklich? Benötigt es Unterstützung? Helfen Sie Ihrem Kind, die schönen Seiten dieses Lebens zu entdecken. Konzentration und das kontinuierliche Erledigen von Aufgaben sind wichtige Themen.

Acht bis neun Jahre

Jetzt kommt die Zeit von Kalle Blomquist. Nun werden Kinderclubs gegründet. Es gibt feste Clubregeln und einzelne Kinder werden immer wieder ausgeschlossen. Es ist die Zeit, in der Ihr Kind zum Mitläufer mutieren kann. Stärken Sie seine Selbstachtung und sein Selbstbewusstsein. Betonen Sie seine Einzigartigkeit. Es wird nicht nur Zeit für ein Mehr an Haushaltstätigkeiten, sondern auch für die Chefposition. Ihr Kind ist nun alt genug, auch einmal eine Familienkonferenz zu leiten.

Zehn bis zwölf Jahre

Ihr Kind verhält sich nun sehr zwiespältig. Einmal zeigt es sich fürsorglich und sehr hilfsbereit, dann tritt es plötzlich bockig und aufbrausend auf. Es möchte herrschen und kontrollieren. Dennoch zeigt es auch außerordentliche Einsichten und überrascht Sie immer wieder mit grandiosen Lösungseinfällen. Sein Gerechtigkeitssinn greift in das ganze Familienleben ein. Ihr Kind beginnt, Pläne für die Zukunft zu schmieden. Seien Sie in dieser Zeit ein wirklich gutes Vorbild! Was Sie vorleben, wird Ihr Kind übernehmen. Bedenken Sie: Es sind Kinder, keine Erwachsenen. Erst jetzt kann Ihr Kind Geschwindigkeit im Straßenverkehr richtig einschätzen.

13 Jahre

»Wegen Baustelle geschlossen!«, so könnte das Motto für Ihr Kind lauten. Sein Körper zeigt große hormonelle Umstellungen und verändert sich. Sie als Eltern sind wieder stark gefragt. Ihr Kind benötigt massenhaft Liebe. Es träumt viel und konzentriert sich schlecht. Kritik kann Ihr Kind in dieser Zeit kaum vertragen, es ist sehr empfindlich. In diesem Alter helfen Anleitungen Schritt für Schritt. Ihr Kind benötigt liebevolle Unterstützung, viel Nachsicht und eine große Portion praktische Beratung vonseiten seiner Eltern.

14 Jahre

Dieses Alter ist eine Zeit der Kämpfe. Wegen scheinbar nichts probt Ihr Kind einen Aufstand. Mit wahrer Freiheit und dem Tragen von Verantwortung hat dies nichts zu tun. Lehren Sie Ihr Kind nun, was wahre Verantwortung ist, helfen Sie ihm, solche auch zu übernehmen. Setzen Sie sich liebevoll durch, jetzt muss gelernt werden, was später unabdingbar sein soll. Klare Grenzen sind nötig! Lassen Sie deswegen noch wenig Verhandlungsspielraum. Für nicht Erledigtes folgen jetzt Konsequenzen. Ihr Einsatz, den Sie nun zeigen, wird sich bereits in Kürze auszahlen.

15 Jahre

Sie verleben mit Ihrem Kind ein wunderschön entspannendes Jahr. Es ist rundum glücklich, zufrieden, kooperativ und freundlich. Es pflegt Freundschaften und kann inzwischen vernünftig über etwas urteilen. Es gelingt ihm, sich Herausforderungen in der Schule zu stellen. Für neues Wissen ist es zugänglich und offen. Ihr Kind übernimmt Aufgaben in der Familie und arbeitet sie zu aller Zufriedenheit ab. Manche Kinder nehmen bereits ihren ersten Job an. Die Verantwortung kann ausgeweitet werden, und zwar erheblich. Ihr Kind liebt den Aufenthalt in der Familie, sucht nach Vorbildern und diskutiert gerne und intensiv.

16 Jahre

Ihr Kind erweitert sein Denken und kann sehr gut Schlussfolgerungen ziehen. Allerdings hat es nun ein neues Thema für sich entdeckt: »Wer hat wofür die Verantwortung in der Familie? Ich kann alles alleine, niemand muss mir helfen, denn ich weiß alles.« Sexualität spielt jetzt eine größere Rolle, Machtkämpfe werden durchaus herausgefordert. Bleiben Sie gelassen! Außerhalb Ihrer Familie erntet Ihr Kind nichts als Lob, während Sie selbst ihm am liebsten einen Platz im nächsten Hotel buchen würden. Grenzen und Konsequenzen sind wieder ein Thema. Viel Führung, klare Absprachen, aber auch das Zugestehen von Freiheit, um Verantwortung zu lernen, sind in dieser Phase wichtig. Ihr Kind ist fast am Ziel, noch läuft nicht alles rund, aber vieles schon sehr gut.

17 Jahre

Ihr Kind wird erwachsen, und Sie spüren das. Eine erfreuliche Reife schlägt Ihnen entgegen. Ihr Kind ist freundlich, verantwortungsbewusst und geht mit anderen Menschen respektvoll um. Nun sind die Freunde wichtiger als die Familie. Das Kind löst sich allmählich ab. Eltern werden nun zu Beratern, Gespräche werden in einer ruhigen Atmosphäre geführt. Ihr Kind kann sehr gut Verantwortung für sich selbst übernehmen. Es tauchen Fragen nach dem Beruf auf, die ausdiskutiert werden sollten. Diese Zeit zeigt

Ihnen als Eltern, wie Ihre Erziehung nun fruchtet. Auch Sie werden innerlich reifen, weil Sie ein fast erwachsenes Kind mit Stolz in die Welt ziehen lassen können.

18 bis 21 Jahre

Die Schulzeit ist beendet. Beratung von Ihrer Seite für die beruflichen Wünsche des Kindes ist durchaus gefragt. Doch entscheiden tun die jungen Erwachsenen alleine. Die gelernten Werte der Eltern werden überprüft und mit der eigenen Meinung aktualisiert. Die meisten Kinder verlassen nun das Elternhaus. Halten Sie Ihre Türen für Schiffbrüchige und Heimkehrer weit geöffnet! Das Leben besteht aus Versuch und Irrtum, und nirgendwo sollte Ihr Kind besser aufgefangen werden als zu Hause, wenn es im Leben gerade eine Niederlage erlitten hat.

Schlusswort

Es ist eine Kunst, wahrhaft und glücklich zu leben. Wir Eltern können erheblich dazu beitragen, dass unsere Kinder ihr ureigenes Glück finden. Helfen Sie Ihrem Kind, zu einem reifen Umgang mit sich selbst zu gelangen und sein Leben selbstbestimmt zu gestalten. Astrid Lindgren sagte einmal: »Ich kann mich nicht erinnern, jemals Zukunftspläne gemacht zu haben. Ich habe überhaupt nie irgendwelche Beschlüsse gefasst. Alles ist einfach so gekommen, alles, was ich getan habe.« Sie plante nichts und wurde dennoch weltberühmt. Sie war nicht nur eine einzigartige Schriftstellerin, sondern auch ein einzigartiger Mensch und wurde von allen geliebt.

Wenn Sie das nächste Mal in der Hektik des Alltags und über die Vielfalt Ihrer elterlichen Aufgaben Gefahr laufen, Kopf und Nerven zu verlieren, dann besinnen Sie sich der Worte der kanadischen Schriftstellerin Oriah Mountain Dreamer, die im Jahr 2000 das nachfolgende Gedicht formulierte. Sie entwarf eine Lebensphilosophie der Leidenschaft und ruft uns dazu auf, dieses Leben anzunehmen, sich dem Schmerz und dem Leiden zu öffnen und sich kompromisslos der Freude und Schönheit zuzuwenden. Vermitteln Sie diese Weisheit auch Ihrem Kind, damit es lernt, die schönen Seiten dieses Lebens voll und ganz für sich auszuschöpfen.

»Es interessiert mich nicht, womit du dein Geld verdienst. Ich will wissen, wonach du dich sehnst und ob du die Erfüllung deines Herzenswunsches zu träumen wagst. Es interessiert mich nicht, wie alt du bist. Ich will wissen, ob du es riskierst, dich zum Narren zu machen auf deiner Suche nach Liebe, nach deinem Traum, nach dem Abenteuer des Lebens.

Es interessiert mich nicht, welche Planeten ein Quadrat zu deinem Mond bilden. Ich will wissen, ob du deinem Leid auf den Grund gegangen bist und ob dich die Ungerechtigkeiten des Lebens geöffnet haben, oder ob du dich klein machst und verschließt, um dich vor neuen Verletzungen zu schützen. Ich will wissen, ob du Schmerz – meinen oder deinen eigenen – ertragen kannst, ohne ihn zu verstecken, zu bemänteln oder zu lindern.

Ich will wissen, ob du Freude – meine oder deine eigene – aushalten, dich hemmungslos dem Tanz hingeben und jede Faser deines Körpers von Ekstase erbeben lassen kannst, ohne an Vorsicht und Vernunft zu appellieren oder an die Begrenztheit des Menschseins zu denken.

Es interessiert mich nicht, ob das, was du mir erzählst, wahr ist. Ich will wissen, ob du andere enttäuschen kannst, um dir selbst treu zu bleiben; ob du den Vorwurf des Verrats ertragen kannst, um deine eigene Seele nicht zu verraten; ob du treulos sein kannst, um vertrauenswürdig zu bleiben.

Ich will wissen, ob du die Schönheit des Alltäglichen erkennen kannst, selbst wenn sie nicht immer angenehm ist, und ob ihre Allgegenwärtigkeit die Quelle ist, aus der du die Kraft zum Leben schöpfst.

Ich will wissen, ob du mit Unzulänglichkeit leben kannst – meiner oder deiner eigenen – und immer noch am Seeufer stehst und der silbrigen Scheibe des Vollmonds ein uneingeschränktes »JA!« zurufst.

Es interessiert mich nicht, wo du wohnst oder wie reich du bist. Ich will wissen, ob du nach einer kummervoll durchwachten Nacht zermürbt und müde bis auf die Knochen aufstehen kannst, um das Notwendige zu tun, damit deine Kinder versorgt sind.

Es interessiert mich nicht, wen du kennst oder wie du hierher gekommen bist. Ich will wissen, ob du inmitten des Feuers bei mir ausharren wirst, ohne zurückzuweichen. Es interessiert mich nicht, wo oder was oder mit wem du studiert hast. Ich will wissen, was dich von innen heraus trägt, wenn alles andere wegbricht.

Ich will wissen, ob du mit dir selbst allein sein kannst und ob du den, der dir in solch einsamen Momenten deines Lebens Gesellschaft leistet, wirklich magst.«

Weiterführende Literatur

Dhom, Christel, *Unser Garten- und Naturbuch. Anregungen für Eltern, den Jahreslauf mit Kindern zu erleben*, Stuttgart 2001

Donaldson, Fred O., *Von Herzen spielen. Die Grundlagen des ursprünglichen Spiels*, Freiburg 2007

Gerber, Magda und Allison Johnson, *Ein guter Start ins Leben. Ein Leitfaden für die erste Zeit mit Ihrem Baby*, Freiburg 2006

Gonzalez, Carlos, *In Liebe wachsen. Liebevolle Erziehung für glückliche Familien*, Minden 2006

Gonzalez, Carlos, *Mein Kind will nicht essen. Ein Löffelchen für Mama*, Minden 2007

Gotsch, Gwen, *Stillen. Einfach nur stillen*, Minden 1999

Holt, John, *Aus schlauen Kindern werden Schüler... Von dem, was in der Schule verlernt wird*, Weinheim 2004

Holt, John, *Wie kleine Kinder schlau werden. Selbstständiges Lernen im Alltag*, Weinheim 2004

Keller, Olivier, *Denn mein Leben ist lernen. Wie Kinder aus eigenem Antrieb die Welt erforschen*, Freiburg 1999

Kutik, Christiane und Eva-Maria Ott-Heidmann, *Das Jahreszeitenbuch*, Stuttgart 2008

Largo, Remo H., *Babyjahre. Die frühkindliche Entwicklung aus biologischer Sicht*, München 2001

Largo, Remo H., *Kinderjahre. Die Individualität des Kindes als erzieherische Herausforderung*, München 2000

Liedloff, Jean, *Auf der Suche nach dem verlorenen Glück. Gegen die Zerstörung unserer Glücksfähigkeit in der frühen Kindheit*, München 1999

Oliver, Jools, *Familienalbum. Mein Baby-Tagebuch*, München 2008

Pearce, Joseph C., *Die magische Welt des Kindes und der Aufbruch der Jugend*, Freiburg 2005

Sears, William, *Schlafen und Wachen. Ein Elternbuch für Kindernächte*, Zürich 2001

Spitzer, Manfred, *Lernen. Gehirnforschung und die Schule des Lebens*, Heidelberg 2006

Stöcklin-Meier, Susanne, *Was im Leben wirklich zählt. Mit Kindern Werte entdecken*, München 2007

Wahlgren, Anna, *Das Kinderbuch. Wie kleine Menschen groß werden*, Weinheim 2008

Wahlgren, Anna, *Kleine Kinder brauchen uns*, Weinheim 2006

Wilson, Paul, *Das Buch der Ruhe. Für Mutter und Kind*, München 2003

Register